寧夏珍稀方志叢刊

乾隆 鹽茶廳志備遺
〔清〕朱亨衍 修 〔清〕劉統 纂 胡玉冰 魏舒婧 校注

光緒 海城縣志
〔清〕楊金庚 修 〔清〕陳廷珍 纂 胡玉冰 穆旋 校注

光緒 新修打拉池縣丞志
〔清〕廖丙文 修 〔清〕陳希魁等 纂 胡玉冰 魏舒婧 校注

清末民國時期海原縣縣情資料
胡玉冰 魏舒婧 校注

主編 胡玉冰

上海古籍出版社

圖書在版編目(CIP)數據

〔乾隆〕鹽茶廳志備遺/(清)朱亨衍修;(清)劉統纂;胡玉冰,魏舒婧校注.〔光緒〕海城縣志/(清)楊金庚修;(清)陳廷珍纂;胡玉冰,穆旋校注.〔光緒〕新修打拉池縣丞志/(清)廖丙文修;(清)陳希魁等纂;胡玉冰,魏舒婧校注.—上海:上海古籍出版社,2018.8

(寧夏珍稀方志叢刊)

本書與"清末民國時期海原縣縣情資料"合訂

ISBN 978-7-5325-8735-3

Ⅰ.①乾… ②光… ③光… Ⅱ.①朱… ②楊… ③廖… ④劉… ⑤胡… ⑥魏… ⑦陳… ⑧穆… ⑨陳… Ⅲ.①海原縣-地方志-清代 Ⅳ.①K294.34

中國版本圖書館CIP數據核字(2018)第033678號

寧夏珍稀方志叢刊

〔乾隆〕鹽茶廳志備遺

(清)朱亨衍 修 (清)劉統 纂 胡玉冰 魏舒婧 校注

〔光緒〕海城縣志

(清)楊金庚 修 (清)陳廷珍 纂 胡玉冰 穆旋 校注

〔光緒〕新修打拉池縣丞志

(清)廖丙文 修 (清)陳希魁等 纂 胡玉冰 魏舒婧 校注

清末民國時期海原縣縣情資料

胡玉冰 魏舒婧 校注

上海古籍出版社出版發行

(上海瑞金二路272號 郵政編碼200020)

(1)網址:www.guji.com.cn
(2)E-mail:guji1@guji.com.cn
(3)易文網網址:www.ewen.co

啓東市人民印刷有限公司印刷

開本710×1000 1/16 印張18.5 插頁3 字數333,000

2018年8月第1版 2018年8月第1次印刷

ISBN 978-7-5325-8735-3

K·2442 定價:98.00元

如有質量問題,請與承印公司聯繫

國家社科基金重大項目（批准號：17ZDA268）成果
國家社科基金重點項目（批准號：12AZD081）成果
寧夏大學哲學社會科學重大創新項目（項目編號：SKZD2017002）成果

《寧夏珍稀方志叢刊》編審委員會

主　　任：姚愛興

副 主 任：崔曉華　金能明　張　廉　何建國　許　興　劉天明
　　　　　謝應忠

委　　員：(按姓氏筆畫排序)　方建春　田富軍　安正發　李進增
　　　　　李學斌　李建設　邵　敏　貟有強　馬春寶　湯曉芳
　　　　　楊　浣　劉鴻雁　薛正昌　韓　超　韓　彬　羅　豐

學術顧問：陳育寧　吳忠禮

主　　編：胡玉冰

總　　序

胡玉冰

　　地方舊志在中國傳統的古籍"四分法"中屬於史部地理類,但它所記載的内容遠遠超出了歷史學、地理學範疇,舉凡政治、經濟、語言、文學等亦多有涉及,故舊志往往被稱爲一地之全史,其學術研究價值也就不言而喻。對舊志進行規範整理與研究,既有助於準確理解其内容,也有助於客觀分析其價值,從而達到古爲今用、推陳出新的目的。規範的舊志整理會爲今人研究提供極大的便利,否則就會有誣古人,貽誤後人。開展陝甘寧三省地方舊志整理與研究工作,是以筆者爲學術帶頭人的學術團隊長期堅持的學術方向。2012年,筆者著《寧夏地方志研究》由中國社會科學出版社正式出版。2018年,該書修訂後改名《寧夏舊志研究》,由上海古籍出版社正式出版。該書首次對寧夏舊志進行了系統全面的研究,基本摸清了寧夏舊志的家底,尤其梳理清楚了寧夏舊志的版本情況。2012年,筆者主持的"寧夏地方文獻整理與研究"獲批爲國家社科基金重點項目。以此爲契機,筆者提出了全面整理寧夏舊志的科研設想,計劃用三年(2015—2018)時間,將傳世的寧夏舊志全部規範整理,成果分批出版,匯編爲叢書《寧夏珍稀方志叢刊》,首批8部成果由中國社會科學出版社2015年正式出版。

　　自元迄清,嚴格意義上的寧夏舊志有38種,傳世的寧夏舊志有33種,其中9種爲孤本。寧夏舊志中,元代《開成志》成書時代最早,惜已亡佚;完整傳世者最早編修於明代;清代編成者傳世數量最多。傳世舊志中,成於明代者6種,成於清代者20種,成於民國者7種。從舊志編纂類型看,有通志7種,分志(州志、縣志)26種。除中國外,日本、美國等也藏有寧夏舊志。日藏數量最多,種類較全,8家藏書機構共藏有13種原版舊志,其中兩種爲孤本。日本主要通過商貿活動與軍事掠奪這兩種方式輸入寧夏舊志。寧夏舊志整理研究工作主要始於20世紀80年代,在文獻著錄、綜合或專題研究、文本整理刊佈等方面取得了一定的成就,爲寧夏文史研究奠定了資料基礎。但也要實事求是地認識到,隨着各種與寧夏有關的新資料不斷發現,尤其是多學科研究視角的創新,已有成果中存在的諸多不足越來越明顯。如在文獻著錄時因部分舊志未能目驗,或者學術見解不同,致使著録内容存在分歧甚至錯誤。研究成果多爲概括性、提要式介紹,多角度、多學科深入分析的成果缺乏。整理成果只是部分解决了舊志存在的文字或内容問題,整理方法不規範、質量不高的現象較爲突出。學術發展的需要,要求舊志整理要更加規範化,整體質量要進一步提高。整理研究寧夏舊志,需要科學的理論與方法來指導。在充分吸收他人學術經驗的基礎上,通過整理研究實踐工作,我們也形成了一些自己的認識,在此想總結出來,與大家一起交流探討。

一、整理前的準備工作

整理舊志,前期需要全面了解整理對象,對其編修者、編修經過、主要内容、文本的語言風格、版本傳世情況等要深入研究。規範整理舊志,要以扎實的研究成果爲基礎,以便選擇最佳底本,準備合適的參校文獻,制定規範的整理方法。

(一) 確定整理對象

爲保證舊志整理工作的順利開展,提高工作效率,確定整理對象是正式開始舊志整理前首先要做的,也是必須要做的工作。確定整理對象時,要綜合分析其學術價值、史料價值、傳世情況及今人閱讀理解該對象的困難程度等,一方面要認真通讀原作,另一方面,要同步查檢古今目録文獻對原作的著録情況。

通讀原作,有助於全面了解志書的内容及其史源、結構體例及其語言特點等情況。對内容及其史源的了解,可以幫助我們確定該志有無整理的必要。如傳世的民國十四年(1925)朱恩昭修纂 6 卷本《豫旺縣志》一直被學界當作寧夏同心縣重要的地方文獻在利用。實際上,這部舊志是撮抄之作,並非編者獨立編修。編纂者直接把《〔民國〕朔方道志》中與同心縣前身鎮戎縣有關的内容撮抄出來,參考《朔方道志》的體例,再雜以《〔光緒〕平遠縣志》的部分内容,把資料匯爲一編,取名《豫旺縣志》行世。在明晰了《朔方道志》與《豫旺縣志》的關係後,我們認爲没有必要再整理《豫旺縣志》,只需將《朔方道志》整理出來即可。

對舊志結構體例的了解有助於對舊志存真復原。如天津古籍出版社 1988 年版《寧夏歷代方志萃編》、海南出版社 2001 年版《故宫珍本叢刊》等叢書都影印出版了明朝楊壽等纂修的《〔萬曆〕朔方新志》,所據底本原有補版現象,某些版面的内容重複,特别在卷二有幾處嚴重的錯頁、錯版現象,天津、海南的影印本都未能給予糾正。這些問題若不能發現,整理成果就會出現内容錯亂現象。

每種舊志的編修都有其具體的時代背景，舊志的語言與內容一樣具有時代性，通讀舊志，了解其語言特點，掌握其語言規律，有助於更好地開展標點、分段工作。凡古籍，遣詞造句都有一定的時代風格和特點，只要其內容或文字無誤，就不能按當代行文習慣或理解對原文進行增、删、改等，否則就是替古人寫書。有些舊志語句原本就是通順的，符合特定時代的語言規範，若整理者在原志語句中隨意增加"之""於""以"等字，看似符合當代人的閱讀習慣了，實則畫蛇添足。

同步查檢古今目録文獻對舊志原作的著録情況，將著録内容與通讀舊志時了解的情況相對照，一方面，可以加深對舊志基本情況的了解，使得對舊志的了解更具條理性。另一方面，可以驗證著録是否準確，糾正存在的問題，以求對舊志基本信息的了解更符合實際。如朱栴編修的《寧夏志》，明朝周弘祖編《古今書刻》上編中就有著録，這是目録學著作中最早著録《寧夏志》的。張維1932年編《隴右方志録》時，據《〔乾隆〕寧夏府志》所載内容著録《寧夏志》，由於他未經眼《寧夏志》，以爲該書已佚，故著録其爲佚書，且將書名誤著録爲《永樂寧夏志》，《寧夏地方志存佚目録》《稀見地方志提要》等，都沿襲了張維的錯誤。較早披露日藏《寧夏志》信息的是《日本主要圖書館研究所所藏中國地方志總合目録》，但將"朱栴"誤作"朱梔"。《中國地方志聯合目録》《寧夏地方文獻聯合目録》《甘肅省圖書館藏地方志目録》《中國地方志總目提要》等對《寧夏志》也作了著録或提要。其中《中國地方志聯合目録》以《寧夏志》重刻時間定其書名爲《萬曆寧夏志》，巴兆祥《中國地方志流播日本研究》下編《東傳方志總目》沿襲此說。

（二）了解整理對象的研究現狀

確定整理對象，並對其有基本的認識和了解後，還需要梳理、分析整理對象的學術研究現狀，主要包括目録著録、研究論著、整理成果等三方面的信息。

1. 目録著録

查檢古今目録的著録内容，可以對舊志修纂者、卷數、流傳、內容、館藏、版本等情況有基本的了解。對著録的每一條信息，都要結合原志進行核查，發現問題，一定要深入研究。如《中國地方志聯合目録》《甘肅省圖書館藏地方志目録》均著録了一部《〔乾隆〕平凉府志》，爲"清乾隆間修，光緒增修，抄本"。[①] 此書孤本傳世，原抄本藏於南京圖書館。甘肅省圖書館有傳抄本，筆者在開展陝甘舊志中寧夏史料輯校工作時，最初設想把此志作爲重要的參校文獻。國家圖書館出版社2012年版《南京圖書館藏稀見方志叢刊》第十五和第十六册即爲《平凉府

---

① 中國科學院北京天文臺編：《中國地方志聯合目録》，中華書局1985年版，第212頁。

志》。筆者通過研究發現，古代目錄書中沒有著錄過乾隆時期編修的《平凉府志》，且乾隆以後的平凉各舊志的編纂者也未曾提到過乾隆時期編修《平凉府志》一事，通過對比發現，南圖藏本實際上是撮抄《〔乾隆〕甘肅通志》中的平凉府部分而成，且成書時間不會早於同治十三年（1874），故其雖爲孤本，但無校勘整理價值，所以我們放棄了以此書做參校本的最初設想。

　　2. 研究論著

　　充分梳理、分析他人對整理對象的研究成果，一方面，可以使我們清晰地看到學界對整理對象研究的角度及深入程度，避免重複勞動。另一方面，發現已有成果中存在的問題，結合自己的研究糾正這些問題，提高對整理對象的研究水準。如現藏於日本東洋文庫的海內外孤本《〔光緒〕寧靈廳志草》是研究寧靈廳的一手材料，張京生最早撰文研究，①巴兆祥研究最爲詳實，②胡建東、張京生提供了整理文本。③ 各家整理研究各有優長，部分整理研究成果亦多值得商榷之處。通過研究，我們的結論是：該本係編纂者稿本，正文內容有 67 頁。是書類目設置上全同《甘肅通志》，撰寫方法及輯錄內容則多同《〔嘉慶〕靈州志迹》。因其非定稿，故編修體例、內容、文字等方面尚需進一步完善、充實、修訂，但其在研究寧靈廳歷史、地理、經濟、教育、語言等方面的價值還是應該值得肯定。

　　3. 整理成果

　　充分重視研讀已有的整理成果，可以幫助我們了解目前整理所達到的水準，明確重新整理所要達到的目標。如《寧靈廳志草》出版過兩種整理本，通過比較研究，我們發現，兩整理本在整理體例、整理方式、整理結論等方面都存在缺憾。兩書出現多處標點錯誤，誤識原抄本文字，任意剪接原書內容，變亂原書體例，校勘粗糙，原稿中的多處錯誤未能校出，注釋不嚴謹，出現多處誤注現象，等等。有鑒於此，儘管《志草》已出版了兩種整理本，但我們決定還是要重新整理它。

（三）確定底本，選擇參校本及其他參考文獻

　　通過查檢目錄著錄，實地開展館藏調查，將目驗的各本進行分析比較，梳理出舊志的版本系統後，最終確定一種爲工作底本。原則上，底本當刊刻或抄錄質量較優，內容最全。底本確定後，還要確定一批參校本和他校資料。一般而言，若舊志版本系統不複雜，建議將傳世各本都列爲參校本，以最大限度地發現底本

---

　　① 張京生：《〈寧靈廳志草〉考述》，《圖書館理論與實踐》1992 年第 1 期；《歷史的見證——日本藏清稿本〈寧靈廳志草〉的學術價值探析》，《圖書館理論與實踐》2008 年第 6 期。
　　② 巴兆祥：《日本藏孤本寧夏〈寧靈廳志草〉考述》，《寧夏社會科學》2002 年第 5 期。
　　③ 寧夏人民出版社 2008 年版胡建東整理本《光緒寧靈廳志》，陽光出版社 2010 年版張京生整理本《光緒寧靈廳志草》。

中存在的問題,整理出最優的文本。

他校資料的選擇,在通讀舊志時就開始着手進行。整理者可在通讀原本的基礎上,將舊志中明確提到的他書文獻進行梳理,列爲基本參考文獻,並在其後的整理實踐中不斷充實、完善。他校資料的確定,有的可以根據舊志本身提供的信息來選擇。如《〔弘治〕寧夏新志·凡例》言:"宦迹在前代者據正史,在國朝者序其時之先後而不遺其人,備參考也。"這就提示我們,校勘《〔弘治〕寧夏新志》的《人物志》《宦迹》時,一定要以正史如《史記》《漢書》等爲他校材料。《凡例》又說:"沿革、赫連、拓跋三《考證》,悉據經史及朱子《通鑑綱目》、本朝《續綱目》摘編。"這提示我們,《〔弘治〕寧夏新志》的三卷考證内容,必須要以宋朝朱熹、趙師淵撰《資治通鑑綱目》、明朝商輅撰《續資治通鑑綱目》爲基本的對校資料。《凡例》之後的《引用書目》列舉了編修《〔弘治〕寧夏新志》所引的42種文獻,基本按引書成書時代排序。這些文獻,只要有傳世,就一定要將其列入參考文獻之中,因爲它們都是《〔弘治〕寧夏新志》最直接的史料來源。

選擇他校資料時,切不可畫地爲牢,只關注某一地區,而是要結合一地的地理沿革情況,擴大他校資料的搜集範圍。歷史上,西北地方陝甘寧三地的地緣關係和政治、文化等關係都非常密切。寧夏在明朝隸屬陝西布政使司管轄,在清朝則隸屬甘肅省管轄,成於明清時期的陝西、甘肅地方文獻特別是舊地方志中,散見有非常豐富且重要的寧夏歷史資料。《嘉靖》陝西通志》《〔萬曆〕陝西通志》《〔康熙〕陝西通志》等三志是陝西舊通志中寧夏史料最豐富者。《〔嘉靖〕平凉府志》所載明朝固原州、隆德縣史料非常系統、豐富。《〔乾隆〕甘肅通志》《〔宣統〕甘肅新通志》是甘肅舊通志中寧夏史料最豐富者。上述六種陝甘舊志中的寧夏史料,爲明清寧夏舊志編纂提供了最豐富、最系統的基本史料。明清寧夏舊志多因襲陝甘通志的材料和編纂體例。如寧夏《〔萬曆〕朔方新志》自《〔嘉靖〕陝西通志》取材,嘉靖、萬曆《固原州志》自《〔嘉靖〕平凉府志》取材,《〔光緒〕花馬池志迹》自《〔嘉慶〕定邊縣志》取材,《〔乾隆〕寧夏府志》《〔民國〕朔方道志》從體例到内容分别受《〔乾隆〕甘肅通志》《〔宣統〕甘肅新通志》的影響,等等。同時,明清時期的寧夏舊志也是研究陝甘文史、整理陝甘舊志的重要資料,如明朝正德、弘治、嘉靖三朝《寧夏志》成書時間均早於《〔嘉靖〕陝西通志》,都可爲整理後者提供重要的參校資料。所以,整理陝、甘、寧任何一省的舊志,尤其是通志及相鄰地區的舊志,確定他校資料時一定要同時關注另外兩省的舊志資料。

另外,出土文獻和檔案材料也是重要的他校資料,過去的研究者均未予重視。如慶靖王朱㮵之名,文獻中還出現過"朱栴""朱㫋"等兩種寫法,筆者據出土於寧夏同心縣的《慶王壙志》,結合明清傳世文獻,考證認爲,慶王之名當爲"朱橚"而非"朱栴",更非"朱㭉"。① 再如,《寧夏府志》卷十三《人物》載,寧夏鄉賢謝王寵"壽七十三卒",而據寧夏靈武出土的《清通義大夫謝觀齋墓志銘》載,謝王寵生於康熙十年(1671),卒於雍正十一年(1733),享年六十三(虚歲),故可據以改正《寧夏府志》記載的錯誤。②

(四) 編寫整理說明

整理說明的主要作用有二,一是規範整理方法,二是方便利用整理成果。整理說明要扼要、準確,方法力求易於操作,切忌繁瑣。一篇規範的整理說明是需要反復完善的。舊志正式整理之前,可先據常規的古籍整理規範,就標點、注釋、校勘等工作草擬出基本的整理要求,選擇部分舊志內容先開展預備性整理工作。再結合遇到的具體問題,對整理說明不斷完善。凡多人合作開展舊志整理工作,或在相對固定的時間內整理多部舊志時,整理說明的這些完善步驟尤其重要。必要時,可選擇典型問題,集體討論,形成統一意見。待整理方法合乎規範、易於操作之後,再最後定稿整理說明,讓它成爲大家都要遵守的原則要求,不能輕易改變。

二、整理的具體環節及方法

整理的前期準備工作結束後,就進入到具體的整理環節了。下面主要從"錄文""標點""校勘""注釋"等幾方面談談具體的整理方法。

(一) 錄文、標點

具體整理舊志的第一個環節就是錄文。高質量地將底本文字轉錄爲可以編輯的文檔,可以有效減少由出版機構照原手稿重新錄排造成的錯誤。一般來說,錄文要求在內容上一仍底本原貌(包括卷帙、卷次、文字、分段等),不改編,以保持內容的原始性、完整性和獨立性,便於整理者與底本對校。將以繁體字出版的舊志,特別需要重視底本存在的異體字、俗體字、通假字、古今字等用字現象,除因特殊的出版要求外,志書原字形不當以意輕改。如有的整理者改"昏"爲"婚",改"禽"爲"擒",改"地里"爲"地理",等等,均顯係誤改。利用軟件進行繁簡字轉換時,要注意其識別率。有些簡體字,軟件無法將其轉換成繁體字,有些甚至會

---

① 參見胡玉冰:《寧夏舊志研究》,上海古籍出版社 2018 年版,第二章第一節。
② 參見胡玉冰、韓超:《清代寧夏人謝王寵生平及其〈愚齋反經錄〉考略》,《圖書館理論與實踐》2015 年第 2 期,第 105—108 頁。

轉換錯誤，如動詞"云"誤轉作"雲"，地支"丑"誤轉作"醜"，職官名"御史"誤轉作"禦史"，表示距離的"里"誤轉作"裏"。因出版要求，還要注意新舊字形問題，如"戶""呂""吳""黃""彥"等爲舊字形，相對應的新字形則是"户""吕""吴""黄""彦"。舊志用字，常有字形前後不一現象，如"強、彊、强""蹟、跡、迹""敕、勅、勑""爲、為"等幾組字，可能會在同一部舊志中交替出現，這類字的字形統一當慎重。整理時原則上遵從舊志原版的用字習慣，盡量用原書字形（俗字或異體字）。多種字形混用者，可統一爲出現頻次較多的字形。但有的整理者將"並、幷、竝、併""采、彩、綵、採""升、陞、昇"三組字分別統改爲"並""采""升"，就很值得商榷了。

不同的字形，若有其特殊的用途或意義，就不能隨意地合并統改。特別是地名用字，一定不能以今律古。如寧夏平羅縣之"平羅"係清朝開始使用的地名用字，《〔萬曆〕朔方新志》卷一《地理》中作"平虜"，《〔康熙〕陝西通志》卷二《疆域·寧夏衛》避清朝諱改作"平羅"。整理時不能將《朔方新志》的"平虜"改爲"平羅"，因爲明朝原本就叫"平虜"，清朝因避諱而改，因此不能因其今名而改動明朝舊志的地名用字。同樣，整理清朝舊志，就需要把明朝的地名回改爲當時的用字。如《〔乾隆〕寧夏府志》卷二《地里·疆域·邊界》"北長城"條"雖有平虜城""以故於平虜城北十里許"兩句，"平虜"原均作"平羅"，當據《〔萬曆〕朔方新志》卷二《外威·邊防》回改爲"平虜"。

整理者錄文時對文稿要做一定的文檔編輯工作，認真閱讀原志，合理區別內容層次及隸屬關係，規範標注各級標題。舊志常用不同的版式風格和大小字體來區分不同類型的內容，錄文時要給予充分的考慮。舊志常用不同類型的符號來標示內容的層級隸屬關係，充分理解了這一點，有助於錄文時對內容進行分段。舊志原版中多雙行小字，有的雙行小字是補充説明性質的文字，有的雙行小字是解釋性文字。錄文排版舊志原版中的雙行小字，若字體、字號同正文文字，就有可能使讀者不能正確判斷原志內容的隸屬關係，有的還可能造成標點符號的混亂，影響對文意的理解。故錄文時，最好以不同的字體、字號把舊志原版雙行小字與正文區別開來。

處理舊志中的地圖等圖像文獻時要注意，舊志往往不用一整幅版面來呈現完整的圖像，而是分兩個半版來呈現，今人整理時最好能將其合二爲一。合成後的圖像文獻盡可能保持版面清晰，必要時可將原版中模糊不清的字迹、綫條等修飾清晰，以便他人的正確利用，但有一個原則，那就是不能以意亂改。不要改變原字體，不能改變原綫條走向等，盡量保持原版原貌。有些整理者會請專業的繪圖人員照舊圖另外繪製新圖，上述原則也應該遵守。修飾原版中模糊不清的文字時，盡量結合正文中的相應內容如《疆域》《城池》等內容，避免出錯。

舊志標點，可根據現行標點符號的用法，結合古籍整理的通例，進行規範化標點，具體可參考中華書局編寫的《古籍校點釋例（初稿）》（原載《書品》1991年第4期）。爲統一舊志的標點工作，某些要求可以細化。如整理寧夏舊志時統一規定，凡原書中用以注明具體史料出處的"通志""府志""郡志""縣志""新志""舊志"之類，能考證確定所指文獻者，在正文中均加書名號，標點作《通志》《府志》《郡志》《縣志》《新志》《舊志》，並脚注說明具體所指文獻。如："府志：指《〔乾隆〕寧夏府志》。"凡不能確定具體所指者，則不加書名號，亦脚注說明。如："縣志：具體所指文獻不詳。"

（二）注釋

以往舊志整理，多注重對疑難字詞、典故、人名、地名等的注解，爲進一步提高舊志的利用價值，還應加强以下幾方面内容的注釋工作：

1. 史料出處的注釋

舊志於行文中有時會注明史料出處，但無定制，如朱栴《寧夏志》卷上《河渠》所引史料出處包括："酈道元水經""周禮""西羌傳""唐吐蕃傳""李聽傳""地理志""會要""元和志""元世祖紀""張文謙傳""郭守敬傳"等，考其諸文，分别指酈道元《水經注》、《周禮·地官司徒·遂人》、《後漢書》卷八七《西羌傳》、《新唐書》卷二一六下《吐蕃傳》、《新唐書》卷一五四《李晟傳附李聽傳》、《新唐書》卷三七《地理志》、《唐會要》、《元和郡縣圖志》、《元史》卷五《世祖本紀》、《元史》卷一五七《張文謙傳》、《元史》卷一六四《郭守敬傳》，如果整理者不對其引文細加考究并給予注明，讀者恐怕很難判斷引文的具體出處。

2. 原文體例中資料互見者的注釋

地方舊志行文時，常常會出現"見前""見《進士》""見《藝文》""詳見《人物》""詳見《鄉賢》"等字樣，對這些内容進行注釋，一方面可以驗證原志記載是否可信，另一方面，省去讀者查檢之勞。

3. 干支紀年及缺省内容的注釋

舊志紀年多以干支爲主，有的會承前省略帝王年號，有些行文中常常不出現人物全名，只稱某公，或只稱其職官名，具體年代及人物在原文中没有交代，故整理者當結合上下文來注釋，以幫助讀者正確理解。如多種寧夏舊志中均收録有唐朝楊炎《靈武受命宮頌并序》一文，記載了唐肅宗李亨至德元年（756）至靈武即皇帝位事，其中有"丁卯，廣平王俶、太尉光弼、司徒子儀、尚書左僕射冕、兵部尚書輔國"句。"丁卯"指何時，廣平王等具體指何人，若不熟悉該序寫作時間及歷史背景的話，很難搞清楚。有關唐肅宗李亨至靈武即皇帝位事，《舊唐書》卷十

《肅宗本紀》、《新唐書》卷六《肅宗本紀》、《資治通鑑》卷二一八《唐紀三十四》、《通鑑紀事本末》卷三一中《安史之亂二》等有記載,有的記載相同,有的則相異。如肅宗李亨至靈武和即位的時間,四書記載一致,均記載他於七月辛酉(七月初九)至靈武,甲子(七月十二)即位。而大臣奏請李亨即皇帝位的上奏時間,《舊唐書》記載在七月辛酉,即李亨到達靈武的當天。《新唐書》記載在七月壬戌,是李亨到達靈武的第二天。《資治通鑑》《通鑑紀事本末》記載在七月甲子,是李亨到達靈武的第四天,也就是他即皇帝位的當天。而《靈武受命宫頌》記載的時間"丁卯"(七月十五)則是李亨到達靈武的第七天,是他即位後的第三天了,《資治通鑑》《通鑑紀事本末》都載,這天,上皇制以太子亨充天下兵馬元帥,領朔方、河東、河北、平盧節度都使,南取長安、洛陽。很明顯,楊炎所記時間與事實不符。關於上奏人,《舊唐書》《資治通鑑》《通鑑紀事本末》都記爲"裴冕、杜鴻漸等",《新唐書》記爲"裴冕等"。而《靈武受命宫頌》所提及的李光弼、郭子儀此時均不在靈武。因此,整理者通過梳理文獻當注明,人物分别指廣平王李俶、太尉李光弼、司徒郭子儀、尚書左僕射裴冕、兵部尚書李輔國,但李光弼、郭子儀此時均不在靈武。所記上奏時間史書記載不一,楊炎所記"丁卯"疑誤。

(三) 校勘

以往寧夏舊志的整理本中,有價值的校勘成果非常少見,更說明舊志整理一定要加強校勘工作。校勘的方法,常用的是校勘四法,即對校、本校、他校、理校,此四法往往需要綜合運用,不能只是簡單地運用其中的某一種方法。筆者校勘《寧夏志》卷上《祥異》"永樂甲戌歲金波湖產合歡蓮一"句,查明成祖"永樂"年號紀年干支名(自癸未至甲辰,1403—1424)中無"甲戌"。《寧夏志》卷下《題詠》錄有凝真(朱栴之號)七律《戊戌歲金波湖合歡蓮》一首,所詠即爲永樂年間金波湖出"祥瑞"合歡蓮一事。故知"永樂甲戌歲金波湖產合歡蓮一"句中"甲戌"當作"戊戌",永樂戊戌歲即永樂十六年(1418)。

古籍整理要充分吸收已有研究成果,以最大限度地減少原始文本中存在的錯誤,避免利用者以訛傳訛。朱栴編修《寧夏志》卷下錄有兩篇重要的西夏文獻,其中《大夏國葬舍利碣銘》有"大夏天慶三年八月十日建"句,朱栴考證後認爲,葬舍利時間"乃夏桓宗純祐天慶三年、宋寧宗慶元二年丙辰也"。寧夏舊志編者甚至許多當代學者都認同這一結論。據牛達生先生考證,[①]"天慶三年"句當作"大

---

① 參見牛達生:《〈嘉靖寧夏新志〉中的兩篇西夏佚文》,《寧夏大學學報》1980年第4期,第44—49頁。

慶三年"，故朱樹的考證結論當改作"乃夏景宗元昊大慶三年、宋仁宗景祐五年戊寅也"。

校勘所用他校資料不能失之過簡，亦不能失之過濫，某些關係明確的他書資料當作爲重要的他校資料重點利用，如《〔乾隆〕寧夏府志》大量內容來自《〔萬曆〕朔方新志》和《〔乾隆〕甘肅通志》，我們就要將這兩種舊志作爲《寧夏府志》最主要的他校資料。關於這一點，可以結合整理前要進行參校文獻篩選工作來理解。校勘成果的表達要規範、簡練，術語使用要準確。校勘時凡改必注，改動一定要有堅實的證據，否則只出異文即可。

三、整理研究舊志規範

（一）整理力求存真復原

整理舊志，不能變亂舊式，隨意在原文中增加原本沒有的文字內容，切忌以今律古。舊志，特別是明清舊志，都有一定的編修體式，不應隨意去變亂它。如許多舊志每條凡例之前都會有"一"這一符號，以使凡例眉目清晰，可有的整理者誤認爲其爲序號，將其改成阿拉伯數字或漢語數目字等。有舊志整理者爲便於讀者統計，往往在山名、河名、人名、詩題、文題等之前添加序數詞，看似眉目清晰了，實則違反了古籍整理的原則。實際上，古人在刻舊志時，往往有一套符號系統表示層次及隸屬關係，今人隨意增加，實在有畫蛇添足之嫌。更有甚者，會調整原書內容的次序、位置，任意刪並原志，這就完全變成是當代整理者編修的地方志了。宋人彭叔夏在其《文苑英華辨證自序》中記載："叔夏嘗聞太師益公先生（指宋人周必大）之言曰：'校書之法：實事是正，多聞闕疑。'"舊志整理要力求做到存真復原，按照一定的整理原則對舊志進行規範的整理。

（二）研究需要實事求是

評價舊志，一定要實事求是，充分了解舊志編纂的時代性特點，不可苛求古人、求全責備。評價一部舊志的價值，常常從體例、內容兩方面着手，而內容猶重。譚其驤先生曾説過："舊方志之所以具有保存價值，主要在於它們或多或少保留了一些不見於其他記載的原始史料。"[①]這實際上要求我們，在評價舊志內容價值時，要區別看待，只有獨見於志書的內容價值才更高些，而那些因襲其他

---

① 譚其驤：《地方史志不可偏廢，舊志資料不可輕信》，載《中國地方史志論叢》，中華書局1984年，第12頁。

志書，或者自其他史書中摘抄的内容，其價值就要另當別論了。如寧夏舊志，其科舉、賦稅、公署、學校、藝文等資料多獨見於志書者，而人物類資料多自他志承襲，評價内容價值時，就要慎言人物類資料的價值。另外，寧夏舊志承襲前代史料時多未加以辨别考證，致使其中的錯誤也被承襲，甚至錯上加錯。如隋朝人柳彧徙配地在"朔方懷遠鎮"，自明朝《〔弘治〕寧夏新志》始，一直被作為流寓寧夏的歷史名人而載之史册。明朝胡侍《真珠船》"懷遠鎮"條考證認為，柳彧徙配地"朔方懷遠鎮"在遼東，與今寧夏無關。《〔弘治〕寧夏新志》《〔嘉靖〕寧夏新志》《〔嘉靖〕陝西通志》《〔萬曆〕朔方新志》等均誤以為柳彧流放在今寧夏故地，故載柳彧為寧夏流寓者。《〔乾隆〕甘肅通志》亦襲其説。過去研究寧夏舊志者都僅限於舊志本身談其價值，没能從史料流傳上分析其價值。如評價《〔乾隆〕銀川小志》内容及學術價值時，有學者認為該志幾乎將與寧夏有關的歷代詩文全部輯録在志書中，所輯録的水利、學校、風俗等資料都很有研究價值，等等，這些觀點值得進一步商榷。實際上，《〔乾隆〕銀川小志》相當多的内容都是照録明朝人所編寧夏舊志，並非汪繹辰的獨創。從内容的完整性和全面性來看，該志尚不能與明朝所編的寧夏舊志相比。① 有學者認為，寧夏舊志中以資料而論有三條最為珍貴，其中的一條就是《〔乾隆〕寧夏府志》中的《恩綸記》。可事實上此段史料最早出自《平定朔漠方略》，《〔乾隆〕寧夏府志》還將左翼額駙"尚之隆"誤抄作"尚之龍"。②

　　加强舊志的比較研究，會有助於提升舊志的研究水準。比如，以往從事西北古代文史研究特別是寧夏古代文史研究者常將寧夏舊志當作第一手資料來利用，而從史源學角度看，這些資料實際上並非"一手"，而多是從陝甘地方志中輯録的。從現有的寧夏舊志整理成果看，學者也多没有把陝甘方志資料當作必需的参校資料來利用，致使寧夏舊志沿襲自陝甘方志的文字錯訛衍倒、内容遺漏及新增的文字、内容錯誤問題都没有得到糾正，使後人以訛傳訛。同時，從事陝甘古代文史研究、開展陝甘舊方志整理研究，也要注意借鑒寧夏舊志的整理研究成果。辨明史料正誤，以避免以訛傳訛。

（三）成果確保完整呈現

　　一部完整的舊志整理之作，至少要包括五部分内容：第一，前言。主要介紹舊志的整理研究現狀、編修始末、編修者、版本、内容、價值等方面。第二，校注説

---

① 参見胡玉冰：《寧夏舊志研究》，上海古籍出版社 2018 年版，第三章第一節。
② 参見韓超：《甘肅舊志中的寧夏史料述考》，寧夏大學 2014 届碩士畢業論文，第 43 頁。

明。説明底本、校本等選擇情況，列舉標點、注釋、校勘等原則。第三，新編目録。舊志一般都有原編目録，但不便今人利用，故要據整理成果編輯眉目清晰、層次分明、使用方便的新目録。第四，舊志正文。第五，參考文獻。目前出版的舊志中，有些不列舉參考文獻，有些參考文獻或按文獻出版時間排序，或按在文中出現的順序排序，或按或書名、作者名首字的音序排序，這些都起不到指導學術研究的作用。參考文獻要便於按圖索驥，最好能分類編排。依四庫法進行排列，就是很好的選擇。某些舊志，可根據需要增加索引、附録等内容。編索引可方便使用者查找相關專題資料，附録可在一定程度上彌補舊志正文内容不足的缺點。如民國時期寧夏地區對土地、資源等進行過較爲詳細地調查，形成的調查報告是最原始的檔案資料，這些資料往往散見且不能單獨成書，但它們對有關舊志而言具有很好的補充作用，故應該在附録中予以保留。

目　　錄

總序 …………………………………………………… 胡玉冰　1

〔乾隆〕鹽茶廳志備遺

前言 ……………………………………………………………… 3
整理說明 ………………………………………………………… 15
廳志備遺序 ……………………………………………………… 17
採輯人員 ………………………………………………………… 19
廳志備遺目錄 …………………………………………………… 20
圖記 ……………………………………………………………… 21
　　廳地原圖 …………………………………………………… 22
　　廳地新圖 …………………………………………………… 23
　　城圖 ………………………………………………………… 24
廳地建革 ………………………………………………………… 25
山川 ……………………………………………………………… 26
星野 ……………………………………………………………… 27
疆域形勢 ………………………………………………………… 28
建置沿革 ………………………………………………………… 29
城堡 ……………………………………………………………… 31
　　海喇都城 …………………………………………………… 31
　　西安州 ……………………………………………………… 31
　　平遠所 ……………………………………………………… 32
　　新營堡 ……………………………………………………… 32
　　新堡子 ……………………………………………………… 33
　　沐家堡 ……………………………………………………… 33
　　小沐家營 …………………………………………………… 33

古城堡　石沙灘附 ………………………………… 34
　　　紅古城 …………………………………………………… 34
　　　石城 ……………………………………………………… 34
　　　海城八景 ………………………………………………… 36
　　　　華山叠嶂 …………………………………………… 36
　　　　東崗夕魚 …………………………………………… 37
　　　　古寺疎鐘 …………………………………………… 37
　　　　清池朗月 …………………………………………… 37
　　　　天都積雪 …………………………………………… 37
　　　　靈光散花 …………………………………………… 37
　　　　五泉競冽 …………………………………………… 37
　　　　雙澗分甘 …………………………………………… 37
水利 ……………………………………………………………… 40
古蹟有序 ……………………………………………………… 43
田賦有小序 …………………………………………………… 44
户口、徭役有小序 …………………………………………… 46
〔風俗〕 ……………………………………………………… 54
官制 …………………………………………………………… 56
名宦、鄉賢　有序 …………………………………………… 59
　　名宦 …………………………………………………………… 59
　　鄉賢 …………………………………………………………… 60
學校有小序 …………………………………………………… 61
廳署 …………………………………………………………… 63
積貯 …………………………………………………………… 64
倉廪有小序 …………………………………………………… 65
壇廟有序 ……………………………………………………… 67
寺觀、廟宇有序 ……………………………………………… 68
人物序 ………………………………………………………… 69
　　孝友廉介 …………………………………………………… 69
　　貞節 ………………………………………………………… 70
物產 …………………………………………………………… 73
　　穀屬 ………………………………………………………… 73
　　菜屬 ………………………………………………………… 73

  木屬 …… 73

  菓屬 …… 73

  花屬 …… 73

  藥屬 …… 74

  鳥屬 …… 74

  獸屬 …… 74

藝文

  華山積翠 …… 75

  古寺天花 …… 75

  五泉競冽 …… 75

  清池皓月 …… 75

  雙澗分甘 …… 76

  西山積雪 …… 76

  古寺疏鐘 …… 76

  龍崗夕照 …… 76

  靈光寺花 …… 76

  春日游西山寺 …… 77

  重遊靈光寺 …… 77

  代前人題 …… 77

  望石城有感 …… 77

  愛山堂即事 …… 78

  題明遊府談兵處 …… 78

  鄭旗堡夜宿 …… 78

  過高臺寺 …… 78

  題撥雲樓 …… 78

  題愛山堂 …… 79

  題贈朱司馬 …… 79

  送司馬朱公回粵 …… 79

  紀於五首 …… 79

  奉和孟郭二有南樓之作　時八月十四日夜 …… 80

  十五夜無月，仍用前韻 …… 80

  八月十四日郊行步 …… 80

  九日舊城即事 …… 81

鹽茶廳署落成記　劉統 …… 81
序　曹夔隆 …… 83

〔光緒〕海城縣志

前言 …… 89
整理說明 …… 99
〔楊金庚〕創修縣志序 …… 101
〔陳廷珍〕新修縣志序 …… 102
新修海城縣志銜名 …… 103
凡例 …… 104
海城縣志目録 …… 106
海城縣志卷一　建置志 …… 107
　　圖考 …… 107
　　星野 …… 109
　　氣候 …… 109
　　沿革 …… 109
　　城池 …… 110
　　公署 …… 111
海城縣志卷二　疆域志 …… 113
　　形勝 …… 113
　　道里 …… 113
　　疆界 …… 113
　　鄉鎮 …… 113
　　山川 …… 114
　　　　八景 …… 116
　　水利 …… 117
　　關梁 …… 118
　　祠祀 …… 118
　　　　各壇廟 …… 118
海城縣志卷三　貢賦志 …… 120
　　〔田賦〕 …… 120
　　户口 …… 122

種類 …………………………………………… 123
　　回教 …………………………………………… 123
　　倉儲 …………………………………………… 123
　　〔鹽法〕 ………………………………………… 124
　　茶馬 …………………………………………… 125
　　鰲稅 …………………………………………… 125
　　度支 …………………………………………… 125
　　蠲恤 …………………………………………… 128
海城縣志卷四　學校志 ………………………… 131
　　學額 …………………………………………… 131
　　義學 …………………………………………… 131
　　學堂 …………………………………………… 131
海城縣志卷五　兵防志 ………………………… 133
　　〔營制〕 ………………………………………… 133
　　馹遞 …………………………………………… 134
　　巡警 …………………………………………… 134
海城縣志卷六　古蹟志 ………………………… 136
　　〔古蹟〕 ………………………………………… 136
　　陵墓 …………………………………………… 139
海城縣志卷七　風俗志 ………………………… 142
　　漢俗 …………………………………………… 142
　　回俗 …………………………………………… 142
　　漢回同俗 ……………………………………… 143
　　祥異 …………………………………………… 143
　　方言 …………………………………………… 143
　　物產 …………………………………………… 146
　　實業 …………………………………………… 146
海城縣志卷八　職官志 ………………………… 149
　　〔文武〕 ………………………………………… 149
　　名宦 …………………………………………… 154
　　封爵 …………………………………………… 155
　　選舉 …………………………………………… 156

海城縣志卷九　人物〔志〕 …… 159
　　〔人物〕 …… 159
　　忠節 …… 160
　　孝義 …… 162
　　隱逸 …… 162
　　流寓 …… 163
　　仙釋、方技 …… 163
　　列女 …… 163

海城縣志卷十　藝文志 …… 167
　　〔藝文〕 …… 167
　　金石 …… 179
　　雜記 …… 179

〔光緒〕新修打拉池縣丞志

前言 …… 189
整理說明 …… 196
〔廖丙文〕新修打拉池縣丞志〔序〕 …… 198
　　建置 …… 199
　　疆域 …… 199
　　山川 …… 199
　　關梁 …… 201
　　水利 …… 201
　　鹽法 …… 202
　　物産 …… 202
　　貢賦 …… 203
　　祀典 …… 203
　　職官 …… 203
　　塚墓 …… 204
　　風俗 …… 204
　　貤封 …… 204
　　恩蔭 …… 204
　　選舉 …… 205

文舉	205
貢生	205
武舉	205
恩科	206

人物 … 206
節婦 … 207
星現星殞日月食 … 207
恤典 … 208
方言 … 208
户口 … 208
倉儲 … 209
度支 … 209
鰲稅 … 209
農商 … 209
礦產 … 209
巡警 … 210
學堂 … 210
忠列 … 210
碑文 … 210

清末民國時期海原縣縣情資料

前言 … 227
〔宣統〕海城縣地理調查表 … 234
〔民國〕甘肅海原縣風俗調查綱要表 … 238
〔民國〕海原縣文獻調查 … 241
  一、政治類 … 241
    縣各級黨務機關改組經過 … 241
    黨務歷年進行狀況 … 241
    黨務之刊物或工作報告 … 242
    縣府改組名稱及經過 … 242
    各縣改定等級經過 … 242
    各縣警務及保安隊狀況 … 242

自治機關改組經過……………………………………………………242

　　保甲編組及戶口調查經過及現狀……………………………………242

　　歷年戶口統計…………………………………………………………243

　　縣司法機關設立及經過………………………………………………243

　　禁政完成經過…………………………………………………………243

　　歷年辦理賑濟情形……………………………………………………243

　　推行度量衡狀況………………………………………………………243

　　歷年施行縣政計畫……………………………………………………244

二、軍事類……………………………………………………………………244

　　兵役制度推行經過……………………………………………………244

　　防空設備………………………………………………………………244

　　抗戰後援工作經過……………………………………………………244

　　各縣現有壯丁數目……………………………………………………244

三、教育類……………………………………………………………………245

　　縣教育機關改組名稱及經過…………………………………………245

　　辦理中小學校及社教國民教育戰時教育之經過……………………245

　　辦理職業教育之經過…………………………………………………245

　　各縣現有中小學數目及教職員與學款數目…………………………245

　　各縣中小學歷次畢業學生數目及學齡兒童數目……………………246

　　現有文化團〔體〕組織概況…………………………………………246

四、財務類……………………………………………………………………246

　　歷年田賦及稅捐經征狀況……………………………………………246

　　歷年地方收支狀況……………………………………………………246

　　歷年實收實支數目分類統計…………………………………………246

　　歷年縣預算、決算……………………………………………………247

　　歷年辦理公債數目及經過……………………………………………247

　　各縣倉儲情形…………………………………………………………247

　　各縣人民負擔差徭之實際情形………………………………………247

　　縣財務機關改組名稱及經過…………………………………………247

　　各縣學田及歷年收支教育經費數目…………………………………248

五、經濟類……………………………………………………………………248

　　縣經濟狀況……………………………………………………………248

　　歷年出入重要貨物約數………………………………………………248

物價指數·····················248

　　各地農產統計·················248

　　各縣牲畜約數及畜牧業調查·······248

　　各縣工商業調查···············248

　　辦理合作事業之經過············249

　　辦理農貸之經過···············249

六、建置類·······················249

　　縣公署及公用房廨建築經過······249

　　公路建築及撥發款項民夫經過····249

　　各縣主要關梁建築經過·········249

　　縣有工廠建築經過或設計及圖表···250

　　縣有公園建築情形············250

七、氣象類·······················250

　　各縣雨量、風向及水文記載······250

　　各縣主要農作物種收時期·······250

　　天旱、地震及災異狀況·········250

八、民俗類·······················250

　　各地婚喪禮儀及民族一切習俗····250

　　各地生活狀況················251

　　人民信教及宗教分佈情形·······251

〔民國〕甘肅省海原縣要覽··············252

　第一章　沿革····················252

　第二章　疆域　附全縣略圖··········252

　第三章　地形····················253

　　一、山脈·····················253

　　二、河流·····················253

　　三、津渡·····················254

　　四、關隘·····················254

　第四章　氣候····················254

　第五章　人口　附人口分佈圖········254

　　一、分佈情形·················254

　　二、民生概況·················255

　第六章　民族····················255

  一、民族種類 …………………………………………………… 255
  二、宗教信仰 …………………………………………………… 255
  三、分佈區域　附宗教分佈圖 ………………………………… 255
  四、教育概況 …………………………………………………… 255
 第七章　交通　附全縣交通圖 …………………………………… 255
  一、公路 ………………………………………………………… 255
  二、大車道 ……………………………………………………… 256
  三、便道 ………………………………………………………… 256
  四、水運 ………………………………………………………… 256
 第八章　物産 ……………………………………………………… 256
  一、農産 ………………………………………………………… 256
  二、礦産 ………………………………………………………… 256
  三、手工業 ……………………………………………………… 256
  四、畜牧 ………………………………………………………… 256
 第九章　地畝糧額 ………………………………………………… 257
 第十章　水利 ……………………………………………………… 257
  一、管道 ………………………………………………………… 257
  二、水車 ………………………………………………………… 257
  三、井泉 ………………………………………………………… 257
  四、灌溉面積 …………………………………………………… 257
  五、水力發電 …………………………………………………… 257
 第十一章　城鎮 …………………………………………………… 257
  一、城市 ………………………………………………………… 257
  二、鄉鎮 ………………………………………………………… 258
 第十二章　古蹟與名勝 …………………………………………… 258
  一、古蹟 ………………………………………………………… 258
  二、名勝 ………………………………………………………… 258
 第十三章　鄉賢事略 ……………………………………………… 259
  一、忠義 ………………………………………………………… 259
  二、節孝 ………………………………………………………… 259

甘肅海原、固原等縣回民歷次變亂真像 ……………………………… 260
 甲　西北回民之派系 ……………………………………………… 260
  一、老教 ………………………………………………………… 260

二、新教 ··· 260
　　　三、新新教 ··· 260
　　　四、沙溝教 ··· 260
　乙　沙溝教之歷史 ··· 261
　丙　沙溝教之現狀 ··· 262
　丁　歷次事變原因經過暨其影響 ····································· 262
　　　一、事變原因 ··· 262
　　　二、第一次事變 ·· 263
　　　三、第二次事變 ·· 263
　　　四、第三次事變 ·· 263
　　　五、第四次事變 ·· 263
　　　六、事變影響 ··· 264
　　　七、現行政治上之設施 ··· 264

參考文獻 ·· 265
　一、古代文獻 ··· 265
　二、現當代文獻 ·· 268
後記 ·· 胡玉冰　270

〔乾隆〕鹽茶廳志備遺

(清)朱亨衍修　劉統纂　胡玉冰、魏舒婧校注

前　　言

传世的海原县旧志共 3 部，包括朱亨衍乾隆十七年(1752)修纂、十九年(1754)抄本《盐茶厅志备遗》(简称《厅志备遗》)，杨金庚光绪三十四年(1908)修纂、同年抄本、排印本《海城县志》，廖丙文监修、陈希魁等编纂的光绪三十四年抄本《新修打拉池县丞志》(简称《打拉池志》)。《厅志备遗》《打拉池志》均不分卷，《海城县志》共十卷。民国时期有几种文献与海原密切相关，特别像《甘肃省海原县要览》(简称《海原要览》)，编撰者不详，有民国三十六年(1947)左右稿本传世。其不是严格意义上的旧志，且文献利用价值有限，但由于其编写体例、内容与志书非常相近，且为民国时期海原县情的一手资料，故亦当给予应有的重视。

宁夏海原县历史悠久，清初地以官名，设盐茶厅。《厅志备遗·官制》记载，平凉府盐茶厅首位同知于清顺治三年(1646)就任，驻固原州。乾隆十三年(1748)四月癸酉，暂管陕甘二省事务的甘肃巡抚黄廷桂等奏："今查固原城内驻紥平凉府盐茶同知一员，所当州城西北一带，距城窎远，请将该同知移驻海喇都，另建衙署，其旧署改为中军参将衙门，该道仍复旧署；又海喇都旧土城一座应建厅仓，即将州城厅仓陆续折运，现在该厅民情愿捐修，应从民便；至一切兵防，请于标属营内拨千总一员、马守兵四十名；其固原厅州所辖村堡，应各归就近管辖。均应如所请。从之。"①时任盐茶同知者为《厅志备遗》的纂修人朱亨衍，厅署驻地原在固原，移驻盐茶厅官署至海城的重任就历史地落在了他的肩上。

正式移驻海城前，要先行修建新的厅署。当地百姓对官府此举非常支持，"先是，吾民望公之来如望岁，咸欲捐私囊以建公署。公念民劳，不许。而动帑兴修，留民力以为城垣、仓廒之用"。② 也就是说，官署用公款修建，而城垣、仓廒则是用民间力量修建。朱亨衍于"乾隆十三年奉文动帑，建修官房五十八间，外捐

---

① 吴忠礼、杨新才主编：《〈清实录〉宁夏资料辑录》，宁夏人民出版社 1986 年版，上册第 206 页。
② 《前言》引文，除特别说明外，〔乾隆〕《盐茶厅志备遗》直接引自甘肃省图书馆藏乾隆十九年(1754)抄本，〔光绪〕《海城县志》直接引自甘肃省图书馆藏光绪三十四年(1908)抄本，〔光绪〕《打拉池县丞志》直接引自《中国地方志集成·宁夏府县志辑》影印版光绪三十四年(1908)抄本，恕不一一注明。

修房五十四間。"海城舉人、《廳志備遺》採輯人員劉統在其《鹽茶廳署落成記》中對興修廳署一事有詳細記載，他記載道，鹽茶廳署於乾隆十三年（1748）四月初九開始動工修建，九月重九日落成，朱亨衍於九月二十日移居海城。《廳志備遺·建置沿革》載朱亨衍言曰："既得欽命，予遂於十四年之四月，遷治所於海城。凡官兵衙署，取之庫帑，克日告成，不勞民力也。城垣倉廠，責之民力，不費官帑也。"《廳志備遺·圖記·城圖》也有黃廷桂於乾隆十三年（1748）奏請將鹽茶同知移駐海城，同知於十四年（1749）建署移居的記載。綜合幾家記載可知，甘肅巡撫黃廷桂於乾隆十三年（1748）四月癸酉奏請將原駐固原州的鹽茶廳移駐海城。乾隆恩准後，朱亨衍於同年在海城大興土木，興修官署、城垣等。工程完工後，於當年九月移居海城，第二年即乾隆十四年（1749）四月正式在海城開署辦公。①

同治十二年（1873），左宗棠"奏爲鹽茶、固原接壤，地址遼濶，政令難行，擬分別升裁，添設縣治，以便控馭而資治理，恭折具陳，仰祈聖鑒事。……平涼同知分駐海城，仍以鹽茶名其官。而所轄地方訟獄、錢糧，向均歸其經理。按鹽茶同知所駐之地，東距平涼府城三百九十里，而鹽茶轄境西北一帶地勢濶遠，距靖遠縣交界各處又百數十里。漢回雜處，平涼府既難兼轄，即鹽茶同知亦每有鞭長莫及之虞。且銜系鹽茶，而職司民社，名實殊不相符。應撤平涼府鹽茶同知一缺，改爲知縣，撤所屬照磨一缺，改爲典史。並添設訓導一員，專司教化。"②海城縣正式被批准設立的時間是在同治十三年（1874）。

《海原縣志》卷一《建置志》載："左侯相以地方遼濶，非建置州邑不足以資鎮撫，乃奏升固原爲直隸州，改鹽茶同知爲海城縣，割鹽固濶壤設平遠縣，硝河城州判、打拉池縣丞。改廳設縣，自同治十三年十月始。"《清實錄·穆宗同治皇帝實錄》卷三七二載，同治十三年（1874）十月己丑，"定新設……海城縣知縣爲'繁、疲、難'要缺；……平遠、海城二縣訓導、典史、同心城巡檢均爲簡缺。從總督左宗棠請也。"③民國三年（1914），因與遼寧海城縣重名，且遼寧的設置在先，故改甘肅海城縣爲海原縣。④ 1958 年，寧夏回族自治區成立，海原縣成爲寧夏固原地區轄縣之一。2004 年 1 月，中衛市成立，海原縣由固原市劃歸中衛市管轄。

---

① 魯人勇等先生曾就海喇都改鹽茶廳的時間進行過考辨，認爲史志所謂乾隆十四年（1749）改置鹽茶廳乃是搬遷時間，而非批准時間，甚確。參見魯人勇等：《寧夏歷史地理考》，寧夏人民出版社 1993 年版，第 318 至 319 頁。
② （清）王學伊總纂：《宣統固原州志》，陳明猷標點，陝西人民出版社 1992 年版，第 348 頁、第 350 頁。
③ 吳忠禮、楊新才主編：《〈清實錄〉寧夏資料輯錄》，寧夏人民出版社 1986 年版，下册第 1141 頁。
④ 《海原縣文獻調查》載改縣名爲"海原縣"時間在民國十六年（1927），《甘肅省海原縣要覽》載改名時間爲民國六年（1917），均誤。

一、整理與研究現狀

《廳志備遺》，在《隴右方志錄》《中國地方志聯合目錄》《寧夏地方文獻聯合目錄》《甘肅省圖書館藏地方志目錄》《中國地方志總目提要》等方志書目都有著錄或提要。① 《方志與寧夏》也有綜述與研究。《稀見地方志提要》卷四對《廳志備遺》還有提要式著錄。② 筱心《海原縣志書簡介》較爲詳細地評介《廳志備遺》。高樹榆《寧夏方志錄》《寧夏方志評述》《寧夏回族自治區地方志述評》等論文對《廳志備遺》等都有著錄或提要式介紹。

米壽祺《鹽茶廳概說》主要利用《廳志備遺》中的資料，對鹽茶廳建置沿革進行梳理。胡迅雷《朱亨衍與海原》利用《廳志備遺》，對於朱亨衍在海原的政績進行了詳細的梳理，並對《廳志備遺》進行了簡要評述。劉華《清乾隆〈鹽茶廳志備遺〉評介》等文對《廳志備遺》進行專題研究，較爲詳細地梳理其內容，並對其進行了分析研究。楊孝峯《海原縣地方志書介紹》對《廳志備遺》有提要式介紹。余振貴《評寧夏舊志有關回族記述的史料價值》提及了該志記載的與回族有關的史料價值。

《廳志備遺》以抄本傳世，未見有刻本。原本據說藏於臺灣，未見。甘肅省圖書館藏有乾隆十九年（1754）抄本、③民國三十三年（1944）抄本。④ 1965 年，甘肅省圖書館油印傳世，寧夏圖書館亦油印傳世。⑤ 天津古籍出版社 1988 年版《寧夏歷代方志萃編》、蘭州古籍書店 1990 年版《中國西北文獻叢書》第一輯《西北稀見方志文獻》之第 54 卷，都影印出版了《廳志備遺》。

二、編修者生平

1. 朱亨衍

朱亨衍，廣西桂林（今廣西桂林市臨桂縣四塘鄉田心村）人，生卒年不詳。

---

① 《隴右方志錄》著錄《乾隆鹽茶廳志備遺》一卷，佚，由朱亨衍於乾隆十三年（1748）著。實際上該志仍有傳世，孤本見存於甘肅省圖書館，志書最後定稿於乾隆十九年（1754）。

② 陳光貽據甘肅省圖書館藏抄本書衣及卷一第一行題名，定該志書名曰《海城縣舊志》。《甘肅目錄》於該本下注曰，書名頁題《海城廳志》。

③ 《甘肅目錄》原著錄館藏善本爲咸豐九年（1859）史廷珍抄本，實際上史廷珍只是於該年"備覽"即仔細閱讀志書而已，並無抄錄志書之事。

④ 甘肅省圖書館藏該本最後有以下題識："西北圖藏咸豐鈔本，張維鴻汀先生據之錄副本。此册系依張本所錄，遇有草誤處，酌爲更改。琴城趙貳，卅三，十二，十三。"

⑤ 《寧夏目錄》著錄據乾隆十七年（1752）刻本油印《海城廳志》一卷，即《鹽茶廳志備遺》，但目前所知，後者無刻本傳世。《寧夏目錄》另著錄據乾隆十三年（1748）抄本油印本一種。《寧夏目錄》所言"乾隆十七年刻本"和"乾隆十三年抄本"不詳其著錄依據。

《廳志備遺·官制》、《海城縣志》卷八《職官》有傳。康熙五十年(1711)辛卯科舉人,乾隆九年(1744)任甘肅平涼府鹽茶廳同知,治所設於固原州(今寧夏固原市原州區),十四年(1749)奉文正式移駐海喇都城(易名爲海城,今寧夏海原縣)。《海城縣志》載,朱亨衍到任後"修城池,建衙署,開水利,卓著政聲,士民至今稱之。"

2. 採輯人員

從《廳志備遺》附採輯人員名單看,除朱亨衍外,共有17位當地讀書人參與了志書的編輯工作,其中有舉人劉統1人,貢生柳成林等4人,監生曹夔隆等12人。

據《廳志備遺·學校》載,劉統爲雍正七年(1729)己酉科舉人。廳志《藝文》錄其《鹽茶廳署落成記》《海喇都沿革考》二文。①

貢生柳成林、陳良季、周曰庠等3人《廳志備遺·學校》都載爲"歲貢",具體年份不詳。

張珙,武生,生卒年不詳,《廳志備遺·學校》載其爲"議敘正八品",爲人樂善好施。《倉廩》載,張珙爲本廳武延川議敘武生,於乾隆七年(1742)捐修社倉十間。《名宦鄉賢》"張子華"條載:"議敘武生張珙,其嫡派也。好義急公,宗族、鄉鄰待以舉火者甚多,皆謂能繼祖武云。"《海城縣志》卷九《人物志·孝義·張珙》所載同《廳志備遺》。

《廳志備遺·學校》載本廳監生共44名,但未詳其姓氏。曹夔隆等12人生平事蹟均不詳。《廳志備遺·藝文》載曹夔隆文1篇。

三、編修始末及編修方法

1. 編修始末

朱亨衍於乾隆十七年(1752)四月作《〈廳志備遺〉序》中對長期以來鹽茶廳諸事"省志不登,府志不載"的原因作了分析,認爲鹽茶廳諸事在清朝以前"僅於《固原州志》中,間存山川村堡十之一二",清朝立國後"而志仍無聞焉者,述作之難易懸殊,廳衛之事權不一也。雍正四年裁洗衛所,地盡歸廳。爾時軍興,郡丞遠駐,網羅無暇,仍缺如也。"朱亨衍認爲,雍正四年(1726)以前鹽茶廳之所以無志,是因爲它沒有獨立的行政管轄範圍與許可權,之後仍然無志,則是因爲鹽茶廳行政官署駐地離實際轄境太遠,官員無暇實地調查訪求文獻。朱亨衍於乾隆九年(1744)任鹽茶廳同知,有志於編輯廳志,但由於"考正無從,欲行復止",十四年

---

① 《海城縣志》卷十《藝文志》錄劉統《送朱亨衍司馬歸粵》詩二首,《廳志備遺》詩題作《送司馬朱公回粵》,但未題作者名。

(1749)正式在海城移署辦公後,他利用公務之餘,"與老成俊髦搜討咨諏,兩載之間,十得三四",花了兩年的時間搜集資料,爲廳志編輯奠定了一定的材料基礎。後來朱亨衍又動員本廳的部分諸生參與到廳志資料搜集與編輯活動中來,"諸生唯唯,乃分道採錄。數月之後,接續投進。而予已以倦勤退休旅舍矣。藥餌之餘,參以親歷,稍爲次敘,分爲二十三卷。一切山川、風土、物產、户口、田賦,開卷瞭如。雖不敢擬於志乘,而後有作者亦得披閲,以備遺忘,此予之志也,故表其端曰《廳志備遺》云。"

朱亨衍於乾隆十五年至十六年(1750 至 1751),兩年時間輯得十分之三四的廳志資料。諸生參與到廳志的編輯活動中後,修志速度明顯加快。十六年(1751)年末,廳志資料基本齊備之時,朱亨衍因病離任,但他堅持對廳志作最後的編輯,十七年(1752)四月基本完成編輯,廳志内容析爲 23 卷,實際上爲 22 目。朱亨衍對廳志的編修質量還是有較爲清醒、客觀的認識的,他没有把該志視爲體例、内容等都令人較爲滿意的鹽茶廳專志,而把它視爲可以爲他人編修更高質量的志書提供一定幫助的備遺之作,故爲所編廳志取名爲《廳志備遺》。

本廳志朱亨衍序作於乾隆十七年(1752),但廳志中還有一條乾隆十九年(1754)的資料,即《人物·貞節》李執申妻"魏氏"條載:"十九年,本廳朱公遊府,明旌其門曰'節孝可風'云。"故知,今天所見到的傳世本《廳志備遺》最早當抄成於乾隆十九年(1754),而非乾隆十七年(1752),更不可能是咸豐九年(1859)。

2. 編修方法

《廳志備遺》無《凡例》,故廳志的編修體例和方法只能利用廳志的序及正文等其他文字資料去分析。從朱亨衍乾隆十七年(1752)《〈廳志備遺〉序》可知,該志的編修與其他舊志的編修方法基本相同。

朱亨衍首先要廣泛調查與本地有關的各種文獻記載。經過調查得知,由於鹽茶廳特殊的歷史沿革及地理位置,"通志不登,府州不録,千里奥區,竟同甌脱矣","三百年來文獻無傳"。這個結論與實際情況稍有不符,如與鹽茶廳有關的史實在《甘肅通志》《固原州志》《平涼府志》等地方文獻中就間有記載,但鹽茶廳向無專志是不爭的事實。故朱亨衍退而求其次,從搜檢甘肅、平涼、固原等地文獻着手,在《甘肅通志》《固原州志》《平涼府志》等文獻中輯出與鹽茶廳有關的資料。如《廳志備遺·疆域形勝》載:"左控五原,右帶蘭會,黄河繞其北,崆峒阻其南。"此條後注明史料出處曰"元州志"。[①]查驗其文,與《甘肅通志》卷四《疆域·

[①] 劉華點校本對"元州志"有注釋,指出元代有《開城志》,已失傳,本廳志《州志》所指不詳。實際上,此"元州志"指的就是元代的《開成志》。

附形勝》内容全同，《甘肅通志》注其出處爲《元開成志》。而《甘肅通志》又明顯是自《明一統志》卷三五《平涼府·形勝》中取材，只不過《甘肅通志》的"黄河繞其北"句，《明一統志》作"黄流在其北"，所注史料出處也爲《元開城志》。又如，《廳志備遺·山川》"掃竹嶺"條注出處曰"出州志"，查（嘉靖）《固原州志》未載，（萬曆）《固原州志》上卷《地理志》有載。

其次，把實地調查資料及自己"親歷"之事編入廳志，對文獻資料補充說明。如"青羊泉山"條載："山在海城東一百四十里，山頂有泉，故名。出《州志》。此山北高，長三十里，東西濶二十里，爲平遠所赴海城捷徑。但羊腸險狹，車輛難行。余於十三年議令平遠所夾道兩保民夫協力疏鑿，山上設立防兵，以禦行旅，士民踴躍。曾以久雨不果，至今惜焉，以俟後之留心地方者。"朱亨衍注明資料出自《州志》，查（嘉靖）《固原州志》、（萬曆）《固原州志》對青羊泉山都載曰"山頂有泉，故名"。然後又把對青羊泉山的實地調查資料也補充入志，另外還補充了修建山路的資料。

再次，朱亨衍充分利用鹽茶廳現有的公文檔案資料，對官制、賦役、户口、科貢等資料進行分類編輯整理。職官、科貢人員名單及賦役、户口等項内容的資料很顯然需要從第一手的公文或檔案文獻中輯録，如《田賦》小序中載，廳地糧賦皆有定額，"各額備載《全書》，今撮其大略，以便查閲"。此處所言《全書》蓋指乾隆年間《鹽茶廳賦役全書》，這是清朝地方行政機構非常重要的檔案文獻。

四、志書内容

傳世本《廳志備遺》包括朱亨衍《〈廳志備遺〉序》《〈廳志備遺〉目録》、採輯人員名單及正文等 4 部分内容。

序載廳志爲 23 卷，實際上全志並没有析爲 23 卷，而是以類目隸屬内容。據《〈廳志備遺〉目録》及正文實際内容，廳志共分 22 目，即《圖記》（附《城圖》《廳地建革》）、《星野》《疆域形勝》《建置沿革》《城堡》《山川》《水利》《古蹟》《田賦》《户口徭役》（附《鹽税》）、《風俗》《官制》《名宦郷賢》《學校》（附《生徒科貢》）、《廳署》《積貯》《倉廪》《壇廟》《寺觀廟宇》《人物》《物産》《藝文》。

《圖記》包括文字與地圖兩部分内容。文字部分主要是利用實地調查的資料，對其他地圖中標注的地理信息進行考辨，認爲"《御府圖》之東海壩，《銅板圖》之海都源，皆海喇都之訛明矣"。所附載的《廳地原圖》與《廳地新圖》中繪製的地理信息是以乾隆十四年（1749）地理信息爲界限的，因爲這一年鹽茶廳正式由固原州移署至海城定居辦公。兩圖示繪出鹽茶廳周邊四境相鄰府縣和八向，地圖方位是上南下北，左東右西。新舊地圖示繪的技法完全一樣，用線條繪製出山、川等基本輪廓，以文字輔助說明。兩圖所標繪的地理信息不完全相同，《廳地原圖》把固原城及其週圍的地理信息標注得較爲詳細，而《廳地新圖》中則非常簡略。對於鹽茶廳的地理信息，兩圖示繪的也不完全相同，如南川堡與南散莊，《廳地原圖》標繪在龍山的正西方，《廳地新圖》卻標繪在正北方。某些信息標注還有誤。如青羊泉山，《廳地新圖》標注作"青羊山"，脫"泉"字，而《廳地原圖》則不誤。故兩幅地圖的利用要和正文中山川、城堡等內容結合起來。

《圖記》後又附《城圖》《廳地建革》《山川》等 3 部分內容。《城圖》介紹海喇都城興修史及鹽茶廳移駐海城的經過，未附海城專圖，只是在《廳地原圖》《廳地新圖》中相應的位置處用大方框標示，框中有 3 行文字補充說明情況。《廳地原圖》中間一行爲"海喇都城更名海城"8 字，右行爲"週圍四里三分"6 字，左行爲"高闊三丈四尺"6 字，《廳地新圖》中間一行少"更名海城"4 字，左右兩行字同《廳地原圖》。鹽茶廳於乾隆十四年（1749）正式移駐海喇都城後，城名已改爲"海城"，而《廳地新圖》仍標注爲"海喇都城"，應是地圖繪製者的疏誤。《廳地建革》介紹了海城的歷史沿革及其疆界和四至八到的距離。《山川》介紹了海城地理特點，及主要的山、河與海城之間相距里數。

《星野》是舊志傳統的類目。《疆域》與《形勝》在正文中沒有分開標目，而是合二爲一，"形勝"作"形勢"。《疆域》內容與《圖記》後《廳地建革》的內容完全重複。《建置沿革》對鹽茶廳自明朝至清朝乾隆十六年（1751）的行政隸屬問題做了細致的梳理，並對海城職官設置提出了設想。《城堡》載海喇都城、西安州等 8 處城堡，主要介紹所處地理位置、距海城里數，以及與城堡密切相關的歷史事件。

《山川》相當於"小序"的內容錯置於《圖記》之後，記海城 18 座山，每山記其在海城的方位、距海城里數，與山有關的歷史等。其後附入《海城八景》，然後接述"武源川"等 5 處川，大南川、小南川、哈喇川、水沖川等只列出川名，再未記任何內容。《水利》記述鹽茶廳興修水利、利用水資源之事，並對鹽茶廳境內的水源地、河流等所處方位、流經地等情況作了說明。

《古蹟》有小序，共記載天都寨舊城等十餘處。《田賦》也有小序，以《賦役全書》所載資料，詳細記載鹽茶廳田賦數目。《户口徭役》有小序，詳細記載鹽茶廳所屬各村堡所隸莊數、人口數及納稅數額等，另將"鹽稅"也附入。而廳志目錄原注明《鹽稅》附於《田賦》之後，實誤。另外，本類目之後還附有平涼府所管 11 州縣鹽法事、慶陽府所管 5 州縣鹽法事、寧夏府所管 4 處鹽法事。

《風俗》有小序，本類目主要記述鹽茶廳的風土人情、風俗習慣，所記鹽茶廳百姓的婚喪嫁娶禮儀及廟會風俗都有一定的研究價值，編輯者對當地信巫不信醫、盜墓、搶婚等陋習給予批判。對當地漢民、回民、衛所之民習性特點的總結有的很到位，如回民善於經商。但有些總結顯然有失偏頗，如說衛所之民"疲頑愚拙"。

《官制》只記載當地清朝的官制情況，共記同知 18 人，包括其姓氏、籍貫、科第情況、到任時間、薪酬等，任職時間最早者爲順治三年(1646)到任的趙健，最晚者爲乾隆九年(1744)到任的朱亨衍。其他官署的人員情況記載内容較爲簡單，除典史記有人名外，其他只是記其設職時間、人數及費用開支等。其中關於囚犯費用支出的記載在其他寧夏舊志中少見，記曰："囚犯無定額。每名每年支綿衣一件，價銀六錢五分。每名每日支倉斗口糧一升，每升折銀一分。外加燈油、鹽菜錢五文，折銀五分。俱在司請領。"

《名宦鄉賢》有小序，記折可適等"名宦"12 人，崔繼盛等"鄉賢"4 人。《學校》有小序，序中表達了朱亨衍對當地教育事業不發達、人才匱乏現狀的深深憂慮。所附科貢名單中，有名有姓的文武舉人有 12 人，文生、武生及監生只記有人數，沒有詳細名單。

《廳署》，目錄標目作"署廨"，記載鹽茶廳署修建情況及房屋間數。《積貯》記載鹽茶廳積貯糧數，還談到，過去由於官府貯備糧食條件有限，鹽茶廳常常發生百姓因饑饉而逃荒事件，朱亨衍到任後，經過多方努力，鹽茶廳糧食貯備情況大大改善，百姓多能安居樂業。《倉廩》有小序，闡述了"貯民食以備凶荒"的道理，記載到朱亨衍到任後改變過去糧倉過於集中在固原州的狀況，詳細記載截止到乾隆十六年(1751)，鹽茶廳在海城原有及新修倉廩的情況。《壇廟》有小序，記載"載在祀典，動帑致祭"的先農壇等 8 處壇廟建築所處位置，有些還記其興建過程，其中 4 處系朱亨衍到任後新修建的，文廟已選好地址，尚未修建。《寺觀廟宇》，目錄標目作"寺觀"，主要記載當地建於漢唐，或創自元明的 10 處道宫佛寺所處方位。

《人物》，目錄中原標目作"節孝"，有小序，分"孝友廉介""貞節"兩類人物，有 4 人事蹟入前一類，有 22 人事蹟入後一類。《物産》主要分穀、菜、木、果、花、藥、鳥、獸等 8 屬，記載鹽茶廳當地所産。

《藝文》錄詩共 32 首，[①]文 3 篇。詩歌均未題作者名，據志書編寫體例看，除《題贈朱司馬》《送司馬朱公回粵》(2 首)從詩題看非朱亨衍所作外，其他 27 首可

[①] 劉華統計"載詩歌 23 首……'海城八景'共 8 首詩，雜詩共 25 首……"(劉華：《〈乾隆鹽茶廳志〉評介》，劉華點校《乾隆鹽茶廳志》附錄，寧夏人民出版社 2007 年版，第 196—197 頁)，據此，劉華統計的詩歌總數當作"33 首"。筆者據點校本實錄詩歌統計，所謂"雜詩"有 24 首，加上 8 首詠"海城八景"之詩，《廳志備遺》實際錄詩共 32 首。

能均爲朱氏所作。3篇文章均未有篇題，劉校本總擬一題曰"跋文"，並據文章内容及他書所載分别擬題作《鹽茶廳署落成記》《海喇都沿革考》《廳地興衰記略》，並指出第1篇爲劉統作，第2篇爲曹夔隆作，第3篇爲史廷珍作。

筆者認爲將"文"總題曰"跋文"不妥。所謂"跋文"，一般是指讀者閲讀完該書後所寫讀後感一類的文字，内容或敘著者身世，或考學術源流，或述版本流傳情况，或對其内容進行評介，此類文字對考訂一書内容、版本等問題往往有重要價值。而《廳志備遺》所録3文，均隻字未提廳志的編寫活動，均爲相對純粹的考證文獻，並非爲閲讀廳志後有感而發之文，故總題"跋文"與其文内容不符。

關於各篇作者，筆者亦有不同意見。《鹽茶廳署落成記》又見載於《海城縣志》卷十《藝文志》、(宣統)《甘肅全省新通志》卷十五《建置志》"海城縣署"條，均題"劉統"作。《廳志備遺》原無文題，於作者名"劉統"後徑直述此記文，文末"因援筆而記其事"句後"公廣西桂林府臨桂縣辛卯科舉人"爲記文最後一句。《海城縣志》文題作《鹽茶廳署落成記》，最後一句爲"時在乾隆壬申歲四月"。《甘肅全省新通志》文題同《海城縣志》，"因援筆而記其事"句爲本文最後一句。《海喇都沿革考》僅見載於《廳志備遺》。從《廳志備遺》編修體例看，共録文3篇，《海喇都沿革考》緊承《鹽茶廳署落成記》後，文中有"故因廳主採訪遺事而並論之"等語。劉統爲《廳志備遺》採輯人員，本篇文章很顯然是劉統利用採訪所獲材料考證海喇都歷史沿革及其重要的地理位置，並對朱亨衍治理海城寄予了期望。這兩篇文章都統屬於作者名"劉統"之後，劉華認爲《海喇都沿革考》爲曹夔隆作，筆者不能苟同，實際上，這篇同《鹽茶廳署落成記》一樣，都是劉統所作。

第三篇原題作《序》，作者爲"曹夔隆"，劉華擬此文題爲《廳地興衰記略》，並視爲史廷珍作。從文章内容看，《廳地興衰記略》很顯然是一篇考證鹽茶廳歷史沿革的文章，更是一篇對朱亨衍政績歌功頌德的文章。文中多處地方稱朱亨衍爲"我公""吾公"，稱作者等當地百姓爲"吾民"，所述諸事都爲作者親歷之事，特别談到朱亨衍因心勞力竭、抱病離任時當地百姓的依依惜别之情，溢於言表，文曰："噫！天生吾公，以惠吾民，乃不得邀惠於初至之年，而得創始於倦勤之日。是雖吾民之幸，而亦有不幸者矣！於是相率咨嗟，而記其始終大略云。"皆爲當時人記當時事，定非百餘年後史廷珍所記。本文最後一句"時大清咸豐九年歲次己未端月上浣邑庠增廣生員史廷珍備覽"，當是海城縣增生史廷珍於咸豐九年(1859)正月閲讀完《廳志備遺》後隨手所寫，而非《廳地興衰記略》作者所題落款。所以，《廳地興衰記略》當爲"曹夔隆"作。文章原題爲《序》，當是《廳志備遺》編輯未最後修飾潤色所致。

故筆者認爲，《廳志備遺·藝文》所録3篇文章，前兩篇皆爲劉統作，最後一篇爲曹夔隆作，史廷珍未作文附於《廳志備遺》後。

五、志書編修質量

　　《廳志備遺》非規範的鹽茶廳專志，書稿未經最後潤色統稿，部分内容如《凡例》等内容還有缺失，類目設置也未進行最後的推敲、斟酌，内容編排順序也比較混亂。廳志存在的諸多問題中，有些在劉校本中已得到糾正，有些還仍然存在。主要有以下幾種情况：

　　第一，内容上的重複、錯置、疏漏等現象。《廳志備遺・圖記》中《廳地建革》介紹了海城的歷史沿革及其疆界和四至八到的距離。這裏所提到的四至八到的内容與其後《疆域形勢》的記載完全重複，這説明，廳志完稿後並没有進行最後的潤色統稿，否則這樣的内容重複現象是不會出現的。《山川》介紹了海城地理特點，及主要的山、河與海城之間相距里數，這部分内容當置於下文《城堡》"紅古城"條之後，與《山川》正文内容相銜接，但不知何故，錯置於《圖記》内容中。①《人物》小序載："以予所見割腕救父之張伏璽、事兄如父之李代、拾金不昧之任周攀、苦節事姑之魏氏類，皆出自寒微，長成鄉里……"但其後正文中，張伏璽等3人都有事蹟入傳，唯漏載"李代"事蹟。《城堡》"古城堡"條，標題有"石沙灘附"4字，但正文對此項内容卻隻字未提。

　　第二，資料輯録出現錯誤，既有内容理解上的錯誤，也有文字轉録上的錯誤。内容上的錯誤主要是由於對原始資料理解有誤造成的。如《廳志備遺・星野》總共只有38個字的内容，出現了3處錯誤。《廳志備遺・星野》載："《晉天文志》曰：自東井十六度至柳八度爲鶉首，爲秦分野。按《甘肅志》：平涼古安定郡，入營室一度云。"考查這段資料主要取材於〔乾隆〕《甘肅通志》。《甘肅通志》卷二《星野・分野》載："《前漢地理志》曰：自井十度至柳三度爲鶉首之次，秦之分。……《晉天文志》曰：自東井十六度至柳八度爲鶉首。"《星野・躔次》載："平涼府，古安定郡，入營室一度。"《廳志備遺》與《甘肅通志》有多處異文。

　　考《漢書・天文志》中未載秦分野事，其卷二八下《地理志》載："自井十度至柳三度，謂之鶉首之次，秦之分也。"②《晉書》卷十一《天文志》載："自東井十六度至柳八度爲鶉首，於辰在未，秦之分野，屬雍州。"③可以看出，《甘肅通志》引用資料是正確的。故知，《廳志備遺》輯録資料時出現了多處錯誤，"漢天文志"當作

---

① 此問題劉華也已發現，並在其點校本中把相關内容進行了位置調整。
② （漢）班固：《漢書》，中華書局1962年版，第6册第1646頁。
③ （唐）房玄齡等：《晉書》，中華書局1974年版，第2册第309頁。

"晉天文志","柳三度"當作"柳八度","一都"當作"一度"。楊金庚修《海城縣志》沿襲了《廳志備遺》的前兩處錯誤,第3處錯誤糾正了過來。

廳志還有因字音相同或相近的原因而造成的文字轉錄錯誤。如"武延川"誤作"武源川"。《廳志備遺·山川》載:"武源川,川在海城南一百四十里。《宋史》:曹瑋知渭州,與陳興、秦翰破党項章埋於武源川即此。《明一統志》:武源川,昔有武姓名延者居此,故名。川南有河,發源入六盤山,南通靜寧,而東入渭。出《州志》。"而《甘肅通志》卷五《山川》載:"武延川,在縣西北七十里。《宋史》:曹瑋知渭州,與陳興、秦翰破党項章恓族於武延川即此。《明一統志》:武延川,昔有姓武名延者居此,故名。《縣志》謂之苦水河西南流入靜寧州境,會於甜水河。《册》說苦水河源出固原之大六盤山諸水,皆南道靜寧,而東入渭。"兩相比較,前者取材明顯借鑒了後者,且"武延川"誤作"武源川"。

據《東都事略》卷二七《曹瑋傳》、《隆平集》卷九《曹瑋傳》、《名臣碑傳琬琰集》中集卷四三《曹武穆公瑋行狀》(王安石撰)、《宋史》卷二七九《陳興傳》、卷四六六《秦翰傳》,宋庠《元憲集》卷三三《曹公(瑋)行狀》、卷三四《曹瑋墓誌銘》,王安石《臨川文集》卷九○《曹瑋行狀》等文獻載,破党項族的地點都在"武延鹹泊川";《宋史》卷二五八《曹瑋傳》、《明一統志》卷三五《平涼府》、《大清一統志》卷二○一《平涼府》、《甘肅通志》卷五《山川》、卷三○《名宦·曹瑋》等均作"武延川";(嘉靖)《固原州志》卷二《前代名宦》記陳興、曹瑋事也均作"武延川",無作"武源川"者。故知《廳志備遺》有誤。事實上,《廳志備遺》"武延川""武源川"的記載也有混亂。在《寺觀廟宇》中,"東嶽廟"條載有"武延川","藥王廟""子孫廟"又載有"武源川"。新舊廳圖中標繪的"武源川"在海城的西南方向,而《户口徭役》中又有"武延川在海城正南一百五十里"的記載。

六、文獻價值

劉華從多個角度對《廳志備遺》的文獻價值進行梳理、評介,他認爲,朱亨衍能體恤民生疾苦,暴露軍需弊端;教化民間習俗,關心地方教育;興修水利,造福百姓;記述人物,旌德揚善。認爲廳志所載户口資料對於研究明朝楚王、肅王、沐王、韓王等四王的基本情況有一定參考價值,所載詩文對於研究當地人文地理及歷史沿革亦是一份不可多得的珍貴資料。這些梳理較爲客觀,評介也是比較中肯的。[①]

[①] 參見劉華:《〈乾隆鹽茶廳志〉評介》,劉華點校:《乾隆鹽茶廳志》,(清)朱亨衍總纂,寧夏人民出版社2007年版,第190—199頁。

筆者想要强調的是,首先,鹽茶廳廳志的編輯本身存在着一定的難度,這有客觀原因,鹽茶廳"地處邊陲,自宋以前,忽夏忽夷,元以後又非國非邑",這就造成了當地人文不興、文獻缺乏的局面。朱亨衍等克服諸多困難,多方採輯資料,還能對輯録的部分資料有所考證,如前文提及,利用實地調查的資料,考辨《御府圖》《銅板圖》之訛,這些努力,爲後人深入研究鹽茶廳提供了較爲可信的第一手資料。故《廳志備遺》保存資料之功當不容忽略。其次,作爲鹽茶廳歷史上的第一部志書,《廳志備遺》對後來志書的編輯有一定的影響,如《海城縣志》就是在《廳志備遺》的基礎上編修而成的。

整 理 說 明

一、《鹽茶廳志備遺》以天津古籍出版社 1988 年版《寧夏歷代方志萃編》影印甘肅省圖書館藏民國三十三年（1944）抄本爲底本，以蘭州古籍書店 1990 年版《中國西北文獻叢書》影印張維藏琴城趙氏抄本（簡稱"張維本《廳志備遺》"）及〔光緒〕《海城縣志》等爲對校本。

二、整理成果以繁體橫排形式出版。注釋均以當頁腳注形式注明，用圈碼①②③之類排序，圈碼均放在表示停頓的標點之後右上角。校勘以[1][2][3]之類排序，放在卷末。正文中以"〔 〕"符號括注的文字，均係整理者增加。

三、以校文字爲主，酌校內容異同。因用字習慣不同而出現人名、地名、族名等同名異寫現象，均出校說明。底本或對校本中存在明顯的誤、脫、衍、倒等現象，於正文中校改後出校說明。雖有異文但意可兩通者，不改正文，僅在校記中說明。除特殊需要外，校本有誤，一般不出校。

四、明顯誤抄之字，如"番"誤作"審"、"郡"誤作"群"、"今"誤作"令"、"日""曰"、"己""巳""已"誤混，"饑饉"之"饑"誤作"飢"，等等，校勘時徑改，不一一出校說明。抄寫或引用他書文獻時，因避當朝名諱而改前朝文字者，如"慶厯""宏治""萬厯""魯"之類，均據原字或原書回改爲"慶曆""弘治""萬曆""虜"等，僅於首見處出校說明，餘皆徑改，不再一一出校。轉引他書文字內容，引文若與該書通行版本文字不同，除引文確實有誤，如誤錄人名、地名、時間等需要出校說明外，凡不影響文意理解者一般不改動引文。

五、舊志編纂者從封建統治階級意志出發，斥民族起義反抗活動或革命活動爲"亂""變亂""回亂""回叛"，斥起義者或革命者爲"匪""逆""賊""妖"，起義或革命的鎮壓者之死稱爲"殉難""死難""遇害"，其事蹟載入《忠節》《忠義》等類目中，凡此皆當予以辨明并批判。爲保持文獻原貌，此類詞語或記載均一仍其舊。

六、底本出現的異體字、俗體字、通假字、古今字等用字現象，一律不出校。某些不規範的異體字、俗體字、古今字等，或前後用字不一者，均按出版要求適當統改成規範、統一的字體，不出校記。

七、當頁腳注出注釋條目。注釋內容主要包括：原文易致惑者（如文獻簡稱或省稱、干支紀年等)、原文提及史料出處、原文體例中資料互見者、整理者對輯補史料的出處說明和整理者的補充文字等。各志腳注中,凡言"本志"者,均分指《鹽茶廳志備遺》《海城縣志》《新修打拉池縣丞志》。凡言"本志書例"者,均分別指三志編修體例。

八、腳注中,參考文獻書名較長者沿用習慣簡稱,詳見《參考文獻》。凡引古代文獻,均只注明書名、卷次、篇名等,其作者、版本等詳見《參考文獻·古代文獻》。凡引現當代文獻,均只注明作者、書名或論文篇名、頁碼等,其出版社、刊物名、發表時間等詳見《參考文獻·現當代文獻》。若被引用古代文獻已有整理成果,一般直接吸收其合理意見,不再重複敘述校注理由,注明"參見××"字樣。注明引文出處、他校資料或他人校勘、考證成果,亦注明"參見××"字樣。

廳志備遺序

今天下省、府、州、縣，下至衛所，莫不有志。所以辨方程土，稽古察俗，俾後之人斟酌損益，以爲窮變通久之道，以施其政教，非苟焉已也。廳地幅幀千里，山川形勝，水草肥美。衡其地者，望高於五原。顧宋以前，番羌割據，得而復失，①未入版圖。元人建國西安州百年之久。明雖淪爲牧場，其中設立三所，②豈逐全無記註，顧皆無所考，僅於《固原州志》中間存山川、村堡十之一二，③何哉？

本朝肇造區夏，不忍鄙夷其民，且念地勢鄰邊，非令長所能治，乃因明之舊，設西安、平遠、鎮戎三所，屬之固原衛，以備戰守，而於牧所閒曠之區，則歸之郡丞，招民納賦，一洗宋、明羌番之陋，同於中原禮義之邦矣。而志仍無聞焉者，述作之難易懸殊，廳衛之事權不一也。雍正四年，④裁洮衛所，地盡歸廳。爾時軍興，郡丞遠駐，網羅無暇，仍缺如也。

予於乾隆九年備員茲土，歷覽週諮，有志纂輯而考正無從，欲行復止者，不啻再四。至乾隆十四年，奉文移駐海城，與從前之遙制者有間。公餘之暇日，與老成俊髦搜討諮諏，兩載之間，十得三四。乃進諸生而告之曰："海城之得爲王土王民已百年矣，而省志不登，府志不載，竟與桌子山、青羊等地一視齊觀，非第守土之辱，亦爾士民之辱也。予固不敢當作者之事，而搜羅纂輯以俟後之君子，不亦可乎？"諸生唯唯，乃分道採錄。數月之後，接續投進。而予已以倦勤退休旅舍矣。藥餌之餘，參以親歷，稍爲次敘，分爲二十二卷。[1]一切山川、風土、物產、戶口、田賦，開卷瞭如。雖不敢擬於志乘，而後有作者亦得披閱，以備遺忘，此予之志也，故表其端曰《廳志備遺》云。

---

① 《乾隆府廳州縣圖志》卷二四《固原州》載，唐大中三年(849)收復鹽茶廳地，廣明後復沒於吐蕃。
② 三所：指下文西安、平遠、鎮戎三所。
③ 固原州志：指明朝嘉靖十一年(1532)楊經編纂《固原州志》、萬曆四十四年(1616)劉敏寬編纂《固原州志》。
④ 《清朝續文獻通考》卷三二〇《輿地考》"海原縣"條、《嘉慶重修一統志》卷二五九《固原州·關隘》"西安州營"條，西安千戶所裁於"雍正二年"。

時乾隆十七年壬申四月上旬八日，①奉政大夫、同知陝西甘肅平凉府事、分守海喇都事，桂林朱亨衍敬題。

【校勘記】

[1] 二十二卷：原作"二十三卷"，據本志實際類目數改。又，本志正文未分卷，按類目次序編纂内容。

---

① 壬申：清高宗弘曆乾隆十七年(1752)。

採輯人員

舉人：劉統
貢生：柳成林、陳良季、周曰庠、張琪
監生：曹夔隆、馮其源、張坦、薛尚達、武敏、薛尚璉、楊明德、薛自熙、馮長庚、余禄、陳萬選、形珍[1]

【校勘記】

[1] 形珍："文獻叢書"本作"邢珍"，疑是。

廳志備遺目錄

圖記　　星野①
疆域　　形勝②
建置沿革　　城堡
山川水利③　　古蹟
田賦附鹽稅[1]　　戶口徭役
風俗　　官制
名宦鄉賢　　學校附生徒科貢
署廨[2]　　積貯
倉廩　　壇廟
寺觀[3]　　節孝[4]
物產　　藝文

【校勘記】

[1] 附鹽稅：本志"田賦"下無鹽稅內容，附於"戶口徭役"下。
[2] 署廨：本志正文作"廳署"。
[3] 寺觀：本志正文作"寺觀廟宇"。
[4] 節孝：本志正文作"人物"。

---

① 本志正文中，《星野》內容位於《山川》內容之後。
② 形勝：本志正文作"形勢"。
③ 本志正文中，《山川》內容位於《星野》內容之前。

圖　　記

　　天下郡國州縣之志，莫不有圖，所以紀形勢、爲設險計也。圖所不盡，又繼以說焉。故圖者，開卷瞭然。惟廳地者，通志不登，府州不録，千里奧區，竟同甌脱矣。予之首列斯圖也，非獨廳地之指掌圖，實全甘之補天石也。又按：《御府圖》内有東海壩，①在雪山之西。[1]今查東海壩距海城僅八十里，係山水出路，水竭則爲乾河。河岸有民堡一處，於地方形勢險要，均無取焉。且故老相傳：明末滿四叛時，有董海、董壩兄弟二人，據此以抗天兵，並無所謂海與壩也。且廳僅一雪山，在海城南十里，東海壩無之。又《銅板圖》内載，②有海喇都與李旺堡僅隔一水，[2]而海都源則與西安州相近。[3]今海城在雪山之北，距西安州僅三十餘里，則《御府圖》之東海壩、《銅板圖》之海都源，皆海喇都之訛明矣。然地無正官，傳聞失實，蓋有不止於一地者矣。廳地爲明藩牧場，固原州繡壤相錯。本朝歸廳兼攝，而廳州同處一城，未議裁割也。今廳屬既移駐海城，則廳處西北，[4]州在東南，[5]就近歸併，時勢宜然。茲繪原圖於前，而列新圖於後，庶覽者一目了然。

---

① 御府圖：指清朝洪亮吉撰《乾隆府廳州縣圖志》。
② 銅板圖：疑爲康熙五十七年（1718）繪製而成的《皇輿全覽圖》。

廳地原圖①

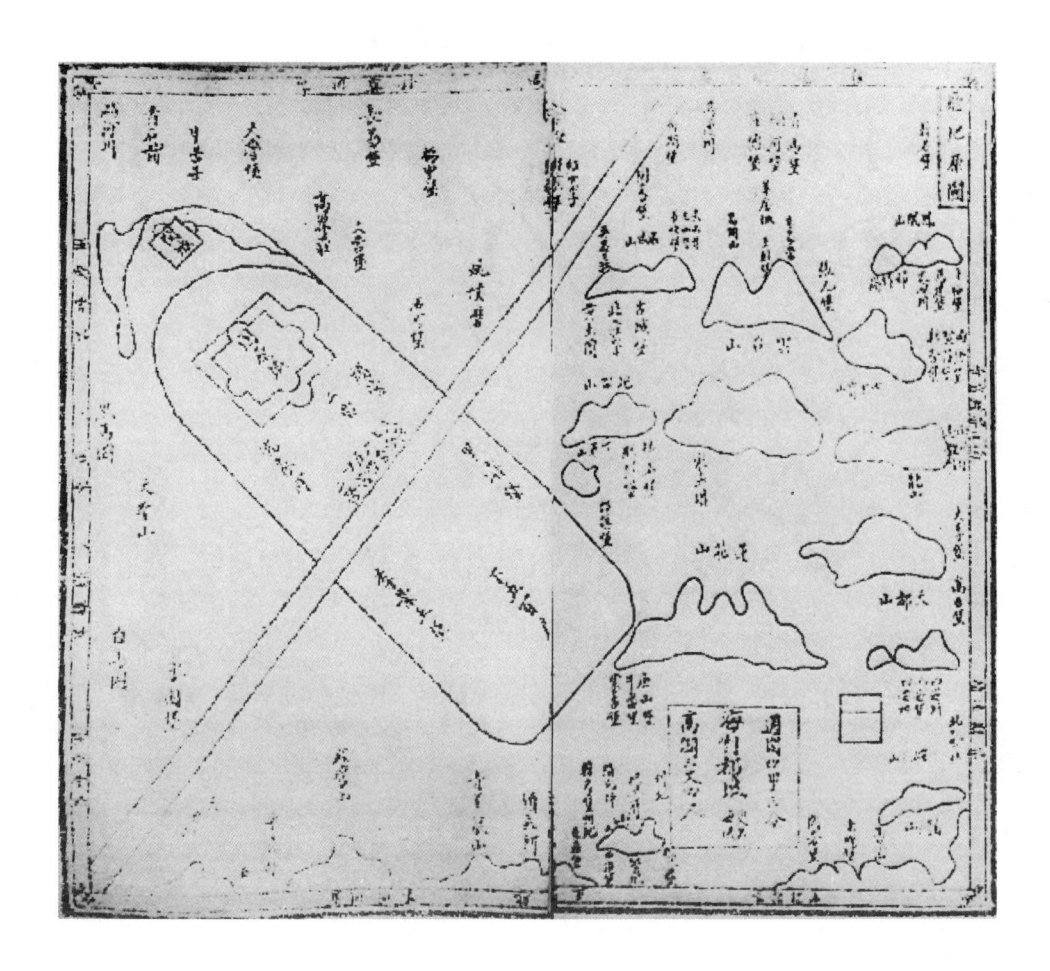

---

① 廳地原圖：此四字圖題原無，據地圖所附原圖題補。圖中"正南"當作"正西"，據地圖實際方位改。

廳地新圖[①]

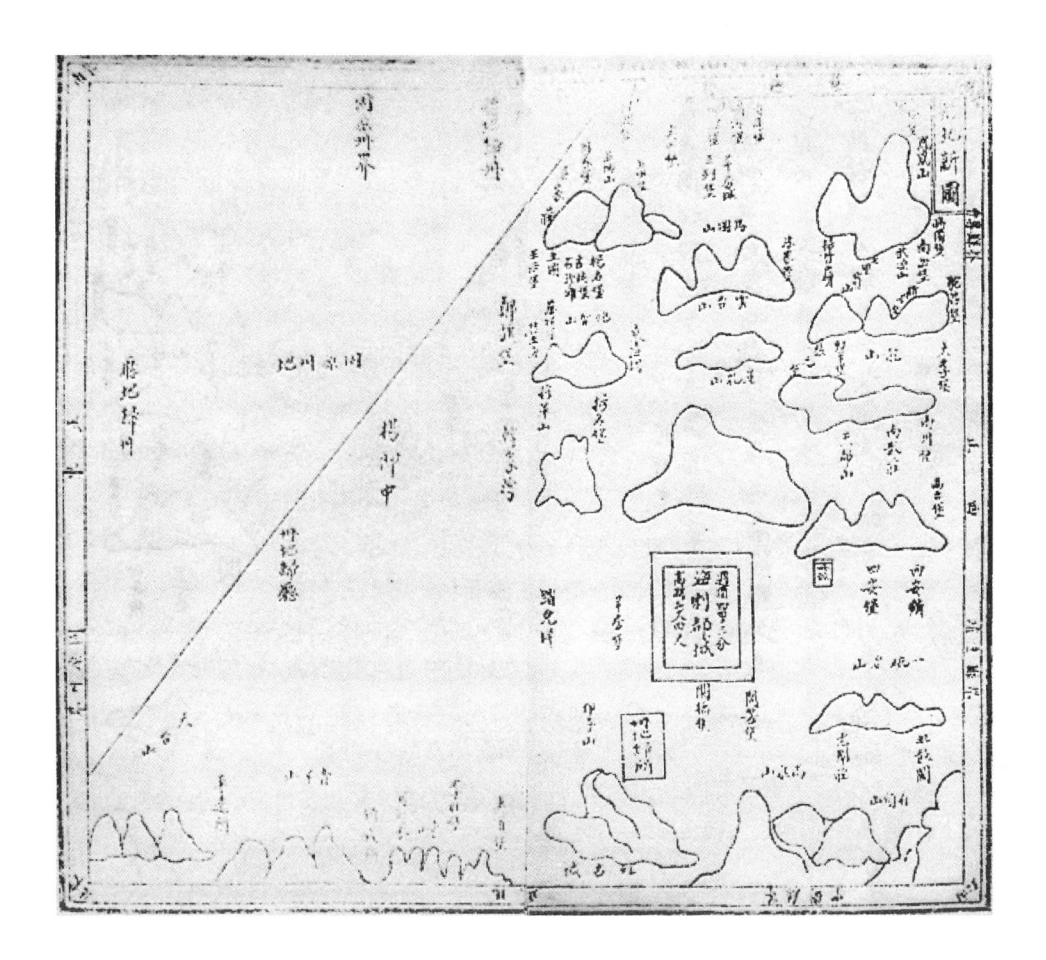

[①] 廳地新圖：此四字圖題原無，據地圖所附原圖題補。據《廳地原圖》及本志《山川》載，圖中"青羊山"當作"青羊泉山"。又，《廳地原圖》中，標識海城駐地的方框中有"海喇都城更名海城"八字，而《廳地新圖》中仍標識作"海喇都城"，當據《廳地原圖》及實際沿革，改作"海城"二字。

城圖

考察海喇都城,宋元符二年所築,皇統間陷於仁孝,[6]明初以賜楚王。城週圍四里三分,高濶各三丈四尺。明成化四年巡撫馬公文升重建。[7]七年,兵備楊公冕增築;[8]設有三門:南曰南薰,東曰和陽,西曰威遠。

本朝歸廳管轄,員弁全裁,僅同鄉堡。百年以來,傾廢殆盡。巡撫黃公據士民之請,乾隆十三年,[9]於"道員應亟移駐案"內,題請將鹽茶同知移駐海城,以資彈壓。欽奉俞允,同知隨於十四年建署移居。[10]

【校勘記】

［1］雪山之西:據《乾隆圖志》卷二四《甘肅全圖》,當作"雪山之南"。
［2］海喇都:《海城縣志》卷一《建置志·圖考》作"海都源"。
［3］海都源:原作"海都凉",據本志後文及《海城縣志》卷一《建置志·圖考》改。
［4］西北:《廳地新圖》鹽茶廳位於固原州東南。
［5］東南:《廳地新圖》固原州位於鹽茶廳西北。
［6］仁孝:原作"元昊",據史實改。
［7］文升:原作"文昇",據《明史》卷一八二《馬文升傳》及《明憲宗實錄》卷五八"成化四年(1468)九月辛酉"條改。
［8］冕:《嘉靖固志》卷一《文武衙門·整飭固原兵備憲臣》、《西征石城記》及文獻叢書本作"勉"。《明英宗實錄》卷三一三"天順四年三月庚寅"條,《四川通志》卷九上《人物》、卷三四《選舉》,《明清進士題名碑錄》均作"冕"。
［9］十三年:《海城縣志》卷一《建置志·沿革》作"十四年"。
［10］隨:疑當作"遂"。

廳地建革

　　海城，天文營室，禹貢雍州之域，商爲要服，穆王爲賓服，戰國時淪爲夷虜所居，未入版圖。迨宋元符二年，大將折可適伐夏乾順，[1]因置西安州，海城亦附其中。隨後於夏人更名南牟會。[2]及元代封豫王於西安州，海城是其屬堡也。明洪武二年，遣大將徐達攻走豫王於西安州，①遷其民於北平，遂併海喇都賜楚王爲牧地。設指揮使承奉司於海城，司兵政、主出納。成化四年，土達滿四叛據石城，都御史項忠、馬文升勦之，移紅古城遊擊於西安州。我朝定鼎之後，以海喇都歸隸府丞管轄，移駐固原州城。乾隆十二年，[3]巡撫黃公廷桂奏請移丞於海喇都，易其名爲海城，在府西北三百九十里。東至固原州界一百里，西至靖遠縣界八十里，南至隆德縣界二百五十里，北至中衛縣一百四十里。東南至固原州界一百五十里，西南至會寧縣界二百四十里，東北至固原州界二百二十里，西北至會寧縣界一百二十里。東北至北京順天府界三千七百里，東南至西安府一千二百里。[4]西北至蘭州府五百里。

【校勘記】

[1] 乾順：原作"元昊"。元符二年（1099）西夏在位國君當爲乾順，據《宋史》卷四八五《夏國傳》等改。
[2] 南牟會：原作"東牟"，據《宋史》卷八七《地理志》"西安州"條、《范忠宣集·附恭獻遺文》《奏牽制西夏事》一文、《初寮集》卷六《定功繼伐碑》一文改。
[3] 十二年：本志前文作"十三年"，《海城縣志》卷一《建置志·沿革》作"十四年"。
[4] 東南：此二字原無。據實際方位，西安府當在海城東南。據本志書例及實際方位補。下同。

---

① 參見《明史》卷一二五《徐達傳》。

山　川

海城處固原之西北。前控六盤，後恃高泉，左包下馬，[1]右據天都。崆峒阻其南，黃河繞其北，爲固靖之咽喉、甘涼之襟带。

海城之南十五里蓮花山；四十里天都山；一百一十里石城山；又三山，砲架山、①將軍山、馬圈山；一百二十里雲台山。

西南十里印子山。[2]

東南一百四十里青羊泉山；[3]一百二十里看頭山。[4]

正北一百三十里高泉山；又二十里一碗泉山；一百六十里掃尋嶺。[5]

武延川之東二里鳳凰山；[6]平遠所北殿灣山；[7]又有東山、龍山、七里寶山、天台山。

又有武延川、大南川、小南川、哈喇川、水冲川、須滅都河、硝河、小黑水、大黑水、清水河，[8]咸匯於北而入黃河。

【校勘記】

[1] 包：本志後文及西北文獻從書本作"抱"。
[2] 西南：本志《廳地新圖》標識印子山在海城東北。
[3] 東南：本志《廳地原圖》標識青羊泉山在海城東北。
[4] 東南：本志《廳地新圖》標識看頭山在海城西北。
[5] 掃尋嶺：本志《廳地新圖》及文獻叢書本均作"掃竹嶺"。
[6] 武延川：原作"武源州"，據《宋史》卷二五八《曹瑋傳》、《明一統志》卷三五"武延川"條改。下同。
[7] 北：本志《廳地原圖》標識殿灣山在平遠所西南。
[8] 清水河：原作"青水河"，據本志後文及《嘉靖固志》卷一《山川》改。

---

① 砲架山：本志前文《廳地新圖》、後文《城堡》及《嘉靖固志》卷一《山川》均作"炮架山"，《甘肅通志》卷五《山川·固原州》、卷三七《忠節·毛忠傳》作"砲架山"。

星　　野

　　《晉天文志》曰：[1]自東井十六度至柳八度爲鶉首，[2]爲秦分野。按《甘肅志》：平凉，古安定郡，入營室一度云。①

【校勘記】

[1] 晉天文志：原作"漢天文志"，據《晉書》卷十一《天文志》改。參見胡玉冰《寧夏地方志研究》第八章第二節《海原縣舊志》。
[2] 八度：原作"三度"，據《晉書》卷十一《天文志》及《乾隆甘志》卷二《分野》改。

---

① 參見《乾隆甘志》卷二《分野》。"度"原作"都"，據古代天文學專用術語改。參見胡玉冰《寧夏地方志研究》第八章第二節《海原縣舊志》。

疆域形勢[1]

　　海城在府西北三百九十里,固原州界一百里。西至蘭州府靖遠縣八十里,南至隆德縣界二百五十里,北至寧夏府中衛縣界一百四十里,東南至固原州界一百五十里,西南至鞏昌府會寧縣界二百四十里,東北至固原州界下馬關界二百二十里,西北至會寧縣界一百二十里,東北至北京三千七百里。至西安府一千二百里,西北至蘭州府五百里。

　　左控五原,右帶蘭會。① 黃河繞其北,崆峒阻其南。元《州志》。② 按:廳地居固原州西北,前控六盤,後恃高泉,左抱下馬,右據天都。山川深阻,民俗強悍,乃西涼之襟帶、固靖之咽喉也。

【校勘記】

[1] 形勢:本志原編《目錄》作"形勝"。

---

① 蘭會:指蘭州、會州。
② 元州志:據《嘉慶重修一統志》卷二五八"固原州·形勢"條,當指元朝《開成志》。

建 置 沿 革

廳地自太祖時以賜楚、沐、韓、肅諸藩，淪爲牧廠。[1]三百年來文獻無傳，建置沿革無所考矣。今海城距西安州三十餘里，舊名天都寨，則海城固西安州之屬堡也。明洪武三年，以西安州、武延川等處十八堡賜楚王爲牧地，而海喇都與焉。沐家營、小沐家營，沐藩得之；韓府灣等處韓藩得之；群牧所等處肅藩得之。楚藩置承奉司於海城，約束護衛。軍餘，諸藩亦各於賜地之內置建司事，內臣經理耕牧。迨明中葉，外患頻仍，芻糧不及，而賜地遼闊，奸宄叢生。於是因滿四之叛，而增設固原衛，並西安、鎮戎、平遠三所，皆於牧地之中。摘撥屯軍之地，既以杜屯牧之亂萌，復以資邊防之後徑，立法亦足救弊矣。

本朝定鼎，更改爲西陲牧地，招民開墾，規模巨集，[2]遠過於前代。但不建設州邑，而以駐扎固原州之鹽茶同知司其賦租，以供餽餉。廳民於數百里外餽運供支，一切訴訟，亦若跋涉。至於誦讀之士，附之州學，不但不足比於州邑，即較之衛所，亦多不及焉。夫歸命之初，遺黎無幾，廳員司之亦所優爲。迨今百年，戶餘十萬，口不下百萬矣。入州學者，文武生員至百十餘人，舉貢監生多至一倍，較之平涼十屬，亦在繁望之列。而猶因陋就簡，不思更張，亦司事者之疏也。乾隆九年，[3]屢據士民籲請，將廳員移駐海喇都，以便輸將訴訟，並請設學，專司訓課廳屬士子，上憲以糜費未允。[4]至十一年，固原兵譟，廳員同處州城，廳民無所投命，殆岌岌焉。幸而天厭其衰，狂逆授首。於是總制有移駐道員之請，而據撫憲黃公併以廳員移駐附請焉。既得欽命，予遂於十四年之四月，遷治所於海城。凡官兵衙署，取之庫帑，克日告成，不勞民力也。城垣倉廒，責之民力，不費官帑也。於是輸將訴訟，不苦跋涉。至於置師儒，設學校，猶未暇及。至十六年冬，諸生乃有民志已定，士氣未伸之請，予已以老病解官矣。又海城止府丞一員，下無佐雜，偶有公事他出，則庫、監、倉無所稟承。即平遠一所，戶口數萬，五方雜處，裁所之候，奸宄百出。前於乾隆十年，詳請將涇州州判改駐所城，已行復止。此皆廳地之要著，後之君子所宜急急舉行者也。

【校勘記】

[1] 牧厰：文獻叢書本作"牧場"。
[2] 巨集：文獻叢書本作"宏遠"。
[3] 乾隆：此二字前原衍"潮"字，據《海城縣志》卷一《建置志·沿革》無此字。
[4] 縻費：《海城縣志》卷一《建置志·沿革》作"糜費"。

城　　堡

廳屬有堡之處，皆有牆壕圍護，如城郭然，防寇盜也。大小不一，新舊各殊，書之不可勝書，擇其關於形勝者，載入志焉。若南散莊、北散莊，則以舊無正堡得名，愚民狃於治安，有司憚於動眾已百年矣。予固知之，而以海城大功未竣，不能兼顧也，謹著之以告來者。

海喇都城

海喇都城，即夏之天都寨。山川深阻，回漢雜居，亦形勢之地也。五代以前，淪爲番城。宋雖開設西安州，未幾，仍爲夏人所據。① 明洪武二十年十一月冬，太祖以賜楚藩爲牧廠。[1]內設承奉司，内臣居之。摘撥官兵一千五百員，冬操夏牧。中葉，因滿四之亂，增設指揮同知及千户官兵，亦徒爲屯牧戰守之備，而於化民成俗之道，缺焉不講。

本朝並内臣武弁，②率從裁洗。於是形勢之地竟成市鎮。城垣傾頹，十存五六，壕塹竟成平地。而東街東門地形最下，爲水出刷深至一二丈矣。其地氣之不足憑歟，抑或有待而興耶。予自十四年移駐於此，勸諭士民，改築南門，修理東西二門，疏築水洞。西門外廢地亦令户民具領，作爲西關。又捐資於東門外買地數十畝，以作東關，招民居住，免其徭役。迄今築室而民居者十之六七。將來民力稍舒，將領剩隙地穴爲潦池，以供汲飲。即以掘池之土加築關牆，以爲外衛。庶斗城可作重關，或於邊計不無小補云爾。

外屬一十八堡，俱係楚藩牧地。

西安州

西安州城在海城西北四十里，城週圍五里六分，高濶各三丈二尺，壕濶與城

---

① 據《宋史》卷二三《欽宗本紀》"靖康元年（1126）九月"條載，靖康元年（1126）西夏攻陷西安州。
② 武弁：本志前文作"員弁"。

等。元符二年陷於西夏，改爲南牟會。前明嘉靖間開復，迨成化五年，馬公文升重修，題建守禦千戶所，隸固原衛。嘉靖中復設遊擊，兵馬、教場、倉厫全設。境外有鎖黃川、長流水、近邊套，羌虜值冬踏冰入犯，[2]此地猶屬振驚，亦要害一都會也。按：通志載：①宋將折可適攻西夏，取天都山，以其地爲西安州，此設州之始也。种師道爲涇原都鈐轄，[3]知懷德軍及西安州。元唯屯兵六盤，開城府地爲安西王行都。[4]王誅國削，移建西安州。明洪武二年夏，大軍至開城，遣平章俞通源攻元豫王於西安州，[5]次海喇都，右丞薛顯以精兵襲豫王。王馳遁，以西安州餘衆徙北平，州地遂空，此賜地之由也。舊止一城，至成化四年，擒斬叛首滿四，乃於城中築隔牆一道，分爲南北二城。修南城而甃以磚，內設遊擊及千戶所，以資彈壓。

　　本朝因之。今千戶所以裁地歸廳轄，而遊擊如故也。[6]北城居民寥寥十餘家，兩城皆漸傾圮。乾隆十二年，奉文補修，造冊達部。

平遠所②

　　平遠所，舊名平虜所，一名豫王城，[7]在海城東一百八十里。故城週圍五里三分，高濶各三丈二尺。成化四年修築，題設守禦千戶所。嘉靖中因東關水患，改築西北關。

　　本朝因之。雍正四年，奉文將千戶所裁汰，歸廳管轄。內止下馬關把總一員，兵丁三十名，不足彈壓。乾隆十一年，③詳請涇州州判王以中駐所城左廳巡檢，④文已申司，會以移駐，廳員乃止。然其地爲寧固咽喉，五方雜處，且與慶陽府之環縣，寧夏府之中衛縣、靈州，土壤相錯，奸匪叢生，設官之舉不宜中輟也。

新營堡

　　新營堡在海城南一百六十里，乃前明肅藩苦水屯，地之本名醎溝。嘉靖丙午，⑤因苦水舊營傾圮，遂改建於此，名曰新營。內城里餘，外城週圍三里三分，高二丈餘，池深如之，東、南、北、內外城門各一。明末荒亂，北門不啟，僅存東、南

---

① 參見《山西通志》卷一一七《人物》"折可適"條。
② 本標題原無，係整理者據本志體例擬定。
③ 十一年：本志前文《建置沿革》作"十年"。
④ 王以中：此三字原脫，據〔乾隆〕《涇州志》上卷《官師·州判》補。
⑤ 嘉靖丙午：明世宗朱厚熜嘉靖二十五年（1546）。

二門。今東城一角水冲，其餘亦多傾圮。城內駐固原城守營把總一員，[①]兵丁三十名。

新堡子

堡去海城一百二十里，西接靖遠之打喇池、會寧之黄家凹，東通靈州之胭脂川、[8]中衛之党家水，正北則長流水、三眼井矣，乃固原之極邊、寧蘭之要道，籌邊地者所宜留意也。

沐家堡

堡在明爲沐家營，乃明黔國公沐英賜地也。先是，黔公隨征陝甘有功，洪武初，欽賜草廠六處。由武延川、撒都川、新圈等莊，同在固境，乃市井衝要之處，築城爲沐家營。留英季子昕後裔一枝，並家人藍姓、馬姓、土司張朶兒智等一十八户居之，[②]經理各莊地租。永樂四年，開設陝西苑馬寺長樂監、靈武監，[9]畜牧官馬，俱在賜地界內。而幅幀遂狹，止存本營及楊郎莊、古城、楊名、張元、蔡祥六堡而已。

本朝革故鼎新，改營爲堡。堡在海城南一百六十里，堡牆週圍二里，高厚各三丈五尺，乃昕曾孫沐徵及陝西都司正千户趙嵩督修。今昕之後裔惟沐天璣，年老無後，侄國安有子一人而已，子孫式微，不絕如縷。而土地之在楊郎莊者，至爲刁民霸據，歲以賠糧爲累，亦可哀也。

小沐家營

小沐家堡地在華山莊，坐落通渭縣，距沐家營二百六十里，距海城四百四里。乃沐英季子沐昕妻常寧公主塋地也。[10]昕奉命征西，公主從，因病殁於此，遂塋焉。留軍六人守墓，內張姓四人，蔣姓一人，李姓一人，今保甲册多至五十餘户，皆其後裔也。陵墓祠堂現存，天璣、國安等每拜掃至此，諸人執臣僕禮甚恭。惜其孤懸通渭之中，距廳甚遠，屢爲縣奸所苦，而莫能伸訴。予欲詳撥歸於縣轄，而此輩又與縣民仇隙已深，籲請仍舊，亦莫如之何也。後之君子其尚思所以安輯之哉。

---

① 把總：《海城縣志》卷六《古蹟》"新營堡"條作"經制"。
② 智：《西吉縣志》作"沈智"。

古城堡　　石沙灘附①

堡在海城東南一百里。考其四至,參以碑文,即賜地之新圈莊也。當滿四擒斬之後,近石城者禁民住種,餘地則仍令沐府家人蔡伯祥、楊廷柱等耕牧。今堡已傾廢,民人散居村落矣。然山林險峻,林木幽深,漢回雜民,[11]廳州並轄,似非盡善之道也。蔡祥、楊名兩堡與古城接壤,疑即因蔡伯祥、楊廷柱等得名云。

紅古城

城在海城東北一百里。東臨巨河,西塞峽口,北距界河,南控大川,平郡之北門、寧固之交界也。地險而土瘠,民户無多。明設遊擊一員,將兵守之,後移汛於西安州,而城遂空。今居民皆遷城東,便耕牧。

華山。② 蓮花山在海城南一十五里,南北長三十里,[12]横亘四十餘里。峰巒秀拔。中有沃壤,水草肥美。相傳山似蓮花,故得名焉。山高氣寒,春秋雨皆成雪,故又稱爲雪山。中爲提標前左營馬廠,近地居民亦於是縱牧。上有靈光寺,爲八景之一,余兩經遊覽,每愛戀不置云。[13]

天都山名西山,在海城西北四十里。宋將折可適伐夏取天都山,因置西安州。宋元豐四年,李憲自熙河進營於天都山,焚夏南牟内殿並其館庫。元祐二年,夏人與西羌相結,聚兵天都山。元昊臣野利當守此,③號天都大王,皆指此山也。山距西安州城五六里,峭峰插天,登其嶺可望黃河。山中民屯地畝與西安州營馬廠交錯,山以西即靖遠縣地矣。山形自南而北不下百里,水泉豐美,靈氣蔚然。每逢旱荒,而此山水源不絕,寧靈人蓄藉以度旱,而海城則特以爲西陲保障云。[14]上有西山寺,鑿石爲洞者三。山下即元昊避暑宫遺址,所謂南牟内殿也。[15]

石城

石城山距海城一百一十里,在廳屬古城堡之中,高四十丈,三面峭壁,惟東南有路可登,山嶺平坦,有地數十畝。前人壘石爲城於是,爲避亂計。一云即唐土

---

① 正文無石沙灘内容。
② 據《海城縣志》卷二《疆域志·山川》載,華山即後文蓮花山。
③ 野利當:《甘肅通志》卷五《山川·固原州》"天都山"條作"野利常"。

番之石城堡。明初賜沐藩爲牧地，後爲歸順土達滿四所據。四以成化四年與其徒李俊、[16]楊虎反叛，有眾四千，自稱招賢王。都騎指揮劉淸、邢端擊之，敗績。巡撫陳价等以兵三萬追討，亦敗。朝命總督項公忠、總兵劉玉、伏羌伯毛忠與巡撫馬公文升，[17]帥京兵及陝西四鎮兵數萬，①分七道進討，屢戰擒之，毀其城池。移紅古城遊擊於西安州，並增設千户所而還。其是役之伏羌伯毛忠以流矢亡，率從子海及孫鎧從死焉。[18]劉玉亦被重傷，而後免死。《明史》記載甚詳。

予疑石城地僅彈丸，滿四醜類無多，何所恃以無恐，而官兵屢致敗衂？及細查地形，乃知險不在古城，而在四山也；強不在滿四，而在地利也。城東有炮架山，[19]南有將軍、[20]照壁等山，西有七里寶山，北有石城溝與馬圈山，[21]類皆天梯石棧，懸絶深阻之地。仰而攻之，勞逸固天淵矣。且以天險之地，付之藩府，失之降夷，守土者不得與謀焉。迨至禍機促發，連兵踰年，兵敗將亡。僅而克之，又不設官守土，而禁民住種以虛其地，地增設兵所於百里外之西安州，以遙制之，明之刑政可謂一誤再誤矣。其後石城雖毀，而天險猶存。且四面屬廳，獨石城附近之二三里爲滿四祖塋，今已毀塋起祖，獨屬州轄。若再有事，不知何所責成，宜司牧者所以熟籌也。

炮架山。山去石城僅二三里，四壁峭立，極爲險峻，滿四所倚以爲固者。今屬廳地。

將軍山有二。山在石城之東，近石城者屬州，東者屬廳。

馬圈山。在石城之西，亦峻拔，足爲石城倚憑。今屬廳地。[22]

雲台山。山亦古城地，在海城南一百二十里，蓋石城之犄角也。古城山皆秀拔，而雲台山尤爲諸山之最，層巒叠嶂，曲而幽深，有圖所不能盡者。蓋天地生物之巧，固不擇地而賦形，有異買借無人，蓋亦有時焉，不可強也。上有殿閣三十三間，貯石井五眼，山泉甘冽，林木蔚然，猶爲邊陲勝境云。

印子山。山絶頂有印蹟，如篆刻狀，故名。在紅古城西南十里。出《州志》。② 山高七八里，山下有泉。相傳漢時有白馬跑之，泉水湧出，當時感其神異，勅建湫池寺。今泉猶存，甘冽異常，冬夏不竭，禱雨多驗云。

青羊泉山。山在海城東一百四十里，山頂有泉，故名。出《州志》。此山北高，長三十里，東西濶二十里，爲平遠所赴海城捷徑。但羊腸險狹，車輛難行。余於十三年議令平遠所夾道兩保民夫協力疏鑿，山上設立防兵，以禦行旅，士民踴躍。曾以久雨不果，至今惜焉，以俟後之留心地方者。

---

① 據《明史》卷一七八"京軍得毋遣"，知京兵並未進討。
② 參見〔嘉靖〕《固原州志》《地輿志·山川》"印子山"條。下文除特別說明外，均同。

看頭山。看頭山在新堡子北五里，距海城一百二十里。上有廟宇，關帝主山，土人春秋祈報，率在於此。登之，可望黃河，故名看頭。

高泉山。山在海城正北一百三十里，有泉出石罅中，甚清冽。冠蓋往來，咸亨是取給焉。山後即中衛地。

一碗泉山在新堡子南二十里，山半有平壤，舊建佛殿，今尚存。殿旁石泉大如碗，四時不竭。

掃竹嶺。掃竹嶺不知何以得名。地在沐家營北界二十里，距海城一百六十里。山高峰峻，深洞危橋，登之者骨悚目駭，人不能仰視，土人借此避虜，且祠真武神廟，俗稱西武當。至今六月六日，香火甚盛云。出《州志》。①

鳳凰山。山在武延川東二里許，山勢昂昂軒舉，諸山羅列，如雞群之鶴。相傳鳳凰曾止其上，故名。上建殿宇，毛公勒碑記焉。左有三台山，上建桂香宮及文昌、關帝二祠。此邦文風獨盛，謂爲二山鍾靈云。

殿灣山平遠所。山在平遠所北打狼山，山形蜿蜒，林壑深秀。上有玄真觀，塑諸神像，土人春秋敬祀焉。

東山。山在李旺堡滿四川之東，乃土韃滿四未叛時駐牧地也，[23]尚有廢宅基址。

龍山。山在紅楊坊北數里許，高峰軒舉峭拔，巉岩複巘。高岡蜿蜒數里，遠近望之，如龍之屈而欲伸者，故名曰龍山。山上有寺，相傳爲唐貞觀時建。至明成化間滿四之亂，焚毀無道。康熙五十九年，村民武清、劉希琰、民婦陳趙氏、武施氏捐資重建。山之前後，各有甘泉一泓，冬夏不竭，咸謂山之靈氣不絕云。

七里寶山。山距龍山僅里許，南連六盤，北走屈吳，長五百里餘，而僅以"七里"得名，莫原其始也。山東即石城，滿四叛拒官軍，恃此以爲西南保障云。

天台山。山在豫王城北五十里，上有千佛洞。

海城八景

華山叠嶂

廳地大觀，華山爲最。其山離城約十里許，層巒聳翠，秀出▆南，叠嶂嵯峨，宛然圖畫。公餘躡足峰嶺，週迴極目，但覺烟霄雲近，令人心曠神怡。雖非華岳洞天，實亦邊方勝境耳。

---

① 州志：參見〔萬曆〕《固原州志》上卷《地理志・山川》"掃竹嶺"條。

東崗夕魚

崗即華山餘氣，自南而東，形若臥龍，勢如樓閣，俗以碑樓名之。每至夕陽西下，餘光掩映沙堤，覺陽春常在俯仰間也。

古寺疎鐘

東嶽古寺在海城東里許，創自何代，邈不可考。雖殿廷剝落，朱戶塵封，而赫濯聲靈，宛然如在。左有懸鐘，每過風月，朝夕似夢覺醉，餘音繼續淒清，令人神肖。較之江上琵琶，殊有雅俗之別。

清池朗月

是池也，在城以南，鑿自人工，由來已久。沙堤環繞，星斗虛涵，信步徐行，饒有空明氣象。此亦山僻中一水月景也。

天都積雪

天都高出群峰，延袤百里。冬春之際，六出常飛，自夏及秋，積冰不解。捲簾遙望，儼然玉宇瓊樓，恨不得振衣，第一峰也。

靈光散花

華山西南隅，突兀起峰，山勢奇麗，寺創山阿，獨踞群山之勝。[24]週迴奇花異木，人不能名。每遇春夏之交，花氣馥郁，色澤宜人，雖武夷九曲不過是焉。

五泉競冽

華山隨地皆泉，而北來者淵源獨壯，名雖有五，而數十倍過之，清冽甘香，與他水異。登山下視，仿佛星宿海也。

雙澗分甘

五泉山下不二里，而流分東北，滔滔滾滾，晝夜不停。汲飲之餘，阡陌皆滿。山域而得海名，殆謂是歟。

武延川。

川在海城南一百四十里。《宋史》曹瑋知渭州，與陳興、秦翰破党項章埋於武延川即此。[25]《明一統志》：武延川，昔有武姓名延者居此，故名。川南有河，發源於六盤山，[26]南通靜寧，而東入渭。出《州志》。

大南川。

小南川。

哈喇川。

水冲川。

【校勘記】

[1] 二十年：本志前文作"三年"。

[2] 冰：原作"兵"，據文意改。

[3] 种師道爲涇原都鈐轄："种師道"，原作"種道道"；"涇原都鈐轄"，原作"經原都提"。均據《宋史》卷三三五《种師道傳》改。

[4] 安西王：原作"西安王"，據《元史》卷七《世祖本紀》"至元九年（1272）十月丙戌"條、卷六〇《地理志》"開成州"條改。又，"開城府"，《元史》卷六〇《地理志》"開成州"條作"開成府"，下同。

[5] 俞通源：原作"俞通海"，據《明太祖高皇帝實錄》卷四一"洪武二年四月（1369）乙酉"條改。

[6] 遊擊：原作"遊"，據"文獻叢書"本補。

[7] 豫王城：《甘肅通志》卷二二《古蹟》作"豫望城"。

[8] 靈州：《海城縣志》卷二《疆域志·鄉鎮》"新堡子"條作"寧靈"。

[9] 靈武監：原作"開城監"，據《關中奏議》卷二《一爲添設馬苑營堡以便收牧事》改。

[10] 常寧：原作"長寧"，整理者據《明史》卷一二一《常寧公主傳》、《明太宗文皇帝實錄》卷二一"永樂元年（1403）戊申"條改。

[11] 雜民：疑當作"雜居"。

[12] 南北：《海城縣志》卷二《疆域志·山川》作"東西"。

[13] 置：疑當作"止"。

[14] 特：疑當作"恃"。

[15] 所謂：此二字前原有"尚"，疑爲衍文，據刪。

[16] 成化四年：原作"成化三年"，據《明史》卷一五六《毛忠傳》、卷一七四《魯鑑傳》，《明憲宗純皇帝實錄》卷五五"成化四年（1468）六月辛亥"條改。

[17] 毛忠：原作"毛仲"，據《明史》卷一五六《毛忠傳》、《明史紀事本末》卷四一"成化四年（1468）冬十月朔"條改。

[18] 鎧：原作"錠"，據《明史》卷一五六《毛忠傳》改。

[19] 城東：《廳地新圖》標識炮架山在石城北。

[20] 南：《廳地新圖》標識將軍山在石城北。

[21] 馬圈山："馬"字原脱，據本志前後文補。

[22] 廳：本字原無，據本志書例補。
[23] 土韃：本志其他內容中均作"土達"。
[24] 踞：原作"距"，據《海城縣志》卷二《疆域志·八景》"靈光散花"條改。
[25] 章埋：原作"童惺"，《宋史》卷四六六《秦翰傳》作"童埋"。據《名臣碑傳琬琰集》中卷四十三《曹武穆公行狀》、《宋史》卷二五八《曹瑋傳》、《臨川文集》卷九〇《彰武軍節度使侍中曹穆公行狀》、《甘肅通志》卷三〇《名宦》"曹瑋"條改。
[26] 於：原作"入"，據《海城縣志》卷六《古蹟》"武源川"條改。

水　　利

　　廳屬地形最高，則水勢最急。乃有山之處，即產甘泉，不可謂非地氣之獨厚也。而旱乾每不絕書，則有司講求之不豫，士民心力之不齊。

　　爾今查近城，而爲利獨多者，曰五泉，又曰五橋。源出華山，甘泉數十道，隨地湧出。每至凍解以後，即滔滔泊泊，[1]晝夜不舍。本城及城南北之羊房岔、白家礅口、王家莊、李家莊、五里墩皆賴之。余於庚午暮春，[2]因勸農爲圃，而慮涓涓細流不足灌溉。詢之城鄉父老，咸謂山泉每遇風雨，即有砂石壅塞，淤滯不通。舊例每年春夏，城鄉通力疏濬三日。因督率無人，不過虛應故事，故泉壅而水微。余於四月之初一日，親督民夫百人，盡一日之力，期去百年之滯。乃入山歷覽出水之處，始知泉有數十，不止於五也。乃按泉之大小，分夫效力，一日之間已得十之四五，再一日而始卒事。又作木槽橫架沙河，水因飛渡，得免滲漏。其城之五里，舊以沙河爲渠者，亦爲相視地形，自南門滂壩東岸下至路傍民地，鑿渠引水，不五日而渠成，北亦得水足用。仍照村莊大小分派時日，流輪灌澆，[3]至今因之。

　　由五泉而東十餘里爲蘆茨溝，俗呼蘆子溝。回民七十餘户，皆賴山田以生。溝南山巔有小泉數眼，水流不絕；山根大泉一眼，濶丈有餘，深倍之。村民以水之無所用也，壅其四面，不令流布，予甚惜焉。傍有立石二，詢之，則前代龍王廟舊基也。各堡民稱此爲華山第一泉，天時旱乾，遠近俱禱雨於此。有水三股，如跑突湧出云。

　　由蘆茨溝而東不三里，爲大山口，有泉十七眼，舊爲本城及廟山、牛房三堡十九莊澆灌之用。余經徐家坪，見其有無不定，大小不齊，詢之居民，知爲久不疏濬，渠不深堅之故也。乃督耆老人民分工開濬，五月初四日工竣。

　　由五泉而西不三里，曰小山兒，有泉十餘眼，不擇地出，雖沙土壅塞而激射自如。惜其北流里許，滲入沙河，不能及遠。予親歷相視，其水行之處，距五泉之渠不遠，且屬荒原，因掘土成渠，使入沙河之水入大渠，以爲五泉之助，水利蓋溥焉。

　　由五泉以西五里，爲安橋門，山峽中有大泉一眼，小泉七眼。

　　又西半里爲茨溝兒，大泉僅二眼。兩水會於沙溝，灌溉七莊地畝。且年久不濬，涓涓之流僅供二莊食利，其餘皆望雲霓矣。余曉諭居民，協力疏濬，今泉較昔不啻數倍矣。

三汊河又在茨溝之西二里餘，河內皆亂石，石中有大泉二眼，出水勝於諸泉，而待澤之村莊已多。上年沙山水暴至，沙石隨流，兩泉泯然無蹟，居民坐受旱乾而莫予告也。予於端陽之次日，祈雨靈光寺，道經其他，[4] 聞人言而駐馬焉。亂石如山，細流從石罅出，極力尋之而得其處。因命人去石而濬之，今亦復古矣。

三汊河之西二三里，爲西安堡之錢兒廠，兩莊相對，名曰菜園。平地大泉一眼，小泉三眼。去菜園十里餘，曰陡溝兒，皆需此五泉以活。日久未疏，菜園可自就，陡溝兒則乾苦矣。爰令菜園、陡溝兒諸人於五月十四日協力疏濬，至今沛然有餘。

西安州南十餘里，地名曰茇冲山腦，有泉五眼，水流不竭，州人稱爲東河。西安州南十餘里，地名堡子台、齊家灣，有大泉一眼，小泉五眼。又劉家灣大小泉十眼，狼兒溝泉四眼，張家灣大小泉十三眼。以上各泉皆在乾河之內。北流三十里，州人稱爲西河，沿河村落並西安州新舊城皆霑足焉。自康熙四十七年地震，[5] 泉源壅塞，飛槽斷絕，惟近村人家稍獲其利，而州園地竟不霑實惠矣。十六年夏，諭令戶民協力疏通，源水裕如。惜飛槽未就，城內尚未被澤，不無遺恨焉！

蒙古堡西南四五里有泉之處：一曰龍官溝，一曰挖狼溝，一曰深溝，一曰毛草灘，一曰窨子溝門，各有大小泉四五眼、十餘眼不等，有圖存案。其水皆入乾河，自南而北，河東西村落二十餘處，皆資利賴焉。今幸承平日久，地力益開而泉不加疏，距泉稍近者，每有偏隅之泣。十五年五月內，據戶民魯忠訴訟，諭令公派疏通，輪流澆灌，戶民樂從。第慮時值旱乾，即難霑足，則協力疏通之舉不可易。恐後爭端，計開各莊用水日期於後。

秦家灣、羅家灣：每月初一日起至初五日止，龍官溝、挖狼溝、深溝、窨子溝水五晝夜。

楊家灣、魯家嘴、廖家灣：自六日起至十四日止，用龍官、挖浪二處水九晝夜。[6]

鄭家灣、趙家灣、古路溝、瓦窑溝台、乾榆樹灣、右所堡門、深溝灣、小川口門、韓家灣、白家溝、陳家灣、岳家灣：自十五日起至月盡止，用水十五晝夜。

老觀堡西北有空堡，曰蘆溝堡，堡南有大泉一眼，水向東南流，澆灌堡十餘里。其溢而西出者，浸潤西安堡董家水地畝。十五年兩堡控爭，兩堡有案。

鄭旗堡之宋家莊，距莊二十餘里有泉數十眼，名亂泉子，乃十莊用水之地。惜久未疏濬，今已壅塞。

楊芳堡西南十里之郝家溝，有大泉一眼，亦有小泉一眼。二泉合流六十餘里，至雙河堡而式微。十五年，長夏甘霖未沛，有雙河堡民趙廷妥等以截壩流水，控楊芳堡民賀士瑚,以捏詞妄爭訴。據差役繪圖具稟回覆而知,賀士瑚等執理雖長,趙廷妥等人畜性命所關,亦不得已。諭令楊芳堡民,以三分之縱水東流,使雙河堡民不爲鮒涸。兩造樂從,有圖存案。

高泉子距新堡子十里餘,山腰石罅有清泉飛瀉,味甚清冽,堡中井水皆不能及。每遇冠蓋往來,率於是取焉。

一碗泉距新堡子二十里,山半石上有仰泉,大如碗狀,味甘,取久不竭。

甜水河在紅古城西門外,味甘可領,[7]且便於灌溉,居人引之以種稻。去紅古城二十里,入清水河。出《州志》。

今按:甜水河,紅古城峽口之西,即老觀川、蒙古等堡諸泉合流出口處也。在昔,峽口地高,流水不暢,近城居民稍獲其利,而駝廠等莊均受四溝鹹水之苦。宋時,決峽口以通流。歲久河深既卑,鹹水趨之,昔之清水河變爲苦水河久矣。予親勘得實,故附記於此。

硝河在廳南一百六十里,[8]流入須滅都河。

須滅都河在廳東南八十里,流入小黑水。

小黑水在廳東九十里,流入大黑水。

大黑水在廳東北一百一十里,流入清水河。

清水河在廳東北一百五十里,發源六盤山,由固原州入廳地,下及沙洲入黃河。

【校勘記】

[1] 汩汩:疑當作"汩汩"。

[2] 庚午:清高宗弘曆乾隆十五年(1750)。

[3] 流輪:疑當作"輪流"。

[4] 其他:疑當作"其地"。

[5] 四十七年:康熙四十七(1708)年並無地震記載,《甘肅通志》卷二四《祥異》著錄康熙四十八年(1709)固原等處地震,康熙五十七年(1718)五月平涼等處地震,《清聖祖實錄》康熙五十七年(1718)七月甲寅條記載平涼等處地震。

[6] 挖浪:本志前文作"挖狼"。

[7] 領:疑當作"飲"。

[8] 硝河:原作"硝河堡",據本志《山川》刪。

古蹟 有序

古蹟有二,非險要則名勝也。廳屬界近番夷,武備而外,高人韻士,足蹟不徑,天然山水淹沒於樵牧久矣。今茲略述見聞,非徒以飾觀美,亦所以資保障也。

天都寨舊城在華山北里許,宋楊文廣守土時所築,今猶存。

海喇都城,見《城堡》下。

五泉即五橋,水所經行處。明承奉司建修,以便行旅。

今蔴張台在西安所西南十五里,[1]相傳張叔夜拒夏人,屯兵於此。

觀音湫在天都山下,水澄澈如鑑,不涸不溢,天旱禱之,霖雨即澍。

白狗塔在天都山內。相傳寺僧修建道場,有犬一口,含石搬運幫工,晝夜不止,齒牙盡缺,匠適之猩紅。翌日狗至,身毛盡赤,視之,則辛紅也;披之,得紅十餘兩。及工成而狗已死,僧壘石瘞之,塔今在焉。

哨令馬營,[2]在西安所西北二十里,[3]爲哨探夏人之處。

長城在西安所北七十里,建築莫考,今已頹毀,基址略存。

金牛寺又曰西山寺,在天都山內。相傳昔有金牛引路,遂開此山。鑿石洞三,內塑神像。至今四月初八日,附近居民咸拜禱焉。

遊擊府在西安州城中北。

千百戶所署在西北,今廢爲鄉倉基。

演武廳在東郊外。

徐斌水在平遠所城西北八十里,北由寧夏入黃河。

寶通水在城西三十里,有白水甘泉。

城內守禦所衙門一座,雍正四年奉裁,今改爲鄉倉。

【校勘記】

[1] 蔴張台:《海城縣志》卷六《古蹟》作"蔴長台"。
[2] 哨令馬營:《海城縣志》卷六《古蹟》作"哨馬營"。
[3] 西安所:《海城縣志》卷六《古蹟》作"西安州"。

田賦　有小序

廳地糧賦有三：藩府牧地曰更名糧；鎮、道、營將官地曰養廉糧；歸併衛所曰屯糧。更名丁糧皆有定額，惟養廉、屯糧二項，多寡不齊，此各徵不等之名所由來也。又山地一頃七十畝，折川地一頃；坡地一頃五十畝，折川地一頃。故地雖瘠薄，而頃畝寬餘。

民間輸納以五月爲上限，十月爲下限。向例自知急公，無庸追比。近年涽漓各半，非追呼催比不能全完。亦有中間飽於頭人吏役者，不可不察也。各額備載《全書》，①今撮其大略以便查閱。廳地更名、養廉、衛所三項，原額更實熟地一萬三百八十二頃七十二畝六分三厘五毫五絲三忽；原額共徵地丁銀八千二百八兩三錢九分一厘七毫九絲四忽二微四纖九渺。

原額共徵民屯租糧五千四十四石六斗二升八合一勺二抄五撮一粟；原額屯草一千四百二十一束三斤十兩四錢二分四毫九絲一忽八微。

乾隆十五年，撥歸固原州地二千九百一頃八十畝五分一厘四毫。

共銀二千三百四十七兩九錢一分九厘九毫六微一纖五塵八渺七漠。

共糧一千六百二十六石六斗一升三合三勺六抄五撮五粟；共草七百三十四束一十二斤五錢四分五厘八毫。

實存熟地七千四百八十頃九十二畝一分二厘一毫五絲三忽。

額徵糧三千四百一十八石一升四合七勺五抄九撮六粟。

額徵地丁銀五千八百六十兩四錢七分一厘八毫九絲三忽六微一纖五塵二漠。

額徵閏銀四十五兩八錢二分七厘七毫三絲六微五纖二塵四渺八漠。

額徵草六百八十六束九斤十三兩三錢七分四厘六毫九絲一忽八微。

又入固原州歸廳地二百零八頃三畝一分。

該徵本色糧一百二十九石四斗四升八合七勺七抄三撮一粟；地丁銀一百八十七兩四錢三分四厘一絲四忽三微五纖四塵九渺七漠。

---

① 全書：指乾隆年間《鹽茶廳賦役全書》。

外遇閏加銀四兩六錢九厘六毫九絲四忽五微五纖四塵五渺三漠。

草一百八十三束五斤六兩四錢一分五厘八毫。

以上原存廳地併州歸廳地。

實共熟地七千六百八十頃九十五畝二分二厘一毫五絲三忽，各微不等。

應徵糧三千五百四十七石四斗六升三合五勺三抄三撮六粟。

應徵地丁銀六千四百零七兩九錢五厘九毫七忽九微六纖九塵九渺九漠。

外遇閏加銀六十七兩八錢四厘六毫九忽六微八纖二塵四漠。

共草八百六十九束一十九斤四兩七錢九分四厘五毫九忽一微八纖。

户口、徭役 有小序

廳地偏處一隅，府丞遠駐固邑，民間納賦而外，非訴訟不至公庭。一切差徭，俱從輕減，官民相安於無事，宜乎富庶之績，可不勞而得矣。乃古以來猶患貧寡者，何歟？軍需害之也。初疑軍興所需，不過餽軍糧料以及牛騾車輛而已，而有司現發時價買之民間，亦何足爲民害？不知瘠地之出產無多，軍需以興，價踴數倍，官畏賠墊，責之於民。官價本不敷值，外費又復多端。未買以前，則有頭人之虛冒，虎役之勒索，蠹吏之浸漁；既買以後，又有解運之煩苦，道途之虧折，交收之刁難，往返之盤費。稍有遲誤，刑責隨之。遇民救患，不得不多方設措。或計田產，或計牛對，或照門戶，指一派十，公攤辦理，名曰"大差"。每賠累之費，過於正賦十倍、數十倍不等。而廢時失業，在所不免。貧寒之家，以聞此役，如蹈淵泉。黠者闔戶潛逃，[1]鈍者賣男鬻女。人戶既少，賠累益多，中人之家，鮮不破其壤。此貧寡之所由來也。

查廳地以幅幀寥濶著名，在平郡爲極大州縣，[2]軍需之派辦與固原州等。向年，合廳各村堡會議，分爲三百八分五厘。但遇軍需，各照原定分數出備，相沿成習，民無異言。自十三年移駐海城，廳地歸州，撥去差六十六分五厘五毫，止存差二百四十一分九厘五毫。比於往昔，多寡懸殊，且長民者移駐海城，就近經理，指一派十之弊，或可稍蘇乎。若謂地與民少於前，而軍需仍其舊，吾知主持國計者，必不然也。至於倉鹽，本民間日用所需。而從前亦有幫課之條，與軍需同爲民害。今幫課已革，軍務不興。十餘年來，流移漸返，加以休養，煦嫗、貧寡之憂，庶可免乎。爰因編次戶口而併及之，以告後之撫字斯民者。

海本城共二十八莊，共一千八百五十戶，大口一萬六千四百二十口，小口一萬二百一十口。舊應差九分。該鹽課銀二兩二錢六分二厘七毫五絲。鹽引十道半。該支銀二錢九分九厘二毫五絲。該雜費銀二錢二分八厘三毫一絲二忽。地丁銀九十八兩七錢三分。

南散莊在海城西南六十里，共二十五莊，一千一百六十戶，大口四千二百二十四口，小口一千三百二十六口。舊應差六分。地丁銀一百一十七兩九錢一分四厘。該鹽課銀一兩六錢一分六厘二毫五絲。鹽引七道半。該公支銀二錢一分三厘七毫五絲；該雜費銀一錢六分五厘八絲。

蒙古堡在海城正東四十里，共一十七莊，八百六十戶，大口三千二百五十口，小口一千二百八十五口。舊應差七分。地丁銀一百一十兩二錢六分五厘。該鹽課銀一兩九錢三分九厘五毫。鹽引九道。該公支銀二錢五分六厘五毫。該雜費銀一錢九分五厘六毫九絲六忽。

雙河堡在海城正東六十里，共十莊，共三百九十戶，大口一千九百五十口，小口八百一十口。舊應差四分。鹽引五道。

關橋堡在海城東北七十里，[3]共二十莊，共一千一百九十戶，大口四千六百一十口，小口二千七百九十口。舊應差八分。鹽引十道。

楊芳堡在海城東北三十里，[4]共二十五莊，五百五十戶，大口一千六百九十口，小口五百五十口。舊應差三分。鹽引四道。

閆芳堡在海城東北三十里，共十一莊，共一千一百戶，大口四千四百五十口，小口一千八百九十口。舊應差八分。鹽引十道。

牛芳堡在海城南二十里，共二百九十戶，大口一千八百三十口，小口七百九十七口。舊應差二分。鹽引二道半。

鹽土脫烈堡在海城東南七十里，共二十莊，共七百六十九戶，大口三千一百九十口，小口九百九十口。舊應差七分。鹽引九道。

鄭旗堡在海城東南七十里，共八莊，共五百八十戶，大口一千九百九十口，小口八百五十口。舊應差四分。鹽引五道。

廟山堡在海城東南二十里，共七莊，共一百九十戶，大口六百九十口，小口四百七十八口。舊應差二分。鹽引二道半。

西安堡在海城西北四十里，[5]共十莊，共五百六十戶，大口二千五百五十口，小口一千二百一十口。舊應差四分。鹽引五道。

老觀堡在海城西北五十里，[6]共二十二莊，共三百九十三戶，大口一千五百二十口，小口八百九十口。舊應差四分。鹽引五道。

北散莊在海城正北一百四十里，[7]共二十二莊，共一千三百一十九戶，大口六千九百九十八口，小口三千二百六十口。舊應差八分。鹽引十道。

高臺堡在海城正南八十里，[8]共一十三莊，共四百九十七戶，大口一千九百九十口，小口八百三十口。舊應差三分五厘。該鹽課銀九錢六分九厘七毫五絲。該公支銀一錢二分八厘二毫五絲。鹽引四道半。雜費銀九分七厘八毫四絲八忽。地丁銀八十兩零五錢六分八厘。

南川堡在海城正南一百二十里，[9]共十五莊，共六百五十戶，大口三千一百五十口，小口一千一百四十口。舊應差七分。鹽引八道。該鹽課銀一兩七錢二分四厘。公支銀二錢二分八厘。雜費銀一錢七分三厘九毫五絲二忽。地丁銀九十三兩四錢一分八厘。

東海壩在海城東南八十里，共四莊，共一百五十二户，大口五百九十五口，小口四百三十一口。舊應差一分。鹽引一道半。該鹽課銀三錢二分三厘二毫五絲。公支銀四分二厘七毫五絲。該雜費銀三分二厘六毫一絲六忽。地丁銀二十四兩九錢三分二厘。

紅羊芳在海城東南九十里，[10]共七莊，共一百四十七户，大口六百五十口，小口三百四十五口。舊應差一分。該鹽課銀三錢二分三厘二毫五絲。該公支銀四分二厘七毫五絲。鹽引一道半。雜費銀三分二厘六毫一絲六忽。地丁銀一十七兩一錢四分三厘。

馬蓮川在海城正東二百一十里，[11]共三莊，共一百五十户，大口四百九十口，小口二百八十口。舊應差一分。該鹽課銀二錢一分五厘。該公支銀二分八厘五毫。鹽引一道。雜費銀二分一厘七毫四絲四忽。地丁銀一十八兩七錢二分。

隆德堡在海城正南一百九十里，共八莊，共二百三十户，大口八百二十口，小口五百一十四口。舊應差一分五厘。該鹽課銀四錢三分一厘。該公支銀五分七厘。鹽引二道。雜費銀四分三厘四毫八絲八忽。地丁銀二十兩九錢七分五厘。

武延川在海城正南一百五十里，[12]共三十八莊，共九百七十一户，大口五千四十一口，小口二千八百一十七口。舊應差九分。該鹽課銀二兩四錢七分八厘一毫五絲。公支銀三錢二分七厘七毫五絲。鹽引一十一道半。雜費銀二錢五分五絲六忽。地丁銀一百二十兩零七錢五分七厘。

楚府共二十一堡，共差一百分，共引一百二十五張。每一張正課銀二錢一分五厘五毫，公支銀二分八厘五毫，雜費銀二分一厘七毫四絲四忽。共正鹽課銀二十六兩九錢三分七厘五毫；共公支銀三兩五錢六分二厘五毫；共雜費銀二兩七錢一分八厘；共地丁銀一千四百七十九兩六錢六分三厘。

西安所雍正七年，在衛歸廳。在海城正西四十里，共四十二莊，共一千五百二十户，大口五千二百一十口，小口二千九百二十口。舊應差二分五厘。鹽引一百一十道。地丁銀一百一十三兩一錢六分六厘。

沐家堡在海城正南一百六十里，共二十四莊，共六百六十九户，大口五千三百二十口，小口一千二百一十二口。舊應差九分二厘；無引。

古城堡在海城東南一百里，共六莊，共三百六十一户，大口九百九十七口，小口五百七十一口。舊應差四分六厘；無引。

張元堡在海城東南九十里，[13]共十四莊，共四百三十户，大口一千四百口，小口五百五十口。舊應差四分六厘;無引。

楊名堡在海城東南九十里,[14]共一十五莊,共五百二户,大口七百一十口,小口一千一百三口。舊應差三分八厘;無引。

肅府於沐府價引一百九十四道四分。[15]

楊郎莊在海城東南一百四十里,[16]共九莊,共四百五十户,大口一千八百九十口,小口八百九十一口。舊應差四分六厘;無引。

沐府共堡五堡,共差二十六分八厘。

韓家灣在海城正東一百六十里,[17]共口莊,共五百七十户,大口一千二百九十口,小口八百八十九口。舊應差四分六厘;無引。

紅古城在海城東北一百一十里,共七莊,共三百七十户,大口一千四百五十口,小口七百一十口。舊應差七分二厘。鹽引六十六道。

舊李旺堡該鹽引四十道。

梨花嘴。舊應差二分五厘;無引。

平遠所在海城正東二百里,[18]共二百四十莊,共三千五百八十七户,大口一萬二千九百五十一口,小口五千六百三十口。舊應差一十三分五厘;無引。

王浩堡在海城東南一百三十里,共三莊,共一百一十户,大口四百九十口,小口二百九十七口。舊應差一分三厘五毫;無引。

徐府於韓府價引一百道。

可可水,舊應差未分,引未分。

夾道堡,舊應差五分三厘,引未分。

李旺堡,舊應差八分三厘,引未分。

李景玉堡,舊應差六分,引未分。

黑溝堡,舊應差三分五厘。

沙家莊,舊應差九厘。

州民五堡歸廳,代來引七百二十道。

陶家堡在海城東南一百四十里,共七莊,共一百九十户,大口六百九十口,小口四百一十九口。舊應差一分五厘。鹽引一十二道。

硝河堡在海城正南二百一十里,共五十莊,共一千二百七十户,大口三千九百二十口,小口一千九百九十口。舊應差一十五分。舊鹽引三百五十二道半。新鹽引二百五十二道一分。

尖山堡在海城東南二百一十里,[19]共六莊,共三百五十户,大口一千八百九十口,小口一千一百五十口。舊應差三分五厘。舊鹽引五十道。新鹽引三十八道。

元山堡在海城東南一百六十里，共五莊，共二百七十三户，大口八百八十六口，小口四百六十一口。舊應差五分。舊鹽引五十九道。新鹽引三十道五分。

楊芳城在海城正南一百八十里，[20]共二十莊，共三百八十户，大口一千三百九十口，小口八百四十七口。舊應差六分。舊鹽引六十八道。新鹽引三十八道。

韓名堡在海城正南一百七十里，共六莊，共五百六十户，大口一千二百一十口，小口六百五十六口。舊應差五分。舊鹽引五十九道。新鹽引三十道五分。

王昭堡在海城東南一百七十里，[21]共二莊，共一百九十七户，大口四百九十口，小口二百九十七口。舊應差三分五厘。舊鹽引三十四道。新鹽引二十道。

青馬堡在海城正南一百七十里，共十六莊，共一百八十五户，大口八百四十四口，小口三百一十口。舊應差三分五厘。舊鹽引三十四道。新鹽引二十道。

石嘴堡在海城東南一百六十里，[22]共八莊，共一百九十户，大口六百九十口，小口四百八十九口。舊應差三分五厘。舊鹽引三十七道半。新鹽引二十六道。

田潤堡在海城正南三百里，共四莊，共三百四十五户，大口一千一百八十一口，小口八百口。舊應差一分四厘。鹽引三道。

紅散莊。舊應差一分。新鹽引七道。

榆木溝。新鹽引二道。

石沙灘在海城東南一百三十里，共十莊，共一百四十户，大口五百九十一口，小口三百七十二口。新鹽引五道。

黄土圈在海城東南一百四十里，[23]共五莊，共一百四十户，大口四百九十口，小口三百九十七口。新鹽引十道。

新營堡在海城正南一百三十里，共二十二莊，共八百七十六户，大口三千六百四十九口，小口二千四百四十口。舊應差四分五厘。舊鹽引三十三道六分。新鹽引二十三道。

八溝岔。舊應差五分。舊鹽引三十九道。新鹽引二十八道。

新營駝廠堡在海城正南一百六十里，[24]共二十莊，共六百六十户，大口三千一百二十口，小口一千三百三十口。舊應差十一分七厘。舊鹽引八十二道。新鹽引五十七道。每一張引正課銀二錢一分五厘五毫。公支銀二分八厘五毫。雜費銀二分一厘七毫四絲四忽。

大李堡在海城正南一百三十里，[25]共三莊，共二百七十户，大口一千三百四十口，小口八百七十四口。舊應差三分八厘。舊鹽引二十七道。新鹽引十九道。

前什旗在海城正南二百四十里，共二十五莊，共三百三十户，大口一千一百八十口，小口九百九十口。舊應差三分八厘。舊鹽引二十七道。新鹽引一十九道。

馬建堡在海城正南二百四十里,[26]共八莊,共三百三十戶,大口一千一百二十口,小口五百三十四口。舊應差一分八厘五毫。舊鹽引十三道。新鹽引九道。

卜裕堡附馬建堡差分新舊鹽引,與馬建堡一樣,不勞筆墨。

南岔堡在海城正南一百六十里,[27]共五莊,共二百五十戶,大口九百八十五口,小口五百四十五口。舊應差一分八厘。舊鹽引一十四道半。新鹽引十道半。

徐府共差八十四分二厘,共引九百六十三道,實存鹽引六百六十八道六分。

四府共差三百零八分五厘。

二十堡代歸固原州差六十六分五厘五毫,下存差二百四十一分九厘五毫,共鹽引二千零二十四道。

康熙十三年,郡牧所協消隆德引二千零九張。

雍正十一年奉部文,各州縣加引一百張,共總引二千一百零九張。

乾隆十五年,歸州引一千一百四十六道,下存引九百六十三道。

肅府歸州一十六堡,代差五十分四厘五毫。

韓府歸州四堡,代差十六分四厘。

平涼府所管州縣鹽法事。

固原州該鹽引一萬二千零四十張,該課銀二千五百九十四兩六錢二分,該工銀紙價三百四十三兩一錢四分。

涇州該鹽引九千七百三十六道,該課銀二千零九十八兩一錢八厘,該工銀紙價二百七十七兩四錢五分六厘。

靜寧州該鹽引七千道,該課銀一千五百八兩五錢,該工銀紙價一百九十九兩五錢。

鹽茶廳該鹽引二千零二十四道,該課銀四百三十六兩一錢七分二厘,該工銀紙價五十七兩六錢八分四厘。

平涼府該鹽引五千六百二十道,該課銀一千二百一十一兩一錢一分,該工銀紙價一百六十兩零一錢七分。

鎮原縣該鹽引六千二百五十二道,該課銀一千三百四十七兩三錢六厘,該工銀紙價一百七十八兩一錢八分二厘。

隆德縣該鹽引二千七百四十一道,該課銀五百九十兩零六錢八分五厘五毫,該工銀紙價七十八兩一錢一分八厘五毫。

靈臺縣該鹽引五百五十道,該課銀一千一百八十五兩二錢五分,該工銀紙價一百五十六兩。

莊浪縣該鹽引一千道，該課銀二百一十五兩五錢，該工銀紙價二十八兩五錢。

崇信縣該鹽引六百一十五道，該課銀一百三十二兩五錢三分二厘，該工銀紙價一十七兩五錢二分七厘五毫。

華亭縣該鹽引一千五百三十道，該課銀三百二十九兩七錢一分五厘，該工銀紙價四十三兩六錢零五厘。

平涼所管十一州縣共鹽引五萬四千零五十八道，該課銀一萬一千六百四十九兩四錢九分九厘，共該工銀紙價一千五百四十兩。

慶陽府所管五州縣鹽法事。

寧州該鹽引五千二百四十道，該課銀一千一百二十九兩二錢二分，該工銀紙價一百四十九兩三錢四分。

安華縣該鹽引一千八百一十四道，該課銀三百九十兩零九錢一分七厘，該工銀紙價五十一兩六錢九分九厘。

環縣該鹽引八百九十五道，該課銀一百九十二兩八錢七分二厘五毫，該工銀紙價二十五兩五錢零七厘五毫。

合水縣該鹽引八百六十五道，該課銀一百八十六兩四錢零七厘五毫，該工銀紙價二十四兩六錢五分二厘五毫。

真寧縣該鹽引五百九十三道，該課銀一百二十七兩七錢九分一厘五毫，該工銀紙價一十六兩九錢零五毫。

慶陽府所管五州縣共鹽引九千四百零七道，共該課銀二千零二十七兩二錢零八厘五毫，共該工銀紙價二百六十兩零九分九厘五毫。

寧夏府所管四處鹽法事。

靈州該鹽引二千四百八十六道，該課銀五百三十五兩七錢三分三厘，該工銀紙價七十兩零八錢五分一厘。

中衛縣該鹽引一千三百二十一道，該課銀二百八十四兩六錢七分五厘五毫，該工銀紙價三十七兩六錢四分八厘五毫。

橫城堡該鹽引一百二十八道，該課銀二十七兩五錢八分四厘，該工銀紙價三兩六錢四分八厘。

安定堡該鹽引四十道，該課銀八兩六錢二分，該工銀紙價一兩一錢四分。

寧夏府所管四處共該鹽引三千九百七十五道，共該課銀八百五十六兩六錢一分二厘五毫，共該工銀紙價一百一十三兩二錢八分七厘五毫。

平、慶、寧三府，共該鹽引六萬七千四百四十道，共該課銀一萬四千五百三十三兩三錢二分，共該工銀紙價一千九百二十二兩零四分。

【校勘記】

［1］閤戶："文獻叢書"本作"閤戶"。
［2］平郡：原作"平群"。本志後文作"平郡"，鹽茶廳屬平涼所轄，據改。
［3］東北：據本志《廳地新圖》，關橋堡在海城正東。
［4］楊芳堡在海城東北：本志《廳地新圖》，"楊芳堡"作"羊房堡"。據該圖，楊芳堡在海城正東。
［5］西北：據本志《鹽茶廳地新圖》，西安堡在海城西南。
［6］老觀堡：本志《鹽茶廳地新圖》作"老關莊"。
［7］正北：據本志《鹽茶廳地新圖》，北散莊在海城西北。
［8］正南：據本志《鹽茶廳地新圖》，高臺堡在海城西南。
［9］正南：據本志《鹽茶廳地新圖》，南川堡在海城西南。
［10］紅羊芳：本志《廳地新圖》作"紅羊堡"。
［11］正東：本志《廳志原圖》標繪於海城正南。
［12］正南：本志《廳地原圖》及《廳地新圖》均標繪於海城西南。
［13］東南：據本志《廳地新圖》，張元堡在海城西南。
［14］楊名堡：本志《廳地新圖》作"揚名堡"。
［15］肅：原作"徐"，據本志前文及《明史》卷一一七《肅王傳》改。
［16］楊郎莊：本志《廳地新圖》作"楊郎中"。
［17］正東：據本志《廳地新圖》，韓家灣在海城東南。
［18］正東：據本志《廳地新圖》，平遠所在海城東北。
［19］東南：據本志《廳地新圖》，尖山堡在海城正南。
［20］楊芳城：本志《廳地新圖》作"羊房城"。
［21］王昭堡：本志《廳地原圖》及《廳地新圖》均作"王釗堡"。
［22］東南：據本志《廳地新圖》，石嘴堡在海城正南。
［23］黃土圈：《廳地新圖》作"土圈"。
［24］駝廠堡在海城正南：駝廠堡，《廳地新圖》作"駝昌堡"。據該圖，駝廠堡在海城西南。
［25］正南：據《廳地新圖》，大李堡在海城西南。
［26］馬建堡在海城正南："馬建堡"，《廳地新圖》作"馬圈堡"。據該圖，馬建堡在海城西南。
［27］正南：據本志《廳地新圖》，南岔堡在海城西南。

〔風　俗〕[①]

　　山澤所感，各成乎性；好尚所趨，各沿乎故，風俗殊焉。廳地僻在邊陲，司馬官爲兼攝，而鄉民趨事急公，故能申於平郡，實則天性使然，今則漸流於疲頑矣。盛衰迭更，甚可慮也。茲以耳目所及者，備著於篇，無隱無飾，庶觀風者知所勸懲焉。

　　海城，固原州奥壤，而水環山拱，氣勢沉雄，自成一郡會。民生其間，誠樸健勁者多。然習尚不能一致者，楚府則楚人，沐府則沐人，肅、韓府則蘭、肅人也。數十年來，衛有歸併，加以清渭、秦狄之流，寓者因是以有老户、新户之分，而二者之中又有漢回、衛所之別。大率老户自負王民，敦重信義。漢民耕牧爲生，畏法守分。回民勇於趨利，貿易十居八九，黠者或流於偷竊。[1]衛所之民，則疲頑愚拙而已矣。四民皆重耕牧，唯回民兼善治生，故殷實者多，而冒險販利因而破敗者，亦比比也。至婦女，但主中饋，巧者僅能自製衣裝，織紝一道，素不講習。爲父與夫者，習爲固然，坐視幼子弱女忍冷禁寒而不顧，誠可哀也。

　　殷實之家，亦有延師教子者，但止揣摩制藝，餘書不列案頭也。且志不在大，傳一青衿，自爲了事，而父兄亦不復有他望矣。其列成均者，大抵以資力致之，并書本不一顧也。求其研經術之精，啟義理之祕，新耳目之習，謹身心之修省。相與考德業、希聖賢，則虛無人焉。此固予之責，而予非其人也，謹書之以俟後之君子。

　　始者，土曠人稀，道鮮行旅，牛羊遍野，夜户不扃。今集場既多，遊食、叢聚、博奕、偷竊，無地無之。風俗之偷，大非昔比矣。又凶悖之徒，嗜利健鬭，與人爭不勝，往往自毀其面目，以誣人弟。或有收嫂婦，或有二夫繼妻之子女與後夫之子女爲婚姻，不以爲異也。爭媒不得，既肆搶奪，每歲數見，回民十居七八。爲予嚴懲之，今稍戢矣。

　　廳俗信巫不信醫，有疾之家，動延端公作法，[2]名曰"跳神"。重費不惜，縱死不悔。詢之，則曰：無良醫也。詰其巫皆良乎？則曰：姑勉苦口焉。嗟呼！醫不

[①] 風俗：此二字標題原無，據本志《目錄》補。

〔風　俗〕

能以藥愈人之病，而至爲人所苦，其術可知矣。無或乎鬼神之不絕於人間也。

廳地無風水年月之感，親死速塟，不乞靈於枯骨，爲富貴之資，此其俗之美者。但土脉沙鹹，疏而不實，磚石、石灰取給數百里外，中人、貧户不能辦也。偷兒利其易發，率夜掘之，褫其衣裙以去，受苦十人而九，婦女又居大半焉。予逮數偷，訊得其情，置之重典。復示諭士民，令於棺斂之時，將亡者附身衣物，隨意用桐油澆成器物形狀爲識。無桐油者，即以葫麻油亦可。油跋浣洗不去，當買主既無，售主自用亦慮敗露。常於河南道上，見塗死寄襯者用之以免開掘，實善策也。自是三年，無復有以發掘訴者矣。

廳地婚禮，先用媒人通好，繼之以宴會，復繼之以首飾，二姓之好始定。將娶，則牛羊氊布，稱家所有以爲禮，不論財也。故女無摽梅之詠，男有室家之樂。然陋習相沿，不行問名之禮，即女子年歲次第，亦不置問。每有因疾病死亡而起訟端者。且稚齒鳴環，瓜期未及，婦儀母道，多所未嫻。更有先訂僱人爲婚，以工銀直抵聘財，年滿爲婚者。故俗語有"海城女兒嫁僱工"之謠。予婉曲化導，不啻再三，今已漸知從禮矣。至寡婦再醮，夫族母家爭牛耳，張三、李四各盡經營，惟財多者是予。男家以搶獲者爲勝，彼此爭奪，往往有釀命案。予深恨之，犯者除娶婦及主婚外，並媒妁中亦嚴懲不宥。孀婦不願，即與斷離。數年以來，刁風稍戢，命案亦稀焉。

喪事一遵家禮，稱家有無，惟[3]庶民家仍用僧道、端公，附棺之物，誠敬未盡，每遭掘之慘云云。

東岳、關帝、城隍、太白等廟宇，各廟每年一會，再會不一，各有定期。並設會首以司錢穀出入。至期扮演設戲劇，男女縱觀，夜以繼日。附近奸民及逋逃亡命，亦假此匿蹟而胠篋焉。每有因以滋事而波及會首鄉地者，習染已深，不能驟革焉。窮鄉小區，亦建方神廟，以爲祈報之地，春秋二次亦共聚焉。力不能者，演燈影以酧神。

【校勘記】

[1] 黔者：疑當作"點者"。
[2] 端公：原作"端工"，據改。下同。
[3] 惟：文獻叢書本作"唯"。

官　　制

　　明三百年，廳地爲諸王牧廠，而不在王封之内。承奉指揮官無定員，員無定制，不足言矣。明以前更可勿問也。

　　本朝以地屬之府丞，而兼攝遥制，與州邑之守土者殊科。自乾隆十三年，移丞署於海城，民人社稷始有主者，故設官當始於移駐。而前乎此者，亦得附記焉。

　　鹽茶廳同知一員，俸銀八十兩。除扣荒外，實支銀二十七兩八錢六分五厘，係平涼縣解交。養廉銀八百兩，在於廳署耗羨銀内勒支。

　　趙健，①順天府薊州人，由拔貢生於順治三年到任。

　　宋珮，②直隸高邑縣人，由舉人於順治四年到任。

　　徐國璋，③浙江衢州人，由拔貢生於順治八年到任。

　　張若遇，④直隸清苑縣人，由拔貢生於順治十年到任。

　　何應玨，⑤江南桐城縣人，由拔貢生於順治十四年到任。

　　汪洴然，⑥江南青陽縣人，由恩貢生於順治十七年到任。

　　羅載純，⑦山東霑化縣人，由恩貢生於康熙三年到任。

　　伍柳，江南安福進士，康熙六年任。⑧

　　楊鼎，⑨江南寶應進士，康熙十一年任。

　　毛漪秀，⑩山東進士，康熙十七年任。

---

①　趙健：據載，本志所列鹽茶廳同知自趙健以下人名、籍貫、科舉等有錯位現象，如"伍柳"當爲江南安福人，本志誤作"山東霑化縣人"，"毛漪秀"當爲"山東人"，本志誤作"漢軍人"。以下據改。
②　宋珮：原作"徐國璋"，據《海城縣志》卷八《職官志》改。
③　徐國璋：原作"張若遇"，據《海城縣志》卷八《職官志》改。"張若遇"，《海城縣志》作"張若愚"。
④　張若遇：原作"何應玨"，據《海城縣志》卷八《職官志》改。
⑤　何應玨：原作"汪洴然"，據《海城縣志》卷八《職官志》改。"汪洴然"，《海城縣志》作"汪勃然"。
⑥　汪洴然：原作"羅載純"，據《海城縣志》卷八《職官志》改。
⑦　羅載純：原作"伍柳"，據《海城縣志》卷八《職官志》改。"載純"二字原脱，據《海城縣志》卷八《職官志》補。
⑧　江南安福進士康熙六年任：原作"山東霑化縣人由恩貢生於康熙三年到任"，據《海城縣志》卷八《職官志》改。"安福"原作"福安"，據《江西通志》卷五六"伍柳"條改。
⑨　楊鼎：《海城縣志》卷八《職官志》作"楊鼎"。其下内容原作"山東人由進士康熙十七年到任"，據《海城縣志》卷八《職官志》改。
⑩　毛漪秀：其下内容原作"漢軍人由監生康熙二十六年到任"，據《海城縣志》卷八《職官志》改。

官　制　57

李旃，①漢軍人，由監生康熙二十六年到任。

張彥齡，②江南人，由監生康熙四十年到任。

靳治袞，③鑲黃旗漢軍例，康熙五十七年到任。

周源，④浙江山陰縣人，由歲貢康熙六十年到任。

胡昌國，⑤福建惠安人，由庠生雍正七年到任。

張夢水，⑥江南長洲縣人，由監生乾隆八年到任。

許宏聲，⑦江南陽湖縣，由貢生雍正十三年到任。⑧

程奎聯，⑨江南長洲縣監生，乾隆八年任。

朱亨衍，廣西桂林縣辛卯科舉人，⑩乾隆九年到任，乾隆十三年移駐海城，[1]十四年遂定居焉。

佐員無。

典吏六名。

吏房典吏一名：唐談。

户房典吏一名：孟智。

禮房典吏一名：黄元慶。

兵房典吏一名：張玨。[2]

刑房典吏一名：邊輔信。

工房典吏一名：宋傑。

民班二十五名，每名每年支公食銀六兩，共支公食銀一百五十兩。

雍正五年新設。

斗級二名，每名支公食銀六兩，共支公食銀一十二兩。禁卒八名，每名每年支工食銀六兩，[3]共支工食銀四十八兩。

以上斗級禁卒。

乾隆十六年增設，共工食與民壯工食銀兩俱在司庫請領。

---

① 李旃：原作"毛漪秀"，據《海城縣志》卷八《職官志》改。
② 張彥齡：原作"李旃"，據《海城縣志》卷八《職官志》改。
③ 靳治袞：原作"張彥齡"，據《海城縣志》卷八《職官志》改。"袞"，《海城縣志》作"滚"。
④ 周源：原作"靳治袞"，據《海城縣志》卷八《職官志》改。"源"，《海城縣志》作"輾"。
⑤ 胡昌國：原作"周源"，據《海城縣志》卷八《職官志》改。"昌"，《海城縣志》作"品"。
⑥ 張夢水：《海城縣志》卷八《職官志》該條下作"河南祥符貢生，雍正十三年任"。
⑦ 許宏聲：原作"胡昌國"，據《海城縣志》卷八《職官志》改。"聲"，《海城縣志》作"生"。
⑧ 貢生：《海城縣志》卷八《職官志》作"舉人"。
⑨ 程奎聯：《海城縣志》卷八《職官志》作"程連奎"，此三字下脱"江南長洲監生，乾隆八年任"11字，據補。
⑩ 桂林縣辛卯科舉人："桂林"，《海城縣志》卷八《職官志》作"臨桂"。"辛卯"即清聖祖玄燁康熙五十年(1711)。

額設捕班四名,快班四名,門子二名,軍牢二名,傘扇夫三名,轎夫四名,共一十九名。每一名每年支工食銀六兩,共支工食銀一百一十四兩,係平涼縣解交。

　　囚犯無定額。每名每年支綿衣一件,價銀六錢五分。每名每日支倉斗口糧一升,每升折銀一分。外加燈油、鹽菜錢五文,折銀五分。俱在司請領。

　　本城千總一員,馬兵二十名,戰兵十名,守兵十名。

　　西安州遊擊一員,經制外委把總一員,馬步兵丁一百一十名。

　　新營把總一員,馬步兵丁三十名。

　　平遠所把總一員,[4]馬步兵丁三十名。

【校勘記】

[1] 十三：本志前文作"十四"。
[2] 張玨：文獻叢書本作"張珽"。
[3] 工食銀：本志前文作"公食銀"。
[4] 平遠所：原作"平原所",據本志前文及實際地名改。

名宦、鄉賢　有序

懷其人者，於其吟眺之處，每有生不同時之恨焉。況所建豎有利於社稷者乎。廳地向無正官，則凡有功於斯土者，皆所宜志，非第云勸也。亦曰：斯土之得有今日者，諸君子力也。然史冊不載，乘志莫稽，其爲挂漏詳略，蓋有幸不幸於其間者矣。

名宦①

宋折可適，關中巨族，哲宗朝以第十二將取天都山，[1]以其地爲西安所。[2]

楊文廣，事實永詳，[3]相傳海喇城舊都乃文廣修築，今城尚存。

种師道，洛陽人，知西安州事，築險捍圍，招携恒遠，夏人畏服。

張叔夜，江西人，經略西夏，畫戰守之策，以天都山下其地平衍可以屯兵，黃河載舟可以運糧，以視進取，夏人畏之。

明馬文升，河南人，以巡撫任，重修海喇城，題設西安州守禦所。建城、屯田、立學、通商，遂成都會。

楊冕，四川人，兵備副使，修築城池，建設官署，稱有功焉。

鄧榮武，甘州人，以遊擊任，愛兵惜民，以惠政稱。

自文德，[4]綏德人，爲西安州遊擊，愛惜兵民，公私給足，勒石頌德。

唐調鼎，武驤衛進士，爲西安州遊擊，崇禎末率兵防禦固原，本城中軍董千總與外寇通，開城納之，大肆擄掠。公聞驚旋，汎計擒董弁及回首謀數人，勒兵進剿各堡子漏網者，群盜授首，民以爲福。

王鎮字世安，本所千户，慷慨有節，忠勇素著。弘治，[5]虜寇犯邊，率師禦之，戰歿。朝廷褒忠，錫蔭鄉里，勒碑旌節。

王縉，[6]鎮之子也，猿背，[7]善射，破賊平番，屢立奇功，歷任左府都督僉事。

國朝耿邦賢，北直定興人，進士，任遊擊，嚴而有節，鎮撫三年，兵馴民安。

---

① 名宦：此二字標題原無，據本志類目名稱擬定。

鄉賢

崔繼盛，本廳人，隨征遊擊。吳逆叛時，保全所城，殫盡心力。

田宗禮，西安所拔貢，博學能文，不樂仕進，安貧守道，教授生徒，西安州皆其開啟。

張可觀字康侯，西安所廩生。吳逆背叛，識時守義，冒險定計，保全孤城，邑人德之。今其孫張坦能世其家云。

張子華，湖廣人，以功封世襲指揮，隨楚王分封武昌，王甚倚重，特命領楚兵七百名，戶八百七十四名，屯牧於此。滿四之亂，修築十八城堡，與有功焉。明末降為千總，移駐武延川。議敘武生張琪，[8]其嫡派也。好義急公，宗族、鄉鄰待以舉火者甚多，皆謂能繼祖武云。

【校勘記】

[1] 第十二將：《海城縣志》卷八《職官志·名宦》作"第十二將兵"。
[2] 西安所：《海城縣志》卷八《職官志·名宦》條作"西安州"。
[3] 永詳：文獻叢書本作"詳"。
[4] 自文德：《海城縣志》卷八《職官志·名宦》作"白文德"。
[5] 弘治：原作"宏治"，係為避明憲宗朱見深諱，據改。
[6] 王縉：《海城縣志》卷八《職官志·名宦》作"王晉"。
[7] 猿背：《海城縣志》卷八《職官志·名宦》作"猿臂"。
[8] 張琪：原作"張琪"，據本志《採輯人員》及後文《學校》改。

學校　有小序

好騾馬不入群,此李平泉相公自負之言,非通論也。夫千里馬不常有,即有之,而或生於遐陬僻壤,無王良、造父而爲之調馭,亦終老死於轍車已爾。吾謂今之學校,有似於斯。彼夫資稟異常,盡倫盡物者,固無需於古訓;若中材以上,則非教育無所成就;是故學不可以已也。廳地自漢唐以來,千百餘年,未有學校之設。

本朝僅附州學,不設專員。雖忠孝廉節代不乏人,而科名勳業,終落落焉。予於十三年移駐海城,而十六年冬,貢監柳成林、張琪等,即以民志已定、士氣未伸,呈請設學移官,以期化民成俗,亦可謂有志之士矣。予方以老病去,未克終厥事也。願以屬之來者,若文廟地址則已卜之署北,立碑取結以待矣。

附:科貢、貢生監。

明王家棟,萬曆己酉科武舉。①

國朝何和,康熙甲子科武舉。②

李培初,歲貢生,未仕。

李濬,白河縣學訓導。

張諶,歲貢生,未仕。

劉舉,乾隆辛酉科武舉。③

劉統,雍正己酉科舉人。④

歲貢四員:柳成林、柳世明、陳良秀、[1]周曰庠。

文生五十七名。

武生二十八名。

監生四十四名。

---

① 萬曆己酉:明神宗朱翊鈞萬曆三十七年(1609)。
② 康熙甲子:清聖祖玄燁康熙二十三年(1684)。
③ 辛酉:乾隆六年(1741)。
④ 雍正己酉:清世宗胤禛雍正七年(1729)。

議敘正八品一員：張琪。

【校勘記】

［1］陳良秀：本志前文《採輯人員》作"陳良季"。

廳　　署

廳舊署在固原城内，文廟西偏，大小房屋一百一十八間，奉文改爲提標中軍參將署。今署在廳城鼓樓北偏西，地爲明承奉司廳舍舊址。乾隆十三年奉文動帑，建修官房五十八間，外捐修房五十四間，俱開載於後。

計開：大堂五間、前抱廈三間、頭門三間、儀門三間、東西角門二間、二堂五間、堂前廂房六間、住房五間、宅前廂房六間、垂花門一間、東西書役房一十六間、東西書房六間、廚房五間、馬房六間、班房六間、更房一間、客館一十二間、鄭旗堡公館一十五間、下房六間、外東土地祠三間、抱廈三間、西監獄十間。

積　　貯

　　固原，兵馬重地，飽騰之資，惟十地糧是賴。每歲支兵之後，倉貯無多，一遭饑饉，[1]則逃荒之外，更無餘策。前者亦講常平之政矣，而存留不足糶倉廩，不能受虛名，畫餅無足充飢。前院憲黃仰體聖明西顧之意，於乾隆七、八、九、十數年，奏發庫帑，採買糧石，分貯城鄉，以備荒歉。寄放民房、神廟，積貯非宜。後於十一年奏允，添建倉廠，而天庾乃得長久計。窮民無饑饉之憂，官司得撫字之用，千百年之曠典也。予承乏斯土已八年矣，每遇雹旱爲灾，糧價高昂，詳請憲司減價平糶。不第糧價漸平，而安土者亦知積貯有餘，不肯經去，其鄉城善政也。後之君子能守之而不廢，雖萬世無弊可也。所有積貯糧數，俱列於後。

　　乾隆七年，在於邊地之蓄積爲先等事案內，採買糧一萬四千一百一十四石零。

　　乾隆九年，在於邊地情形不同等事案內，採買過糧二萬七千七百五十九石零。

　　以上共買常平糧六萬二千一百二十二石有零。除平糶及民欠借糧外，十七年三月，交代糧五萬七千五百一十三石零。

【校勘記】

[1] 饑饉：原作"飢饉"，據改。

倉廩 有小序

郡邑之有倉廩，所以貯民食、備凶荒也。廳屬地廣民眾，素鮮蓋藏，雹旱之憂，頻年不免。而舊有倉廩，俱在州城之內。其豫王城、[1]西安州、海城，因口明千户舊署各貯糧百石，不足歉歲之需。遇有賑借平糶，窮民襁負子女，負米於數百里外，糧未入手，而屯户已半價售之，每有不能敷跋涉之費以及流離者。

乾隆十一年，奉文於城鄉建設常平倉，買糧積貯，以備凶荒。時予承府丞事，乃於海城、西安州、豫王城、武延川四處糧地，大小各建鄉倉，多寡不等，而以採買常平糧分貯。為先是，廳員駐扎固城，故固倉添建獨多。今廳署移駐海城，則固城無庸積貯，除詳明量留二十間以支兵糧外，餘皆遵奉部文，廳民陸續拆運海城修蓋。今截至十六年止，將城鄉廠間數目備列於後，將來續有拆蓋，按年增入可也。再：武延川議敘武生張琪，捐修社倉十間，現貯社糧，並附於後。

計開：舊倉六十二間，內固城倉十座，計五十間。

海喇都一座，計五間。

平遠所倉一座，計三間。

西安所倉一座，計四間。

乾隆十一年城鄉建倉共八十一間，內固城新建倉廠八座，計四十間，係遵旨速議等事案內修建。

海喇都新建倉廠二座，計一十一間。

平遠所新建倉廠二座，計八間。

西安所新建倉廠一座，計六間。

武延川新建倉廠四座，計一十六間。

以上俱係邊地情形等事案內修造。

按：新舊倉共一百四十三間，內固城新舊倉共九十間。除鄉倉毋庸移易，並固城留倉二十間供支兵糧外，所有空倉七十間，俱應拆運海城，以資積貯。查十四年，士民運蓋過海城倉十五間；十五、十六兩年，捐工蓋造二十間。應以固倉二十間給與捐工士民抵補外，止餘倉三十五間，廳民拆蓋社倉十五間。

前項社倉房屋乃武生張琪於乾隆七年捐造之項。

【校勘記】

[1] 豫王城：原作"預王城"，據本志前文《城堡》"石城"條、"平遠所"條及"天台山"條改。

壇廟　有序

　　神者，聖人所不語，而《中庸》乃反覆申明其德之盛。非誠不語也，殆不在雅言之列耳。今普天率土，治民之吏，無不事神，則神功之益人可知矣。惟吾廳地，以設官之遙制，忽而不講者，百年殊爲缺典。予承乏於斯，事當創始。凡祀典應有者，亟行創始，以將誠敬；其本有者，則加修葺焉。非敢曰設教也，亦盡職而已矣。

　　先農壇舊未有，同知朱買地東關創造。

　　風雲雷雨壇舊未設，[1]同知朱建於西門外，以官地對換民地創造。

　　山川社稷壇舊未設，[2]同知朱因大佛寺廢址，改築建造。

　　厲壇舊未設，同知朱創建於東門外之漏澤園。

　　文廟舊未設，據士紳呈請捐建，同知朱卜地於北城，尚未建。

　　武廟舊有，在鼓樓東南。

　　城隍廟舊有，在廳署西。

　　龍王廟舊在潦池東，今潦池已涸，廟已頹毀，同知朱建移五泉之東山。

　　按：以上壇廟皆載在《祀典》。動帑致祭者惟龍王廟，則視地方之高下，而有無不一焉。今雖廳署草創，請撥未遑，而大典規模斷不容已。後之君子苟有同心，必將有以終其事焉。

【校勘記】

[1] 風雲雷雨壇：《海城縣志》卷二《疆域志·各壇廟》作"山川風雲雷雨壇"。

[2] 山川社稷壇：《海城縣志》卷二《疆域志·各壇廟》作"社稷壇"。

寺觀、廟宇　　有序

　　廳俗信鬼，亦番夷之流風。然疾痛冤苦，無所控訴，不得已而乞靈於土地，本亦可哀也。至於道宮佛寺，或建於漢唐，或創自元明，用以棲息高人，祝釐灾沴，亦盛世所不禁者。姑列其可考者著於篇末，以爲觀風者之一助云。

　　玉皇閣，在鼓樓西南。
　　上清宮，在北城上。
　　娘娘廟，在東門外。
　　菩薩廟，在西門外。
　　東岳廟，在東門外。西安州、武延川、平遠所俱有。
　　坊神廟，各堡俱有。
　　岳武穆廟，在西安州鼓樓上。
　　火神廟，在海城。西安州亦有。
　　藥王廟，在武延川。平遠所亦有。
　　子孫廟，在武延川。

人　物　序

廳地形勢壯濶，山水清佳。篤生人材，必當有異。以予所見割腕救父之張伏璽、事兄如父之李代、拾金不昧之任週攀、[1]苦節事姑之魏氏，類皆出自寒微，長成鄉里，而能充其至性，克盡倫常，豈非所謂生質之美者耶？假使數子者，加之以學問，而推其孝悌廉節之性，以見用於世，當不愧於古人，而聞風興起，比户可封矣。乃以地處邊陲，自宋以前，忽夏忽夷，元以後又非國非邑，學之不講，數千百年矣。

本朝雖入版圖，而敬師儒，設學校，猶未興也。故民間子弟得附於州庠，補於國學者，千百中一二焉。其餘非入於異端，則流爲寇壤已爾。然忠孝節義，功名科第，《州志》雖不絕書，惜其止記其姓名，不載村堡，爲廳爲州，無可辨別，亦憾事也。查《州志》，自□□□年重修以後，①又幾百年。其間建功立業、拔幟流芳者，實繁有徒。且已分地專守海城，《州志》不復採録，不幾以天地正氣與草木同其朽腐乎。予深惜之，因於簿書之暇，廣咨博採，參以故牒，録其最著若干人，著之簡編，以風有□。且以見山川靈淑之氣，原自不爽，而教養之事，不可不亟講也。

孝友廉介

夏一龍。西安所民，性至孝。父遘危疾，醫藥罔效，一龍齋沐告天，乞以身代繼，截一指焚之，父病即瘳。司土額其門，壽九十六歲終。

張登榜。平遠所民，同母兄弟三人，繼母王氏所生三子。母歿父老，家給貧寒，榜能孝於父，友於兄弟，年近九旬，如一日也。雖未事詩書，天性孝友，堪爲民表。

張伏璽。[2]閻芳堡民，孝事父母，鄉鄰共稱。乾隆十四年，其父張孔正身病黃腫，醫治罔效，[3]勢在垂危。璽聞古人有割股救親之事，遂於暗室割左臂兩塊，謬稱雞肉，奉父食之，其病即愈，其父不知也。親戚知之，聞於有司，詳請旌表，以格

---

① □□□：疑當作"萬曆四十四"。

於成例。未久，分守朱公賜額，以表其閭，並優免身役，以爲世勸云。

　　任週攀。會寧縣民也。乾隆辛未，[①]以貧傭於廳之新營堡李自美家。同寓有客民張中孚，於十二月二十九日清晨入市，將所攜本銀一百兩遺於店內。週攀見之，恐爲他人所得，代爲收存。午後，張中孚憶及，歸覓已無踪蹟。方在惶迫之際，週攀責之曰："貿易本銀，仰事俯畜係焉，爾何疏忽至此。我恐爲人所得，已代爾收存。又恐爾尋求不獲，生意外之變，我整日不出戶，實爲此也。"即同人取銀並袋付之，分文未動。鄉地眾等以拾金不昧，具報分守。朱公勘實，將其詳請旌之。週攀以異鄉貧民，[4]去而不顧，乃給匾額懸於新營堡門。

貞節

　　張氏。傅代程之妻。[5]夫亡，守節三十餘載，誓無二志。乾隆七年分守許公旌之以匾額。

　　張保成之妻沐氏。夫亡，苦節守志三十餘年。分守許公請題，奉旨建坊旌表。

　　何氏，則沐氏子張援妻也。援娶何氏，不逾歲而亡。何氏時年十七歲，遺腹三月，而後生子，名繡胤。[6]何氏甘貧守志，至死不渝者二十四年。許公請旌之。時與其姑沐氏並詳，而氏以年例未服不允，惜哉！

　　魏氏。彭仰聖之妻。年二十五歲，夫亡。遺子二人年幼，家貧如洗。魏氏甘守苦志四十一年，至今六十六歲。

　　馬氏。馮煥之妻。煥亡，氏生子僅二月，甘貧守節二十餘年，至今年五十餘歲。

　　殷氏。武延袞自貞妻也。氏年十五於歸袞門，奉事嫡姑，極盡孝道。年二十四歲，夫亡，遺有二子，家道貧寒，勢難自立。氏矢志靡他，勤習女紅，撫育二子。今長子袞生芝年二十四，次子袞生蘭年二十一，俱能自立。氏今年五十四矣。乾隆五年奉文旌表。[7]

　　陶氏。乃已故生員馬光先妻也。於歸馬門，生有一子，而先亡故。[8]時氏年纔三十，親身紡織，矢志撫孤，歷三十二年。至乾隆四年奉文旌表。

　　陳氏。居民杜守身之妻。秉性幽貞，持身淑慎。十八於歸杜，二十二歲而杜亡。氏盡孝以養舅姑，兼嚴以訓孤子。翁姑棄世，蕆祭如禮。孝思之篤，雖士大夫亦有不能及者。至六十三歲，奉文旌表，計夫亡已四十三年矣。

---

①　乾隆辛未：乾隆十六年(1751)。

倪氏。所民張進忠之妻。年二十四而寡，家貧子幼，爲女紅以給養，壽六十四終。

丁氏。所民賈可畏妻。年二十二，[9]畏亡。子甫襁褓，家貧歲歉，歷盡諸難，唯以女紅養舅育子，鄉人重之。

魏氏。所民李執申妻。[10]年十九，申亡，未有所生，志欲殉節。因痛舅姑就衰，夫弟方在孩提，[11]自誓作未亡人，代夫孝養二十五載，鄉里稱賢。十九年本廳朱公遊府，明旌其門曰"節孝可風"云。

張氏。謝睦妻。年二十一寡，子甫三歲。苦節自甘，一子成立，鄉人稱之。

賈氏。居民雒汝芳妻。年二十八，夫亡，氏於靈架自縊以殉。鄉鄰懸匾，以旌其烈。惜湮沒未聞。

閆氏。居民張文光之妻。年二十五夫亡，守節撫孤成立，鄉里稱賢。乾隆二年，分守許公賜匾旌表。

牛氏。所民李□□妻。年二十三，夫亡子幼。[12]茹茶飲水，養親撫孤，喪葬婚娶。苦節四十七年，閭里旌以匾額。

李氏。所民李生春妻。年二十二，子僅歲餘，[13]夫亡。家貧守志，孝事舅姑，子值成立。壽六十二，守土旌表。

余氏。所民劉聲芳妻。[14]年二十一，子在襁褓，芳亡。舅姑憐其少而欲嫁之，氏誓死自守。數歷奇荒，撫孤成立，壽四十九而終。[15]

呂氏。夫吳亡時，氏年僅十九，其子吳伯春未逾週歲。翁姑衰老，子未成立，有以再醮之說進者，氏即以死矢之。迨其後，翁姑並亡。年歲饑饉，呂氏教子育孫，始終如一。零丁孤苦，有人所難能者，①氏則處之泰然，親鄰罕覯其面。乾隆十五年，氏年已六十矣。分守朱公據士民之請，而表其閭里。

閆氏。生員焦桐聲之妻。[16]年十八歸於焦，二十一而寡。撫育孤子，至於成立，今六十二歲。

楊氏。故民孔生瑞之妻。年十九而寡，遺子孔續，尚在襁褓，翁姑在堂，家道蕭條。楊氏盡孝盡慈，事親教子，婦道母道，均無缺焉。今年已四十有八，守節二十九。其間殯送翁姑，喪祭盡禮；[17]撫養孤兒，成家繼嗣。誠婦人中之傑士、巾幗內之完人也。

賀氏。鮑月之妻。月於康熙五十二年亡，氏守義至今三十九年。

郭氏。賀文魏之妻。[18]年二十七歲，夫亡。守節五十年，至今七十九歲矣。

---

① "者"字至本段下文"氏年已六十矣"句：此二十五字原脫，據"文獻叢書"本補。

【校勘記】

［1］任週攀："文獻叢書"本及《海城縣志》卷九《人物志·流寓》均作"任周攀"。下同。

［2］張伏璽：《海城縣志》卷九《人物志·孝義》作"張福璽"。

［3］醫治：文獻從書本作"醫藥"。

［4］異鄉：原作"易鄉"，據文意及《海城縣志》卷九《人物志·流寓》"任周攀"條改。

［5］傅代程：《海城縣志》卷九《人物志·貞節》"張氏"條作"傅程代"。

［6］繡胤：《海城縣志》卷九《人物志·貞節》"何氏"條作"秀允"。

［7］五年：《海城縣志》卷九《人物志·貞節》"殷氏"條作"五十年"。

［8］先："文獻叢書"本作"夫"。

［9］二十二：《海城縣志》《人物志·貞節》"丁氏"條作"二十三"。

［10］李執申：《海城縣志》《人物志·貞節》"魏氏"條作"李之中"。

［11］弟：原作"地"，據"文獻叢書"本及《海城縣志》卷九《人物志·節孝》"魏氏"條改。

［12］子幼：原作"子始"，據文意及《海城縣志》卷九《人物志·節孝》"牛氏"條改。

［13］子僅葳餘：《海城縣志》卷九《人物志·貞節》"李氏"條作"子甫九月"。

［14］劉聲芳：《海城縣志》卷九《人物志·貞節》"余氏"條作"劉生芳"。

［15］壽：《海城縣志》卷九《人物志·貞節》"余氏"條作"守節"。

［16］焦桐聲：《海城縣志》卷九《人物志·貞節》"閻氏"條作"焦桐生"。

［17］喪祭："文獻叢書"本作"喪葬"。

［18］賀文魏：《海城縣志》卷九《人物志·貞節》"郭氏"條作"賀文蔚"。

物　　産

廳地一歲二收。清明前後種，處暑前後收者為夏田；芒種前後種，秋分前後割者為秋田。過夏至，雖種不收矣。花果之屬，珍奇者過冬必入窖。春半始出，否則凍死，甚寒故也。

穀屬

大麥、小麥、莜麥、燕麥、莞豆、大豆、白穀、青穀、黃穀、紅穀、粘穀、白穈、黃穈、黑穈、粘穈、青穈、葫麻、蔴菜子、芸芥。

菜屬

蔥、韭、蒜、苦苣、芹菜、黃芽白菜、萵苣、蔓菁、莙薘、小蒜、芥菜、藤蒿、白蘿蔔、紅蘿蔔、苴蓮、荸菜、蕨菜、葫荽、西番穀。

木屬

松、柏、椿、槐、榆、柳、青楊、白楊、三春柳、金剛樹、龍栢樹。

菓屬

桃、杏、李、秋子梨、沙棗、西瓜、菱瓜、瓠子、黃瓜、茄子。

花屬

芍藥、萱草、菊、蕙、葵花、罌粟、十樣錦、珍珠、麗春、山丹、石竹、金盞、紫荊、百合、鳳仙。

藥屬

甘草、柴胡、防風、款冬花、麻黃、瑣黃、遠志、車前、枸杞、蘄芎、大黃、葶藶、薄荷、荊芥、茵陳、蒔蘿、萹蓄、夏苦草、茺蔚子、蒼耳、野烏藥、苦參、沙參、地骨皮、桃仁、杏仁、蕤仁、朴硝、芒硝、石膏、白芨、蒲公英、刺蒺藜、黃芪、貝母。

鳥屬

雁、鷹、鶻、燕、烏、鳩、布穀、鵲、雀、雉、雛、鴿、鵪鶉、半翅、沙山雞、鴞、鴟鴞、雞、鵝、鴨。

獸屬

鹿、獐、狼、黃羊、青猿、兔、崖貂、黃鼠、跳兔、駱駝、馬、騾、牛、犏牛、驢、豕、羊、犬、貓。

藝　文

華山積翠

太華岧嶤不可親,城頭姑射寓形真。
千巖萬壑當窗見,翠靄清陰入座頻。
野戍寒泉新物色,雲行雨施舊精神。[1]
壘壘崗阜誰論比,[2]略許天都問主賓。[3]

古寺天花[4]

塞邊名勝古靈光,見說奇花擁法王。[5]
光似暫明還暫滅,花如含笑又含香。
風生樹杪襟懷爽,人向閒中日晷長。
欲問希夷無處所,華山一半鬱蒼蒼。

五泉競洌

華山靈秀聳青蓮,山麓幽深湧碧泉。[6]
觸石亂流來混混,兼風帶雨響潺潺。
匯成巨浸知何地,[7]汨沒污泥已百年。
應解聖明西顧意,化為霖雨濟巖邊。[8]

清池皓月

一鑑團團十畝餘,四時雲物共清虛。
東風煖處春生浪,明月來時夜有珠。
凝眺乍疑天路近,澄懷漸與世情疏。

倩誰更落徐熙墨，繪作清江獨釣圖。

雙澗分甘

清波分道矯龍游，澤潤山城知幾秋。[9]
得雨驟添花片片，因風時送韻悠悠。
南郊烟靄春無盡，西嶺膏腴歲有收。
掉尾莫爲清淺慮，[10]白雲深處有龍湫。[11]

西山積雪[12]

漫漫朔雪作春陰，肅肅寒威逼錦衾。
莫訝東風鎖不盡，[13]都緣積翠力能任。
牛羊路杳千峯合，星月光聯一氣深。
坐捲書幃看未足，擬從高閣醉披襟。[14]

古寺疏鐘

古殿荒臺盡棘叢，何來鐘韻到城東。
凄涼夜逐凄涼月，斷續聲隨斷續風。
旅客乍聞悲飯後，蓬閨頻聽泣宵中。[15]
我無木鐸狗澆俗，[16]正藉西山一片銅。

龍崗夕照

海國陰多怯晚涼，[17]東林偏喜得餘光。
雲容霞彩嘗千叠，[18]川媚山輝自一方。
顧景此時悲老大，[19]負暄何日獻君王。
衰年剩有登高屐，[20]擬趨斜暉一望鄉。[21]

靈光寺花

宋代呈靈異，禪官自此基。

佛光留不住，仙草種難移。
散步疑天女，芳花仰地祇。
慇懃樵叟境，莫縱斧斤欺。

春日游西山寺

見說茲山佛日輝，偶移履齒扣禪扉。
洞中伏虎當頭臥，天際閒雲伴鳥飛。
祇樹未花施問種，爐香初熱已沾衣。
故園已有逃禪地，笑指星文愧少微。

重遊靈光寺[22]

深花密葉隱鳴蟬，霽影明霞媚遠天。
忙裏久忘身是客，閒中翻訝日如年。
野雲嶺外離還合，飛鳥枝頭去復還。
解脫莫論參大覺，暫時物外已悠然。

代前人題

樓閣思超然，烟霞徑更偏。
花深蔥翠地，月滿蔚藍天。
幽討鴻濛上，神情蓬島天。
不因思歸急，禪榻一酣眠。

望石城有感

七道攻圍日，①三軍此駐戈。[23]
繡旗春浪捲，鐵騎夜星羅。
妖鏡一朝暗，豐碑四面多。

---

① 七道：明成化四年（1468）十月九日，大軍征滿俊，兵分七路，分別由金佛溝、李俊溝、木頭溝、亂麻川、黑城子、好水川、驟母川等"七道"進入。

可憐天險地，甌脫欲何如？[24]

愛山堂即事

官閒未比解官閒，[25]春日遲遲漫啟關。
夜雨暗添池畔水，[26]曉雲新濃樹頭山。[27]
垂楊拂砌柔堪折，細草侵堦懶不刪。[28]
杯酒此時詎可語，[29]一鈎新月共迴環。

題明遊府談兵處

半畝亭台一鑑開，樹深無地着塵埃。
門迎雪巘千峯出，水繞西河一道迴。
釀酒每留佳客醉，賦詩重許老夫來。
太平時節無兵事，盡日談玄坐綠苔。

鄭旗堡夜宿

淡蕩春風曉未休，酒帘低處暫停驟。
近入黃鳥語聲醉，出谷白雲山頂留。
午飯腥膻雙兔臑，客窗顛倒一皮裘。
平生浪說還家好，老向天涯未肯休。

過高臺寺

四面風塵絶，孤臺殿宇摧。
地閒雲欲宿，僧定客偏來。
香積燈爲火，村醪碗作杯。
冷宦宜靜境，駐馬一徘徊。

題撥雲樓

荒寒何處暫開顏，高閣登臨趁偶閒。

翠蓋重重城外樹，青蓮瓣瓣雨中山。
好風入座來何處，紅日當頭近可攀。
自是撥雲非易事，幾年贏得鬢毛斑。

題愛山堂

柳陰深處小堂開，中有材人好徘徊。[30]
敝屣甘同臕仕棄，[31]萬金難乞一骸回。
官貲連屋書千卷，花事成功酒數杯。
瓦雀不隨廝役去，依稀猶自落梅苔[32]。

題贈朱司馬

杜鵑多事促歸耕，越雉撩人阻去程。
行止於君且隨遇，圃農何擇總怡情。
芝蘭滿砌香風暖，桃李成陰暑氣清。
風土勞勞何足訝，欲將圖版補西傾。

送司馬朱公回粵[33]

海國移官歲幾更，天都傾蓋慰平生。
曠如莊惠同心日，劇比蕭朱結綬情。[34]
千里黔黎沾德教，一軍騰飽壯邊聲。[35]
欣逢計吏遴循卓，翹首徵車下斗城。
又
朝聞屋角鳥綿蠻，爲報勞臣已乞閒。
細柳不堪愁裏折，長轅欲向眾中攀。
恩波四境沾清水，高潔千秋印雪山。
自是欲歸歸便得，已留名德在邊關。

紀於五首[36]

仲冬初霽，有崆峒之遊，冰雪載途，中道而返。

名山仰止幾年深，此日登臨愜素心。
好是初晴山下路，一溪流水響清音。

問道宮前雪滿山，混元閣後户重關。
道人欲識衝寒意，遙指東台在此間。

團團石穴止依稀，今古遊人共指揮。
卻笑無聊千歲鶴，何天不可以高飛。

紅塵白雪作新泥，石磴青苔路欲迷。
好是山中春信早，鷓鴣啼罷子規啼。[37]

山水與人信有緣，寶山此日歎空還。
笋輿欲辦來春幕，第一峯頭望遠天。

奉和孟郭二有南樓之作　　時八月十四日夜

萬寶西成歲有秋，絃歌滿耳伴佳遊。
廈樓清興誰先發，[38]兩兩題詩在上頭。
今年秋勝去年秋，況有清光濟夜遊。
誰向去中歌折柳，一時三客盡迴頭。

十五夜無月，仍用前韻

已負春光不負秋，良宵辦作少年游。
誰施覆雨翻雲手，撓亂嫦娥不出頭。
鏡分圓月幾春秋，老向關山作倦遊。
此夜清光應遍照，不堪錢睡尚迴頭。[39]

八月十四日郊行步

歲稔民和別一疆，馬驕偏稱柳堤長。
銀絲碎剪羊毛白，金粟新舂黍粒黃。

古埃驢鳴人醉卧,小山風勁鶴高翔。
詩成莫漫頻壺酒,留待冰輪度夜良。

九日舊城即事

籬菊含風噴異香,楓林柳岸雜丹黄。
佳辰覩遇晴明好,高興何辭道路長。
狡兔已知離舊穴,南鴻何日到新疆。
茱萸插處羞雙鬢,觸忤鄉心下望鄉。

鹽茶廳署落成記[40]　劉統

　　廳地爲明藩牧場,環垣西北,爲固原外衛,[41]西喇都則居中抱要處也。[42]然唐以前,海喇都之名不見於史冊。碑志所載宋金元之代,皆爲西安州附庸,其餘村堡付之甌脱,惜哉!

　　明藩畜牧此土,雖有承奉司主其出納,指揮管領兵馬,於屯守之意則得矣。至化民成俗、[43]禮樂衣冠之事,則固不能越俎代庖也。[44]吁嗟!以吾海城山川秀發,水土肥美之區,而不爲休養生息、[45]教化安全,直棄之如化外邊民,不幸何至於斯!

　　本朝定鼎,[46]廳地爲固鎮重關。廳民多急公好鬭,非牧令能長駕遠馭者。因以屬之府丞,誠重任,難其人也。然府丞舊住固城,遥制數百里外,吾民非訟獄輸將,跋山涉水,無由見使君子面。[47]而其德漸仁而磨義者,[48]百無一二,抑又幸中之不幸矣。

　　今上御極之九年,歲在甲子,①府丞朱公奉命分守。下車之日,即遍歷四郊,週覽形勢,延見縉紳父老,詢民疾苦。喟然嘆曰:"官不得自治其地,民不得受庇於官,守土親民之謂,何而敢因循視之耶!"遂以十年之冬言之於各憲,有以帑項未便阻之者。[49]而公十一年又言之,十二年又言之,不允。不已,各憲知其事屬宜行,公又意在必行,方詳議間。是年冬,[50]固城忽有兵譟之變,於是各憲知公先識遠見。而固鎮重關,尤爲安邊大略,遂於道員移駐案内,[51]連類入告。蓋重海城,即所以扞固鎮也。

　　我皇上留意邊方,亟允其請,促令移節海城,居中出治。公遂以十三年九

---

① 甲子:乾隆九年(1744)。

月二十日移居。數月之間，利興弊除，廢修墜舉。民歡樂之，爲之歌曰："我土溫溫，穀黍芃芃；時和歲豐，我公之功。我氓蚩蚩，牛犢熙熙；行旅如歸，我公之威。"

先是，吾民望公之來如望歲，咸欲捐私囊以建公署。公念勞民，不許。而勸帑興修，留民力以爲城垣、倉廠之用。遭際聖明，俱允其請。民並感悅，樂事勸工。徑始於本年四月初九日，[52]落成於九月重九日，[53]蓋閱四月而告竣。堂皇言言，廊廡嚴嚴；有門秩然，有台超然。於是德教流行，朝發夕至；宵小所在，令行禁止。[54]向之苦於跋涉者，今皆在跬步之間，不啻赤子依父母也；[55]向之苦於難見者，今則耳提面命，不啻弟子之樂受命於師長也。

公復刊刻教條，導民樹蓄。宣諭設學，訓民禮義。暮月之間，[56]商賈滿市，[57]牛羊遍野，禮讓之風，洽於四境。吾民復歌之曰："奕奕公堂，我公成之；公爲我民，匪公是私。戶有書聲，野無操戈；微公之賜，胡以家室。西山崢嶸，玉皇泓泓；我公之功，絮大量深。"歌既，[58]復囑予敘其顛末，將勒諸貞砥，以垂永久。因援筆而記其事。公，廣西桂林府臨桂縣辛卯科舉人。①

海喇都距西安州四十里，而近顧史冊無所考，惟城隍碑文稱爲東牟會之天都寨。查《通志》，②內載宋將折可適伐夏，取天都山，以其地爲西安州。元符二年陷於夏人，更名東牟會。元興其地，建國以封豫王。是海喇都，固西安州屬堡也。明太祖遣大將徐達、偏將薛顯等攻走豫王於西安州，遷其民於北平，遂併海喇一十八堡，俱是楚王爲牧地。設指揮使承奉司於海城，以司兵馬，主收出納，則西安州又似爲海城之屬堡者。迨至成化，滿四就擒，乃於西安州添設千戶所，又移紅古城游戎於其中，[59]以彈壓之，幾於不相統攝焉。

本朝定鼎，海喇都官兵併從裁汰，獨西安州遊戎千戶所仍舊不改。雍正四年，復裁千戶所而歸於其廳。乾隆十三年，遂有移駐府丞之舉也。兩地迭爲盛衰，豈事會之適然歟？抑廟算之有多寡也。

予祖居於此，熟察地形，見蓮華左天都，左恃西安州，以一丸泥南封鎖黃之口，儼然當關之虎豹也。連山列鎮於西南，重崗環繞於東北。海喇都以三里城，高踞四山之上，[60]巍然在山之虎豹也。一爲門庭，一爲堂奧，形勢所在，輕重攸分矣。況地饒水草，俗稱儉勤，誠得十年生聚，十年教訓，二十年後，安知不爲西陲重鎮乎。於是知廟堂籌畫，動出萬全，非宋、元、明叠代苟且之治所能

---

① 臨桂：原作"臨林"，據本志前文改。
② 參見《山西通志》卷一一七《人物》"折可適"條。

及也。而今而後，吾子孫庶其享安靜和平之福矣。故因廳主採訪遺事而並論之。

序　　曹夔隆

廳地舊屬外夷，其得歸版籍而爲王土也，或曰始於漢世，或曰建自唐家。言人人殊，無所徵信矣。北宋時曹瑋、李憲經略西陲時，尤有攻取遺蹟。至元昊僭據之後，史冊遂無徵。明興，楚王建封湖廣，以海喇都南散莊十八堡爲牧廠，而置承奉司於海城；沐國公建封雲南，以古城張元四堡爲牧廠，而置司牧於沐家堡；肅王建封皋蘭，以大塋、王浩等處爲群牧所，置司牧於大塋堡；韓王建封平涼，以古城平遠所四堡爲牧廠，置司牧於韓府灣。類皆平耕陡牧，賦稅悉入藩府。雖有讀書稽古之儒，不得齒於士類。其後平遠所、西安州添設所官，屯兵事耕戰。又以紅古城城當衝要，特設遊擊將軍以守之。明末，移遊擊於西安州。嗣以荒歉，屢告闖賊兇殘，兵民莫支；轉徙星散，其地遂空。

我清定鼎，四府之地，初屬衛所，有監軍。廳奉文清丈地畝，坐糧安民。民懷其惠，控之府部，願屬廳轄。其時，廳主方司鹽茶重務，移駐爲難，遂於固城建修治所，以予我民。但距四府窵遠，控訴輸將，殊爲苦累。生監遠附州學，教育無門，士民隱痛者殆數十年。哀籲憲司，亦不記其次。至乾隆十三年，得邀皇恩諭允，以廳主朱公移駐海城。十四年衙署告竣，遂定居焉。向者，官民濶絕，急苦莫聞。今則南北東西，率皆咫尺，教戒撫循，朝發夕至，如赤子之不離於父母也，如家長之貽謀於燕翼也。我公措置經營，先其大者、急者。始修東、西、南三門，以嚴防守。復修北倉，以裕積貯，而有備無患矣。次疏五橋、大山、小山各處水泉，以資澆灌；開鑿紅古、駝廠山峽險阻，以通行旅。督民疏圃種樹，以收地利，而生殖有賴矣。次又設義學，以誘進穎；蒙宣聖諭，以勸戒鄉愚；捐買地畝，以祀先農、風雲雷雨、山川社稷邑，勵以敬鬼神，而神人皆知和享矣。

自有廳地以來，不知幾千百年而始有今日，寧非吾土吾民之幸哉！而我公猶以城郭當修，而民力未暇也；學宮宜建，學職宜增，而憲行未允，奸匪未盡革心，而禮讓未盡興行也。方欲漸次修舉，而心勞力竭，遂以老病乞身矣。噫！天生吾公，以惠吾民，乃不得邀惠於初至之年，而得創始於倦勤之日。是雖吾民之幸，而亦有不幸者矣！於是相率咨嗟，而記其始終大略云。

時大清咸豐九年歲次己未端月上浣、邑庠增廣生員史廷珍備覽。

【校勘記】

[1] 雲行雨施：《海城縣志》卷十《藝文志》作"行雲施雨"。
[2] 論：《海城縣志》卷十《藝文志》作"倫"。
[3] 問：《海城縣志》卷十《藝文志》作"向"。
[4] 古寺天花：《海城縣志》卷十《藝文志》作"靈寺散花"。
[5] 見說奇花：《海城縣志》卷十《藝文志》作"見許苛花"。
[6] 幽深：《海城縣志》卷十《藝文志》作"香深"。
[7] 匯成：《海城縣志》卷十《藝文志》作"應成"。
[8] 巖邊：《海城縣志》卷十《藝文志》作"三邊"。
[9] 知幾秋：《海城縣志》卷十《藝文志》作"幾歷秋"。
[10] 莫爲清淺慮：《海城縣志》卷十《藝文志》作"莫嫌清淺判"。
[11] 有：《海城縣志》卷十《藝文志》作"近"。
[12] 西山：《海城縣志》卷十《藝文志》作"天山"。
[13] 鎖：《海城縣志》卷十《藝文志》作"消"。
[14] 高閣：《海城縣志》卷十《藝文志》作"南閣"。
[15] 霄中：《海城縣志》卷十《藝文志》作"宵中"。疑當作"宵中"。
[16] 狗：《海城縣志》卷十《藝文志》作"徇"。
[17] 怯：《海城縣志》卷十《藝文志》作"卻"。
[18] 嘗：《海城縣志》卷十《藝文志》作"常"。
[19] 顧景：《海城縣志》卷十《藝文志》作"顧影"。
[20] 剩：《海城縣志》卷十《藝文志》作"賸"。
[21] 擬趲：《海城縣志》卷十《藝文志》作"凝趁"。
[22] 重遊：《海城縣志》卷十《藝文志》作"遊"。
[23] 駐戈：《海城縣志》卷十《藝文志》作"住戈"。
[24] 何如：《海城縣志》卷十《藝文志》作"如何"。
[25] 未：此字下原衍"必"字，整理者刪。
[26] 添：《海城縣志》卷十《藝文志》作"流"。
[27] 濃：《海城縣志》卷十《藝文志》作"擁"。
[28] 堵：《海城縣志》卷十《藝文志》作"門"。
[29] 詎：《海城縣志》卷十《藝文志》作"誰"。
[30] 中有材人好徘徊：《海城縣志》卷十《藝文志》作"中有伊人賦溯洄"。
[31] 敞展：《海城縣志》卷十《藝文志》作"敞屐"。
[32] 梅：《海城縣志》卷十《藝文志》作"莓"。
[33] 送司馬朱公回粵：《海城縣志》卷十《藝文志》作"送朱亨衍司馬歸粵"。
[34] 蕭朱：原作"肅朱"。《漢書》卷七八《蕭育傳》，蕭育"少與陳咸、朱博為友，著聞當世。往

者有王陽、貢公，故長安語曰：'蕭朱結綬，王貢彈冠。'言其相薦達也"。據改。
[35] 壯：原作"莊"，據《海城縣志》卷十《藝文志》改。
[36] 紀於：疑當作"紀游"。
[37] 鸕鶿：原作"鸕鵠"，據改。
[38] 廋："文獻叢書"本作"瘦"。
[39] 不堪錢睡尚迴頭："文獻叢書"本作"廻頭"。"錢睡"疑當作"淺睡"。
[40] 鹽茶廳署落成記：此七字原無，據《〔光緒〕海城縣志》卷十補。
[41] 外衛：《海城縣志》卷十《藝文志》作"州衛"。
[42] 西喇都："文獻叢書"本作"海喇都"，《海城縣志》卷十《藝文志》作"西海喇都"。
[43] 至：《海城縣志》卷十《藝文志》作"至於"。
[44] 越俎：文獻叢書本及《海城縣志》卷十《藝文志》此二字下有"而"字。
[45] 不為：《海城縣志》卷十《藝文志》作"不能"。
[46] 定鼎：《海城縣志》卷十《藝文志》此二字後有"知"字。
[47] 子：《海城縣志》卷十《藝文志》作"之"。
[48] 其德漸仁而磨義："其德"，原作"其其德"，據《海城縣志》卷十《藝文志》刪。"磨義"，《海城縣志》作"摩義"。
[49] 帑項：原作"挐項"，據《海城縣志》卷十《藝文志》改。
[50] 是年冬：此三字《海城縣志》卷十《藝文志》無。
[51] 道員移駐：《海城縣志》卷十《藝文志》作"道轄移住"。
[52] 徑始於：《海城縣志》卷十《藝文志》作"經始"。
[53] 重九：《海城縣志》卷十《藝文志》作"初九"。
[54] 令行：《海城縣志》卷十《藝文志》作"全行"。
[55] 赤子：《海城縣志》卷十《藝文志》此二字下有"之"字。
[56] 暮月：《海城縣志》卷十《藝文志》作"期月"。
[57] 商賈：原作"商價"，據《海城縣志》卷十《藝文志》改。
[58] 既：原作"即"，據改。
[59] 游戎：本志前文作"遊擊"。
[60] 踞：原作"距"，據文意改。

〔光緒〕海城縣志

(清)楊金庚修　陳廷珍纂　　胡玉冰、穆旋校注

前　言

一、整理與研究現狀

《海城縣志》在《隴右方志録》《中國地方志聯合目録》《寧夏地方文獻聯合目録》《甘肅省圖書館藏地方志目録》《中國地方志總目提要》等方志書目都有著録或提要。①《方志與寧夏》也有綜述與研究。筱心《海原縣志書簡介》較爲詳細地評介《海城縣志》。高樹榆《寧夏方志録》《寧夏方志評述》《寧夏回族自治區地方志述評》等論文對《海城縣志》等都有著録或提要式介紹。

劉華《讀〈光緒海城縣志〉劄記》等文對《海城縣志》進行專題研究，較爲詳細地梳理了其內容，並對其進行了分析研究。楊孝峯《海原縣地方志書介紹》對《海城縣志》有提要式介紹。余振貴《評寧夏舊志有關回族記述的史料價值》提及了該志記載的與回族有關的史料價值。

甘肅省圖書館藏有《海城縣志》光緒三十四年(1908)抄本，官報書局光緒三十四年(1908)排印本傳世較廣。1965年，甘肅省圖書館油印傳世，寧夏圖書館亦油印傳世。臺灣成文出版社1970年版《中國方志叢書》、寧夏人民出版社1988年版《寧夏地方志叢刊》、鳳凰出版社等2008年版《中國地方志集成·寧夏府縣志輯》等叢書都影印出版了《海城縣志》。成文出版社、鳳凰出版社等影印自同一種底本。

二、編修者生平

《新修〈海城縣志〉銜名》載，共有8人直接參與了《海城縣志》的編修，其中"總纂"1名，"協修"1名，"參訂"2名，"採訪"4名。

---

① 《隴右方志録》著録《乾隆鹽茶廳志備遺》一卷，佚，由朱亨衍於乾隆十三年(1748)著。實際上該志仍有傳世，孤本見存於甘肅省圖書館，志書最後定稿於乾隆十九年(1754)。

1. 楊金庚

楊金庚字鎮西，山東諸城（今山東諸城市）人，生卒年不詳。《海城縣志》卷八《職官志》載，山東諸城拔貢，光緒三十三年（1907）任海城知縣。任内頗有政績，"海民獷悍，爲一省難治之地。公才學閎達，廉幹精明，以詩禮家，爲循良吏。下車伊始，興學堂以振文教，作歌詞以戒漢回，勸種植以謀生聚，平道路以便行商，修城垣以資捍衞，浚澇池以興水利，辦巡警以靖盗源。數月之間，漢回乂安，地方大治。其聽訟也，有神君之目；其除惡也，有鐵面之稱；其愛民也，有生佛之詠。"

《海城縣志》修成於光緒三十四年（1908），同年刊行，楊金庚任"總纂"。宣統二年（1910）新鐫《御批鳳洲綱鑒會纂》（三益堂藏板）書名頁上有"王鳳洲先生鑒定，諸城楊金庚、樂安隋藻鑒校正無訛"字樣。

2. 陳廷珍

陳廷珍字廣文，寧遠（今甘肅天水市武山縣）人，生卒年不詳。《海城縣志》卷八《職官志》載，光緒二十六年（1900）任海城縣儒學訓導。① 楊金庚聘其爲《海城縣志》"協修"。

3. 參訂者與採訪者

參訂者有馬崇德、何懋德二人，均爲本縣人。《海城縣志》卷八《職官志》載，馬崇德爲本縣增貢生，前署甘肅華亭縣教諭。候選訓導。何懋德爲本縣廩生，據劉華注釋，系今海原縣關莊人。

採訪者有本縣監生田增文、殷志禄，貢生張世清、附生黃在中等共4人。《海城縣志》卷八《職官志》載，張世清爲光緒三十四年（1908）歲貢生，曾負責收海城第二區初等小學堂的捐款，因病未果。

《海城縣志》的參訂與採訪者大多還參加了宣統年間縣地理情況調查工作。《海城縣地理調查表》由時任知縣姚鈞總負責填報，填報時間在宣統元年至三年間（1909至1911）。本表主要填報海城縣所轄36堡的方位、距離海城縣署所在地的里數、户數、人口及各堡水利設施、祠廟寺院等内容，②調查表中"承辦紳董姓名"一欄登記有各堡地理情況調查人姓名。據"承辦紳董姓名"載，馬崇德與殷志禄是海城縣城内地理情況主要調查人，何懋德、田增文是海城附城情況調查人，張世清參與了南川堡地理情況的調查。

---

① 中國國家圖書館藏清末胡奠域、于纘周等編《寧遠縣志續略》（抄本）卷六《選舉·歲貢》載有歲貢生王廷珍，任固原訓導。

② 劉華統計《宣統海城縣地理調查表》中所列海城縣所轄堡的數目爲38處，蓋將"城内""附城"也統計在内了，這兩處實際上指海城縣縣衙所在地，非所屬之堡名，筆者統計當爲36處。參見劉華點校：《光緒海城縣志》，（清）楊金庚總纂，寧夏人民出版社2007年版，《編校說明》第2頁、正文第159—162頁。

三、編修始末

《海城縣志·凡例》載:"海城素無志書。乾隆時隸平涼府丞管轄,駐固原州城,以故府州各志均未載入。二百餘年來文獻無徵,僅覓得同知朱亨衍《廳志備遺》一册,事實已屬缺略,於改縣後諸多不合。前縣令高蔚霞、朱美燮、陳日新欲彙集成帙,迄未如願。今擇《廳志備遺》之可採錄者,均分列各類。……海城向無專官,故多失實。千里奧區,竟成甌脱。兼之兵燹迭經,檔册無存。象罔求珠,徒深想像,未敢概以臆斷。"①由此可知,由於客觀原因,造成了縣志修纂取材上的困難。在楊金庚創修《海城縣志》前,有3位知縣也曾有編纂縣志的動議,惜均未果。《海城縣志》是在《廳志備遺》的資料基礎上編輯而成的,資料多有據可查。

海城儒學訓導陳廷珍光緒三十四年(1908)四月撰寫的《新修縣志序》也談到,海城"自同治十三年勘亂之後,始設縣治。兵燹迭經,既文獻之無徵,復檔册之盡毁,則作志難也。光緒八年,陳君焕齋來宰是邦,欲就朱司馬《廳志備遺》彙集成帙,未蕆其事,以疾解組去。高君蔚霞接篆,思再搜羅而未果,迄今又廿餘年矣。"②序中没有提到朱美燮修志事。

楊金庚光緒三十四年(1908)仲夏之月(五月)撰寫的《創修縣志序》對《海城縣志》的編修經過也談得比較詳細。楊金庚序曰,自己在光緒三十三年(1907)任海城知縣,公務之餘,非常留心積累當地歷史沿革、山川疆域等方面的資料及有忠孝節義之行的人物事蹟,他還特别提到意外得到了一册朱亨衍編修的《廳志備遺》,"如獲拱璧。雖缺略不全,二百餘年,未付花門一炬,亦奇矣。"③對於《廳志備遺》,楊金庚如獲至寶,他認爲廳志經過百餘年的兵燹之後仍然能够傳世是個奇蹟。但由於廳志編成時間久遠,很多新的内容都有缺失,加上自鹽茶廳改爲海城縣至自己到任爲知縣也有30餘年,這期間發生的衆多事情客觀上需要在新的地方文獻中能有反映、記載,故他決心要編纂一部新的縣志來代替舊的廳志。"適奉督憲升允奏修《通志》,飭令各屬修輯縣志,添列新政各門,爰即遵照條規,按類分列。"由此可知,《海城縣志》能够成書最直接的原因是,甘肅全省新通志的

---

① 《海城縣志》卷八《職官志》載,朱美燮於光緒四年(1878)到任海城知縣,陳日新於六年(1880)到任海城知縣,高蔚霞於七年(1881)接任,故3位元知縣就任時間先後順序爲:朱美燮、陳日新、高蔚霞。國家圖書館、甘肅省圖書館藏光緒十九年(1893)刻高蔚霞修、苟廷誠纂《重修通渭縣新志》12卷、《補遺》1卷。

② 《海城縣志》卷八《職官志》載,陳日新於光緒六年(1880)到任海城知縣,高蔚霞於七年(1881)接任,八年(1882)接任者爲滿洲人英麟。陳序所言陳日新光緒八年(1882)到任有誤。

③ 《廳志備遺》抄成於乾隆十九年(1754),《海城縣志》刊行於光緒三十四年(1908),相隔154年。楊序所言"二百餘年"有誤。

編修工作正式啟動,要求各轄縣也要編修各自的最新縣志,以便爲省志的編修提供最新的資料。宣統元年(1909),陝甘總督巡撫長庚《〈甘肅新通志〉進呈表》載,前陝甘總督升允於光緒三十四年(1908)二月十九日奏奉敕旨重修《甘肅通志》。爲使修志工作順利開展,升允通令甘肅全省各轄縣編修新縣志,爲編修新的全省通志提供資料,志書要增加與新政有關的類目,《海城縣志》卷四《學校志》載"學堂"、卷五《兵防志》載"巡警"、卷七《風俗志》載"方言""實業"等內容,都是這種要求的反映。宣統元年(1909)十月,《甘肅新通志》成書100卷,分10大類:天文、輿地、建置、祠祀、學校、兵防、職官、人物、藝文、志餘,共有子目60條,各依類相從,總目統子目,綱舉目張。《海城縣志》內容也分10類,包括建置、疆域、貢賦、學校、兵防、古蹟、風俗、職官、人物、藝文。兩相比較,分類上略有不同。據實際內容來看,《海城縣志》把"天文"類內容包括在"建置"中了。《甘肅新通志》"建置"類內容中附載"貢賦"子目,"古蹟""風俗"子目都包括在"輿地"類中,而《海城縣志》則把這3子目都獨立爲大類了。

本志的編纂過程中,楊金庚、陳廷珍二人用力最多。《海城縣志·凡例》載:"境內素乏博雅之士,此次編輯,無人襄力。又以款項無着,未延名流碩彥,只約陳廣文爲協修。其間編次記載,均予手著,譾陋之虞,在所不免。後之君子能旁搜遠紹,袞成完帙,是爲深幸。"陳廷珍也記述道:"公退之餘,每以志書未修爲憾。嘗考之史冊,證之見聞,先爲掇拾。茲瓜期已屆,亟思告成,願求遺老而博咨之。變亂以來,老成云亡,其存者半不讀書,或散而之於四方。居民多屬花門,素不知學。而膠庠之士,能略道一二者,已不可得。乃囑珍而告之曰:其協修之毋憚煩。珍自維才識迂疏,何敢妄參末議,特以志之所關綦大,表而出之,庶足援古以證今。矧今者科舉停而學堂立,志書乃教科所亟重用,是不揣固陋,以成公志,詎敢謬附於作者之林哉?"

四、版本及内容簡介

1. 版本簡介

《海城縣志》共10卷,每卷一類,共分10大類,每類均有小序,說明立類之由,每類包括若干子目,共53目。甘肅省圖書館藏光緒三十四年(1908)抄本當爲縣志成書後不久抄錄而成,臺灣成文出版社影印本有些內容與抄本不同,當爲修改後的定本。抄本爲1函2册,卷一至卷六爲上册,卷七至卷十爲下册。開本爲28×15.7(釐米)。"序"每半頁10行,行24字;《凡例》每半頁9行,行24字;正文每半頁10行,行24至25字。抄本無邊欄、界行,墨繪單、黑魚尾。上下册

書衣上貼有書名簽,名簽右側正方形框内有各册所含内容的大類及子目目録。筆者認爲,甘圖藏抄本更爲接近原稿原貌,理由有三:

第一,抄本上册書衣右下側有"光緒三十四年七月初九日到"12字,"四""七""初九"等4字爲墨書,其餘爲朱色捺印。這很可能是官府所用捺印,專門用來接收物件時使用。這條捺印説明,《海城縣志》編成後於光緒三十四年(1908)七月初九日首先被送到縣衙審讀,審讀通過後再刊行。

第二,抄本部分内容有很明顯的修改痕蹟。

甘圖藏抄本上册卷三《貢賦志·回教》内容,本條子目首行開始的"回族尊奉天主"6字下原18字左右的内容被挖補爲"四配曰折拜嘣伊哩米哈伊哩嘣子哈伊哩伊思哈啡哩"22個雙行小字和"敬穆罕默德爲聖人其四配曰"12個大字,次行首字"嘣"下挖補爲"布拜克"3字。抄本《貢賦志·回教》内容與成文出版社影印本内容多有不同。兹比較如下:

抄本作:"回族尊奉天主。四配曰折拜嘣伊哩、米哈伊哩、嘣子哈伊哩、伊思哈啡哩。敬穆罕默德爲聖人,其四配曰:嘣布拜克哩,即虎夫爺;如默熱,即苦夫爺;嘣思麻你,即尕的忍爺;嘣哩,即折合忍爺。分爲四門:奉虎夫、尕的忍教者爲老教,奉苦夫教者與老教小異,奉折合忍教者即係新教。其老教有圓小印文一顆,用西域道號,善於諷經者擇而傳之,名曰阿訇,发給印文、執照,稱之爲'老人家'。與他阿訇不同,一教中悉歸統屬。老教既分爲三,各歸各門,其勢尚散。新教之傳印,不傳賢而傳子,教主亦以'老人家'呼之,創始於西寧之馬明心。嗣馬伏誅,其族黨充發雲南,後由黔歸甘,各省新教悉屬之。其教衆,其勢合,與老教大殊。雖皆尊天主,諷天經,老教於禮拜之時合掌跪聆,新教手舞足蹈,此又其外面之相異也。"

成文出版社影印本作:"回族尊奉天主,王有四配曰:折拜咏伊哩、米哈伊哩、咏子哈伊哩、伊思哈啡哩。敬穆罕默德爲聖人。其四配曰:嘣布林拜克哩即虎夫爺,如默熱即苦夫爺,嘣思嘛你即尕大爺,嘣哩即折合爺。共分四門:奉虎夫、苦夫教者爲老教;奉尕大教者與漢人稍異,與老教亦殊;奉折合教者爲新教。老教有圓小印文,係西國通號,擇教中念經阿訇之賢者傳之,名爲'老人家',一教悉歸之。新教不傳賢而傳家,亦稱'老人家',創始於西寧之馬明心。嗣馬伏誅,其旗黨先發雲南,後由黔歸甘,各省新教皆其統屬。老教勢分,新老勢合。雖皆諷天經、奉天主,教派不同,至其念經之時,老教合掌跪聆,新教手舞足蹈,則又外面之相異也。"

上述引文,在人名翻譯方面,因爲時代、地域等差異,導致不同的譯音詞出現。如中國伊斯蘭教四大門宦一般通譯作虎夫耶、庫布林耶、嘎德林耶(或"格底林耶""嘎底林耶"等)、哲赫忍耶(或"哲合忍耶""哲合林耶"等),《海原縣志》則對應爲"虎夫爺""苦夫爺""尕的忍爺"(成文出版社影印本作"尕大爺")、"折合忍爺"(成文出版社影印本作"折合爺")。四大哈里發,一般通譯作艾布·伯克爾、歐默爾、奧斯曼、阿里,《海原縣志》則譯作嗰布拜克哩、如默熱、嗰思麻你、嗰哩。由於志書的編輯人員有關知識背景的欠缺,在有關四大哈里發與中國伊斯蘭四大門宦之間的對應關係問題的闡述上,抄本與成文出版社影印本都有不正確的地方。嗰思麻你(今通譯作"奧斯曼")當對應"折合忍爺",嗰哩(今通譯作"阿里")當對應"尕的忍爺"。《海原縣志》把兩者間的關係剛好弄反了,成了"嗰思麻你即尕的忍爺,嗰哩即折合忍爺"。抄本對於海城老教的組成部分介紹比較準確,而成文出版社影印本出現了"奉尕大教者與漢人稍異,與老教亦殊"的重大錯誤。實際上,"尕大教"(抄本作"尕的忍教")與其他三大門宦信仰完全一致,只是在某些教規、禮拜儀式上略有不同而已。抄本所載老教的傳道方式比成文出版社影印本所載更詳細具體些。

第三,抄本所貼紙箋說明,成文出版社影印本內容當爲後出。

抄本卷四《學校制·學堂》"南路第二區初等小學堂"條原載,光緒三十四年(1908)春,知縣楊金庚將此小學堂設在新營堡東嶽廟。"該堡捐款四百千爲本,二分起息,每年得息九十六千文。"成文出版社影印本改作:"該堡捐款三百串爲本,二分起息,每年得息七十二千文。"兩者所記載的本錢與利息數位有異。查抄本在此條上貼一紅色紙箋,上寫"新營堡學堂春間定議捐款,因縣學員歲貢張世清患病,未能收訖,尚未稟報,理合注明"等34字,正好說明了成文出版社影印本數字有改變的理由。原來是由於收捐款人張世清患病,捐款未如數收齊造成的。很顯然,這是縣志審讀人在審稿時發現了問題,並提出了修改意見,所以在後出的成文出版社影印本中數字據實際情況作了更改。

抄本下册書衣上有"人物趙裁去"5字。查本册卷八《職官》與卷九《人物》兩卷內容都被裁去,這兩類內容在舊志重修時一般變化都會較大,需要補充最新的資料入志。趙姓官員將其裁出,不知是要單獨審讀,還是出於其他什麼原因,已不可考。另外,縣志"祥異"內容也被人從卷七《風俗志》中裁去了,原因不詳。

這種情況讓我們想起來甘圖所藏的另一種寧夏舊志《花馬池志蹟》的裝訂情況。甘圖藏本共有3册,其中第3册有8頁,從內容看,正好該志書中與"人物"有關的部分,包括《人物鄉賢志第十三》《忠孝義烈志第十四》。按順序,這部分內容原本當裝訂在第2册中,但不知何故被單獨成册了。甘圖藏本爲花馬池州同宣統元年(1909)藏書,是否因爲要對"人物"內容單獨審讀或利用,才將其裁出,原因也不得而知了。

2. 內容簡介

《海城縣志》包括楊金庚《創修縣志序》(1頁)、陳廷珍《新修縣志序》(2頁)、《新修〈海城縣志〉銜名》(1頁)、《凡例》(2頁)、《〈海城縣志〉目録》(2頁)及卷一至卷十正文等6部分內容。在輯録內容的時候,根據行政區劃的變動,《海城縣志》主要以記載本縣內容爲主,"自改廳爲縣,若平遠、若同心城、若硝河城,既經分疆畫界,其今古事蹟、山川人物,均不備載,以免混淆。打拉池雖屬縣轄,已設官司,其輿地沿革各事實應由分縣自行採輯,匯爲一書,此志概不引入"。本縣資料中,又以改縣之後的資料爲主要輯録物件,之前的資料一定要確實可信才輯入,"田賦、疆域、文武職官,均於改縣後詳爲編列。鹽茶舊制可徵者,已皆采入;無稽者難免缺如。蓋志宜徵實,不可妄爲指引。"

卷一《建置志》8頁,包括《圖考》《星野》《氣候》《沿革》《城池》《公署》(附《鹽庫》)等6目。《圖考》後附《海城縣全境圖》繪製精度較高,用新式繪圖法,地圖示向爲上北下南,左西右東。比例尺爲"每方二十里",使用圖例非常豐富,回民信堡、漢回住堡、漢民住堡、巡警住堡等都用不同的圖例區分,正文中還有對這些圖例的詳細說明。標繪內容的精確度較過去舊志有很大的提高。所附《海城城池圖》爲研究海城城市公署、寺廟、學堂等建築佈局提供了非常直觀的材料。圖中城池西北角繪製有"回寺",但其地理圖示卻是與佛教有關的"卍"字形。

卷二《疆域志》10頁,包括《形勝》《道里》《疆界》《鄉鎮》(附"村堡")、《山川》(附"八景")、《水利》《關梁》《祠祀》(附各"壇廟")等8目。廳志與縣志部分內容記載上有出入,如《山川》"華山"條,廳志作"南北長三十里",縣志作"東西長三十里"。

卷三《貢賦志》16頁,包括《田賦》(附"新舊額則")、《户口》《種類》《回教》《倉儲》(附"社倉")、《鹽法》(附"新舊額則")、《茶馬》《厘稅》《度支》(附"文武俸餉")、《蠲恤》等10目。本卷中《户口》《種類》《回教》等子目所載內容有很重要的研究價值。海城在清代回多漢少,但具體的情況不得而知。楊金庚到任知縣後,很快就查明了回民人口數與漢民人口數,《户口》載,從總人口看,截至光緒三十三年(1907)冬,海城及所轄56堡共6930户,47540人,其中漢民2661户,8489人,回民4269户,39051人。分析比較這些資料可以看出,海城回民比漢民多1608户、30562人。海城平均每户6.86人,而漢民平均每户有3.19人,低於平均值,回民平均每户則有9.15人,每户比漢民多將近6人。海城回民人口占總人口的82.14%,漢民占17.86%。統計資料很好地說明了海城"漢民居十之二,回民居十之八"的現象。《回教》部分提供了光緒末年海城伊斯蘭教傳教和當地百姓信教的基本情況,儘管其中有誤,但爲研究中國伊斯蘭教特別是西北地方伊斯蘭的發展及傳播方式提供了難得的資料。

卷四《學校志》2頁，包括《學額》《義學》①《學堂》等3目。《學堂》所載反映了清朝光緒末年"新政"的一些變化。清朝於光緒三十一年（1905）正式廢除科舉，要求各地設立新式學堂。海城知縣張時熙在第二年就設立了高等小學堂，楊金庚則在隨後的兩年内（光緒三十三年至三十四年）陸續設立了西街初等小學堂等6處初等小學堂。學堂設立舉步維艱，經費尤其難以籌措，個別小學堂甚至以羊爲辦學的本錢。這也從一個側面反映了推行"新政"面臨着諸多的困難。

卷五《兵防志》4頁，包括《營制》（附"防軍"）、《馹遞》《巡警》等3目。在海城設立"巡警"也是推行"新政"的要求。因海城特殊的"回漢雜處"的情況，楊金庚在警局巡長、巡副的選用上因地制宜，有些分局如西關分局漢回巡長、巡副各1名，有的分局如東鄉分局、北鄉分局第二區只設回民巡長、巡副，有的分局如西鄉分局、南鄉分局第二區只設漢民巡長、巡副。在相對較爲嚴密的機制保障下，海城縣治安相對較爲穩定。

卷六《古蹟志》6頁，包括《古蹟》《墳墓》等2目。本部分所載各古城遺址，"年久無考，不敢附會。惟就見聞所及，證之史册，足爲考校者，即詳登之，以備參稽"。原本資料多從史書中輯録，出現了多處文字錯誤，如"毛忠"誤作"毛中"，"章埋"誤作"童惺"，"常寧公主"誤作"長寧公主"等，點校本把這些錯誤都糾正過來了。

卷七《風俗志》7頁，包括《漢俗》《回俗》《漢回同俗》《祥異》《方言》《物產》《實業》等7目。本卷内容豐富，既有民俗學資料，又有語言學資料，還有光緒末年"新政"的研究資料。"祥異"在《廳志備遺》中無此子目，縣志輯録了自康熙四十七年（1708）"地震"至光緒三十四年（1908）"大風雪"二百年間的自然災異、天象等。《實業》部分，分別就海城縣農業、工業、商業、礦業等一一進行介紹，可以看出，當地實業發展還非常落後，回民在實業發展過程中佔據重要位置。當地農業僅有簡單的作物種植，工業只是羊毛粗加工，豐富的羊皮不作任何深加工，只是原皮輸出，商業只有一般的零售販運，本地雖然有煤炭資源，但礦業基本上是空白。

卷八《職官志》，包括《文武》（附"新舊各職"）、②《名宦》《封爵》《選舉》（附"文

---

① 原本雙行小字注明，海城義學光緒六年（1880）設立，每歲自平涼厘局支銀180兩，三十年（1904）停止。

② 縣志所記朱亨衍之前的鹽茶廳同知比廳志所載多1位，兩志所載同知除"趙健""朱亨衍"外，其他人的籍貫及任職時間均出現了錯位現象，利用這些資料時一定要注意辨明。另據劉華考證，縣志所載鹽茶廳同知中還當有屈升，因其治政有劣蹟，故修志者未將其入志。參見劉華：《同治年間鹽茶廳回民起義述評》，載劉華點校《光緒海城縣志》，（清）楊金庚總纂，寧夏人民出版社2007年版，第194頁。

武科目")等4目。卷九《人物志》,包括《人物》《忠節》《孝義》《隱逸》《流寓》《仙釋方技》《列女》(附"節孝烈義")等7目。據劉華統計,兩卷共記載430人,其中《職官志》191人,《人物志》239人。關於入志的人物,縣志有選擇標準,"名宦人物,元明前難以詳考。其功施爛然,得之史書,班班可考,及改廳改縣後之仕績可傳者,均錄入之。……凡忠節、孝義、列女,傳聞有證,有關風化,均詳采。次列其回族中之傑出者,特表彰之,以爲世勸。"縣志這兩卷內容較廳志有了很多的增加,對於研究鹽茶廳、海城縣都是非常難得的資料,海城縣社會各階層人物基本上都有入傳者。人物事蹟中涉及同治年間回民起義的部分,縣志編纂者是站在統治階級立場上進行評判的,這是我們要堅決批判的。但從研究民族起義的角度看,這些資料無疑會有助於我們對歷史事件的認識。

卷十《藝文志》21頁,包括《藝文》(包括"各體")、《金石》《雜記》(包括《叛事紀略》《官民死事紀略》《戰事紀略》《重修澇池記》《重修隍廟記》《爭訟說》《漢回同學議》《義犬》)等3目。本卷載詩共58首,依次包括朱亨衍12首,劉統2首,朱美燮26首,①陳日新2首,楊金庚8首,陳廷珍8首。載"文"兩篇,明朝馬文升、清朝劉統各1篇。《金石》共載8通碑,除《石城山碑》有馬文升碑文外,其他各碑只載碑名、碑所處位置、立碑時間、立碑人等信息。《雜記》8篇均爲楊金庚作,《叛事紀略》《官民死事紀略》《戰事紀略》等3篇對同治年間回民起義多用仇視、污蔑的口吻來敘述,利用資料者當對此加以批判。《重修澇池記》《重修隍廟記》《爭訟說》《漢回同學議》等4篇主要敘述了楊金庚在海城縣興修水利、舉辦教育、公正司法等政績。

五、志書編修質量

關於該志的編修質量,張維從體例的角度有如下評述:"此志編次頗具法度,惟《種類》《回教》應入《風俗》而入之《貢賦》,《選舉》可入《人物》而入之《職官》,稍有未洽。《忠節》錄取各殉難職官,客主相溷,尤非例也。至關於政治、民風,時致訕誚,競競以移風易俗爲意,固幹吏所宜用心,載之志乘,究可不必。"②張維認爲,總體來看,縣志編修還是很中規中矩的,只有個別類目的歸屬、部分內容的輯錄編排有不當之處,志書中個別地方加入評論性話語,也是不太合適。前面提

---

① 甘肅省圖書館藏光緒三十四年(1908)抄本《海城縣志》中,朱美燮"海城八景"詩第一首《華山疊翠》全詩和第八首《雙澗分甘》"澤,千家各飲和。膏腴滋稼穡,到處起田歌"16字,中間內容均漏抄。據原本頁碼編次可知,漏抄第9頁。

② 張維:《隴右方志錄》,《中國西北文獻叢書》據北平大北印刷局1934年版影印,蘭州古籍書店1990年版,第77册第695—696頁。

到,《海城縣志》是在光緒末年編修甘肅全省新通志的大背景下編輯成書的,由於上級官員對縣一級志書的編修體例有統一要求,所以可能是囿於這樣的規定,《海城縣志》就出現了像張維所言的歸類不當問題。

從縣志實際內容看,取材時多以《廳志備遺》為基本史料,又據實際變化補充新的資料入志。如《海城縣志》卷一《建置志·圖考》考證《禦府圖》中"東海壋"、銅版圖中"海都源"都為海喇都之訛,基本照錄《廳志備遺·圖記》,但縣志部分考證內容較廳志更加精細。如廳志"今查東海壋距海城僅八十里",縣志作"今查東海壋距城南八十里",縣志增加了方位的說明;廳志"明末滿四叛時",縣志作"明滿俊叛據石城",縣志直述其名,且補充叛亂地點;廳志"並無所謂海與壋也",縣志作(東海壋)"因以得名",縣志分析更加準確;廳志"雪山在海城南十里",縣志作"雪山在海城南十五里",縣志糾正了廳志記載的錯誤;廳志"距西安州僅三十餘里",縣志作"今海城西距西安州四十里,東距李旺堡一百三十里",縣志比廳志記載更具體、更精確。縣志也有誤此廳志資料的情況。如《廳志備遺·人物》載,殷氏於乾隆五年(1740)奉文旌表,《海城縣志》卷九《人物》卻誤作乾隆五十年(1785)奉文旌表。

六、文獻價值

《海城縣志》是海原縣歷史上第二部傳世的志書,也是內容最豐富的一部,其文獻價值體現在多個方面。

首先,縣志是不可多得的海原縣情研究資料。本縣志上續《鹽茶廳志備遺》,自乾隆十四年至光緒三十四年(1749—1908)間與鹽茶廳、海原縣有關的歷史、地理、人文、官制、藝文等方面的內容志書輯錄得非常豐富,有些資料是自史書中承襲,有些資料則據當時一手的檔案、碑石等文獻輯錄,史料可信度較高,是研究今海原縣不可多得的資料。

其次,縣志為民族問題研究提供了重要資料。在寧夏舊志中,《海城縣志》是第一部真正意義上立專目記載回族宗教、風俗、人物的志書。鑒於海城縣回漢雜處、回多漢少的特殊民族人口構成情況,縣志的編修也充分反映出這樣的特點,類目中多處記載與回族有關的情況,還設《回教》《回俗》等子目,專門記載回族之事。縣志中記載的與同治年間回民起義有關的資料非常豐富,儘管其敘述的政治立場是要批判的,但客觀上為研究回民起義提供了難得的資料。

整理說明

一、《海城縣志》以清朝光緒三十四年(1908)抄本(甘肅圖書館藏,簡稱"甘圖本《海城縣志》")爲底本,以臺灣成文出版社 1970 年版《中國方志叢書》影印本(簡稱"成文本《海城縣志》")等爲對校本。

二、整理成果以繁體橫排形式出版。注釋以當頁脚注形式注明,用圈碼①②③之類排序。校勘以[1][2][3]之類排序,放在卷末。正文中以"〔 〕"符號括注的文字,均係整理者增加。

三、以校文字爲主,酌校内容異同。因用字習慣不同而出現人名、地名、族名等同名異寫現象,均出校説明。底本或對校本中存在明顯的誤、脱、衍、倒等現象,於正文中校改後出校説明。雖有異文但意可兩通者,不改正文,僅在校記中説明。除特殊需要外,校本有誤,一般不出校。

四、顯誤抄之字,如"番"誤作"審"、"郡"誤作"群"、"今"誤作"令"、"日""曰"、"己""巳""已"誤混,"饑饉"之"饑"誤作"飢",等等,校勘時徑改,不一一出校説明。抄寫或引用他書文獻時,因避當朝名諱而改前朝文字者,如"慶厯""宏治""萬厯""魯"之類,均據原字或原書回改爲"慶曆""弘治""萬曆""虜"等,僅於首見處出校説明,餘皆徑改,不再一一出校。轉引他書文字内容,引文若與該書通行版本文字不同,除引文確實有誤,如誤録人名、地名、時間等需要出校説明外,凡不影響文意理解者一般不改動引文。

五、志編纂者從封建統治階級意志出發,斥民族起義反抗活動或革命活動爲"亂""變亂""回亂""回叛",斥起義者或革命者爲"匪""逆""賊""妖",起義或革命的鎮壓者之死稱爲"殉難""死難""遇害",其事蹟載入《忠節》《忠義》等類目中,凡此皆當予以辨明并批判。爲保持文獻原貌,此類詞語或記載均一仍其舊。

六、本出現的異體字、俗體字、通假字、古今字等用字現象,一律不出校。某些不規範的異體字、俗體字、古今字等,或前後用字不一者,均按出版要求適當統一改成規範、統一的字體,不出校記。

七、頁脚注出注釋條目。注釋内容主要包括:原文易致惑者(如文獻簡稱或省稱、干支紀年等)、原文提及史料出處、原文體例中資料互見者、整理者對輯補史料的出處說明和整理者的補充文字等。各志腳注中,凡言"本志"者,均分指《鹽茶廳志備遺》《海城縣志》《新修打拉池縣丞志》。凡言"本志書例"者,均分別指三志編修體例。

八、注中,參考文獻書名較長者沿用習慣簡稱,詳見《參考文獻》。凡引古代文獻,均只注明書名、卷次、篇名等,其作者、版本等詳見《參考文獻·古代文獻》。凡引現當代文獻,均只注明作者、書名或論文篇名、頁碼等,其出版社、刊物名、發表時間等詳見《參考文獻·現當代文獻》。若被引用古代文獻已有整理成果,一般直接吸收其合理意見,不再重複敘述校注理由,注明"參見××"字樣。注明引文出處、他校資料或他人校勘、考證成果,亦注明"參見××"字樣。

〔楊金庚〕創修縣志序

嗚呼！一代之風俗人情，關乎治化。郡國有志，利病有書，凡以探源窮本，乃操治化之原也。況時局日新，新政繁劇，欲探驪而得珠，須索驥而按圖，志之時義大矣哉！海城地居險要，忽夏忽夷，忽藩忽牧，忽廳忽縣，竟無志乘，省志、府志、州志亦未載其詳。光緒丁未夏，①予捧檄蒞任，案牘餘閒，留心採訪於古今沿革、山川疆域，與夫忠孝節義，略得端倪。嗣訪得朱丞亨衍建廳之始所著《廳志備遺》一册，如獲拱璧。雖缺略不全，二百餘年，未付花門之一炬，亦奇矣。思得碩學宿儒，廣加採輯，而兵燹屢經，典型已渺。欲考檔册，則十五年前之事，竟等諸自鄶以下。[1]乃於已往者，詢之父老，證之史鑒，以求其實。至於抱殘守缺，亦猶史氏闕文之例，方將草創成帙。適奉督憲升允奏修《通志》，[2]飭令各屬修輯縣志，添列新政各門，爰即遵照條規，按類分列。予才庸學淺，何敢謬爲著作，然里歌巷語，尚足備輶軒之採此物此志也。是爲序。

光緒三十四年仲夏之月，署海城縣事、山左楊金庚序。

【校勘記】

[1] 自鄶以下：《左傳·襄公二十九年》載："自鄶以下無譏焉。""鄶"，周朝國名。甘圖本《海城縣志》、成文本《海城縣志》原均作"檜"，均誤。
[2] 升允："允"字原爲空格，據《〈甘肅新通志〉進呈表》補。

---

① 光緒丁未：清德宗載湉光緒三十三年（1907）。

〔陳廷珍〕新修縣志序

郡國省縣各有志，固也，而海城獨無志書。海城，嚴邑也。歷唐宋元明，久生事變，吐番、夏人，時形竊據。其歸之內地，或隸平涼郡，或屬固原衛。地無專官，事多失實。自同治十三年勘亂之後，始設縣治。兵燹迭經，既文獻之無徵，復册檔之盡燬，[1]則作志難也。

光緒八年，陳君焕齋來宰是邦，欲就朱司馬〔亨衍〕《廳志備遺》彙集成帙，未蕆其事，以疾解組去。高君蔚霞接篆，思再蒐羅而未果，迄今又廿餘年矣。夫古今沿革，時代變遷，以及山川之形勝、戶口之盛衰、民俗之純薄、忠孝節義諸大端，竟致湮沒而弗彰。吁可慨已！幸光緒丁未之夏，①山左楊公〔金庚〕鎮西，蒞任於海。海民獷獰，爲一省難治之地。公才學閎達，廉幹精明，以詩禮家，爲循良吏。下車伊始，興學堂以振文教，作歌詞以戒漢回，勸種植以謀生聚，平道路以便行商，修城垣以資捍衛，濬澇池以興水利，辦巡警以靖盜源。數月之間，漢回乂安，[2]地方大治。其聽訟也，有神君之目；其除惡也，有鐵面之稱；其愛民也，有生佛之詠。《詩》云：②"樂只君子，民之父母。"宜乎都人士稱道於弗置也。公退之餘，每以志書未修爲憾。嘗考之史册，證之見聞，先爲掇拾。茲瓜期已屆，亟思告成，願求遺老而博諮之。變亂以來，老成云亡，其存者半不讀書，或散而之於四方。居民多屬花門，素不知學。而膠庠之士，能略道一二者，已不可得。迺囑珍而告之曰："其協修之毋憚煩。"珍自維才識迂疏，何敢妄參末議，特以志之所關綦大，表而出之，庶足援古以證今。矧今者科舉停而學堂立，志書乃教科所亟重用，是不揣固陋，以成公志，詎敢謬附於作者之林哉？是爲序。

光緒三十四年四月上浣，海城縣儒學訓導陳廷珍謹序。

【校勘記】

[1] 册檔：成文本《海城縣志》作"檔册"。
[2] 乂安：成文本《海城縣志》誤作"又安"。

---

① 光緒丁未：光緒三十三年(1907)。
② 參見《詩經·小雅·南山有臺》。

新修海城縣志銜名

總纂
欽加同知銜、傳旨嘉獎直隸州用署、海城縣知縣楊金庚
協修
特授海城縣儒學訓導陳廷珍
參訂
前署華亭縣教諭、候選訓導、邑增貢生馬崇德
邑廩生何懋德
採訪
候選巡檢、邑監生田增文
邑監生殷志禄
邑歲貢生張世清
邑附生黄在忠

凡　　例

　　一、海城素無志書。乾隆時隸平涼府丞管轄，駐固原州城，以故府州各志均未載入。二百餘年來文獻無徵，僅覓得同知朱亨衍《廳志備遺》一册，事實已屬缺略，於改縣後諸多不合。[1]前縣令高蔚霞、朱美燮、陳日新欲彙集成帙，迄未如願。今擇《廳志備遺》之可採録者，均分列各類。

　　一、新志編爲二册，分十卷：曰建置，曰疆域，曰貢賦，曰學校，曰兵防，曰古蹟，曰風俗，曰職官，曰人物，曰藝文。其餘細目，各從其類，以省繁冗。按之體例，難期允當。

　　一、海城向無專官，故多失實。千里奥區，竟成甌脱。兼之兵燹迭經，檔册無存。象罔求珠，徒深想像，未敢概以臆斷。

　　一、田賦、疆域、文武職官，均於改縣後詳爲編列。鹽茶舊制可徵者，已皆採入，無稽者難免缺如。蓋志宜徵實，不可妄爲指引。

　　一、自改廳爲縣，若平遠、若同心城、若硝河城，既經分疆畫界，其古今事蹟、[2]山川人物，均不備載，以免混淆。

　　一、打拉池雖屬縣轄，已設官司，其輿地、沿革各事實應由該分縣自行採輯，彙爲一書，此志概不引入。

　　一、境内古城、古堡遺址頗多，或爲番夷踞地，或爲宋明營壘，年久無考，不敢附會。惟就見聞所及，證之史册，足爲考校者，即詳登之，以備參稽。

　　一、名宦、人物，元明前難以詳考，其功施爛然，得之史書，班班可考，及改廳改縣後之仕績可傳者，均録入之。

　　一、海城向爲牧場，雍正時始入版圖，事變迭生，文教未濡，[3]竟同化外。凡忠節、孝義、列女，傳聞有證，有關風化，均詳採。次列其回族中之傑出者，特表彰之，以爲世勸。

　　一、志尚體裁，[4]尤貴簡明，境内素乏博雅之士，此次編輯，無人襄力。又以欵項無著，未延名流碩彦，祇約陳廣文爲協修。其間編次記載，均予手著，讇陋之虞，在所不免。後之君子能旁搜遠紹，裒成完帙，是爲深幸。

【校勘記】

［1］事實已屬缺略於：甘圖本《海城縣志》無此七字，據成文本《海城縣志》補。
［2］古今：成文本《海城縣志》作"今古"。
［3］未濡：成文本《海城縣志》作"未渝"。
［4］志：甘圖本《海城縣志》原作"忠"，據成文本《海城縣志》改。

海城縣志目錄

第一卷　　建置志
　　圖考　　星野　　氣候　　沿革　　城池　　公署附監庫
第二卷　　疆域志
　　形勝　　道里　　疆界　　鄉鎮附村堡　　山川附八景　　水利
　　關梁　　祠祀附各壇廟
第三卷　　貢賦志
　　田賦新舊額則　　戶口　　種類　　回教　　倉儲附社倉
　　鹽法新舊額則　　茶馬　　螯稅　　度支文武俸餉　　蠲恤
第四卷　　學校志
　　學額　　義學　　學堂
第五卷　　兵防志
　　營制附防軍　　馹遞　　巡警
第六卷　　古蹟志
　　古蹟　　墳墓
第七卷　　風俗志
　　漢俗　　回俗　　漢回同俗　　祥異　　方言　　物產　　實業
第八卷　　職官志
　　文武新舊各職　　名宦　　封爵　　選舉文武科目
第九卷　　人物志
　　人物　　忠節　　孝義　　隱逸　　流寓　　仙釋方技　　列女節孝烈義
第十卷　　藝文志
　　藝文各体　　金石　　雜記判事紀略、官民死事、戰事紀略、重修池廟、漢回同學、
　　義犬

海城縣志卷一　建置志

　　海城古據番羌，未入內地。遠至元明，仍爲牧場。[1]設廳改縣，肇自熙朝。布置經營，由疏而密，甚盛事也。地居繁要，境雜漢回，事故迭生，乃一省之要害。較之前時，又復不同，凡所以興教化而資保障者，所繫豈淺尠哉！[2]志《建置》第一。

圖考

　　地之有圖，所以載形勝、正疆界，爲設險而守計也。[3]海城向無正官，傳聞失實，往古難考。[4]即唐宋元明，戰守屯牧，邊域亦未分析。國初仍爲牧地，一變而爲廳治，再變而爲縣治。其間裁割歸併，又形紛更地，[5]既處夫要害，圖尤賴於詳明。

　　按：御府圖內有東海壩，在雪山之西。今查東海壩距城南八十里，[6]乃山水衝突之區，形勢最險，[7]在石城迆西，[8]故老相傳，[9]滿俊反時，[10]有董海、董壩兄弟者，據此以抗官軍，[11]並無所謂海與壩也。[12]且境內只有雪山，距城十五里。[13]東海壩無之。又，銅板圖內載，[14]海都源與李旺堡僅隔一水，而海都源與西安州相近。[15]今海城西距西安州四十里，[16]東距李旺堡一百三十里，[17]近西安州者又無所謂海都源也。由今考古，細查形勢，[18]則東海壩、海都源皆海喇都之訛名可知矣。[19]古圖難憑，茲就縣境、邊界、山川、村堡，[20]新繪小圖於左，[21]以供觀覽。

海城縣地圖

〔全境圖〕

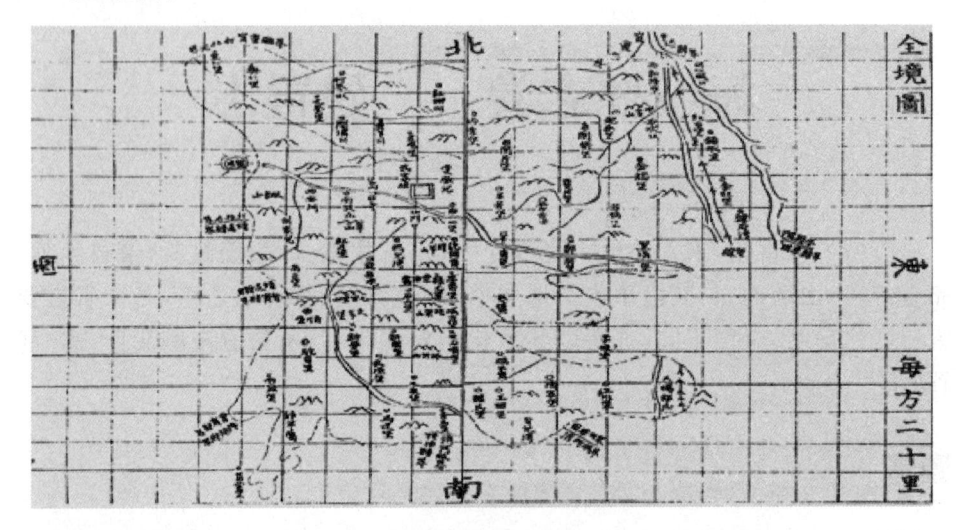

〔城池圖〕

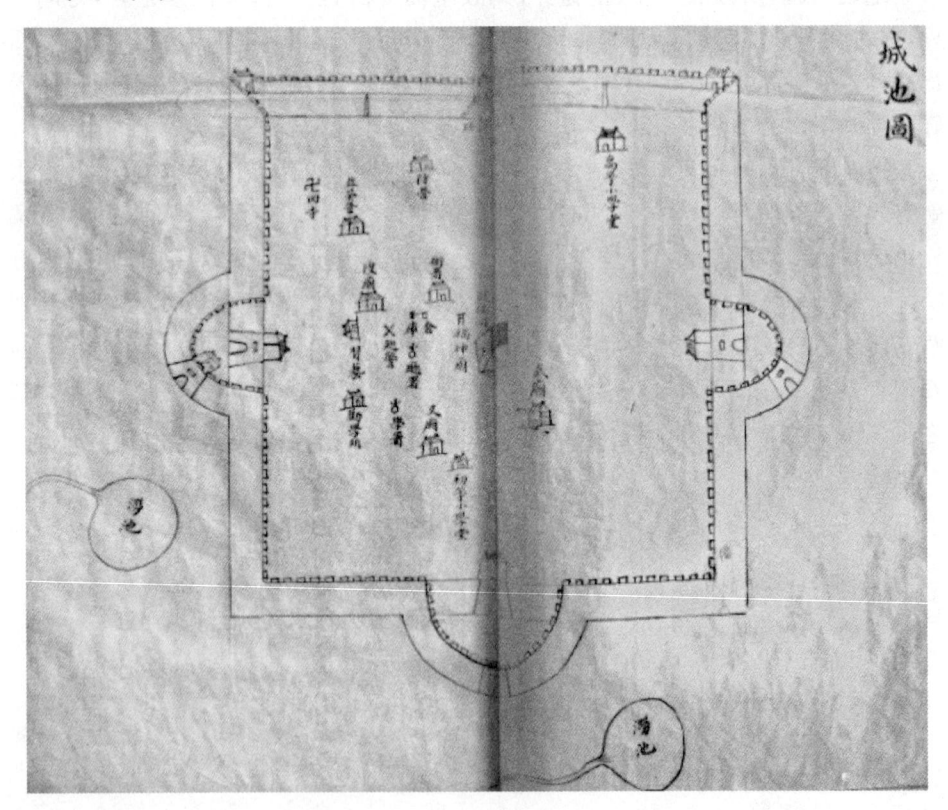

查縣境山多水少，地廣村稀，難以備載，擇其大者而分列之。圖繪測量爲輿，地家所宜講，尤新學家所共尚。予於此道素乏專工，光緒丁未冬，①奉督練處飭查形勝，並頒各項新圖式，悉心校勘，略得規模。茲仿前式，每方按二十里。凡邊界從⦙，插花地從◯，山從⌃⌃，河從，電線從，車道從，以粗細二綫爲記；騎道從 、、，以黑點爲記；漢民住堡從●，以圓點爲記；回民住堡從⊙，以圈加點爲記；漢回同堡從⊕，以圈加十爲記；設立巡警局堡從✕，以✕爲記。聊以辨方向，定邊域，判形勢。前繪《全境圖》，後繪《城池圖》，庶覽者可以瞭然，其詳分載於《疆域志》内，不備述作圖說。

星野

《晉書・天文志》：[22]"自東井十六度至柳三度爲鶉首，[23]爲秦分野。"按《甘肅志》：②平涼古安定郡，入營室一度。海城地舊屬平涼，[24]分野同。

氣候

隴東地氣最寒，海城尤甚。莫春草木始萌，初秋先已零落，故農務必及時。耕種早則不生，而遲則不實。入冬冰堅凍結，泉澗斷流，首夏始解。五六兩月，每苦旱乾。雨即多雹，餘則雪不及時，不爲災異。皮綿衣服，雖三伏不能離，紗葛、蒲葵無所用焉。近年季夏稍熱，殆天道西行之證歟。

沿革

海城在《禹貢》爲雍州，商爲要服，周爲賓服。戰國時夷虜居之，秦昭王開北地郡，漢武帝置安定郡，晉仍舊。周築原州，隋置平涼郡，唐復築原州。元和中陷於吐番，吐番盤踞，即今之石城堡也。宋爲夏人所據，元符二年，總管王憲遣大將折可適伐夏，[25]置西安州。復陷於夏，更名南牟會，以海城爲東牟會。元世祖取靈州，進兵鹽州川，命豫王建國西安州，築平虜所，今之平遠縣治也。元至元十年，廢原州，立開成府，[26]爲安西王行都。[27]未幾，王誅國除。

明洪武二年，平章俞通源、[28]大將徐達、右丞薛顯，[29]攻走豫王於西安州，

---

① 光緒丁未：光緒三十三年(1907)。
② 參見《乾隆甘志》卷二《星野・躔次》。

餘衆徙北平，乃以其地賜楚、沐、韓、肅諸藩爲牧場。沐家營等處沐藩得之，韓府灣等處韓藩得之，羣牧所等處肅藩得之，西安州、武延川及海喇都，楚王得之。且城焉，又名海城，設指揮使承奉司，主兵政，司出納，冬操夏牧，約束護衛。迄明中葉，外患頻仍，成化四年，有滿俊之亂。俊爲元豫王餘裔，洪武初，安置開城千户把丹之孫也，據石城堡叛，都御史項忠、巡撫馬文升討平之。移紅古城遊擊駐西安州，設固原衛及鎮戎、西安、平遠三所，墾地屯兵，以備河套反。[30]

國朝定鼎，雍正四年，將内臣武弁率從裁汰，[31]更爲西陲牧地。聽民開墾規模過於前代，但不建州邑，[32]徒以駐固原之鹽茶同知司其租賦。乾隆九年，土民籲請廳員移駐，以糜費未允。十一年，固原兵噪，同知共處州城，[33]廳民無所投命，殆岌岌焉。幸而狂逆授首，巡撫黃廷桂於十四年"道員應亟移駐案"内，[34]奏准鹽茶同知移駐海城。官兵衙署，取之庫帑，城池倉廠，責之民力。地以官名，是爲有鹽茶廳之始。

同治元年，廳屬預望城把總、回族馬兆元倡亂。八月朔，殲預望漢民。其兄馬兆隆爲瓦亭千總，揭竿而起，而穆生花、訥三、華三輩於二年元旦襲固原州。李得昌、馬明善、田成吉之徒於二月初六日破鹽茶廳。四年夏，經固原提督雷正綰遣部下提督曹克忠克復之。金積一潰，復爲賊踞。八年秋，左侯相宗棠命陝安道黃鼎復鹽茶並打剌赤。[35]陝回敗走，而土著招安。左侯相以地方遼濶，非建置州邑不足以資鎮撫，乃奏陞固原爲直隸州，改鹽茶同知爲海城縣，割鹽固澗壞設平遠縣、硝河城州判、打拉池縣丞。改廳爲縣，自同治十三年十月始。

城池

縣城宋名"天都寨"，夏改爲"東牟會"，元名"海喇都"，明初以地賜楚王，又名"海城"。城周四里三分，設承奉司，内臣居之，撥官兵一千五百員名。滿俊之亂，增設指揮同知及千户官兵，爲屯牧戰守之備。成化四年，巡撫馬文升重修之。七年，兵備道楊冕增設倉場。崇禎十三年，奇荒，人民相食，户口寥落。十六年，又爲闖賊所破。至國朝乾隆間，元氣始復。十四年，有同知移駐之命，築堡爲城，聊作藩籬。咸豐初年，同知葛以簡創建東、西、南三門，設鼓樓三座。[36]同治八年，回叛焚之。光緒三十年，知縣王秉章由清丈地畝房基項下籌歀補修。三十三年，知縣楊金庚因南、西二城門損壞，西城牆倒塌五丈有餘，捐廉增修，以資捍衛。

蓋海城巖邑也，唐之吐蕃，明之滿俊，國朝乾隆間之田小五，同治間之馬明善、田成吉，[37]光緒二十一年，逆回李倡法勾結河回馬匪匿等戕官刼獄，前車屢覆，可爲殷鑒。況城内乏水，掘井九仞而不及泉，獨賴城南十五里之五橋泉以供吸飲。設於南山之麓,曲防以阻之,則城池立變枯魚之肆。知縣楊金庚於署内濬修水窖,凡營汛及城内居民共鑿窖二百七十餘隻,復於南門外修一大澇池,商民賴之。

公署

縣署,在海喇都城鼓樓迤西,爲明承奉司廳舊址。乾隆十三年,同知朱亨衍建修官房五十八間,外捐修房舍五十四間。同治二年,逆匪破城,衙署盡燬。十三年,改爲縣治,知縣聶塈重修官房四十五間,皆仍其舊。光緒二十一年,逆回李倡法反,將大堂焚燬,旋即修成。

學署居充公官房。

廳署十五間,光緒八年,知縣陳日新請修。

城守營居充公官房。

鹽茶營都司居城内公所。

防營居城内公所。

監獄十間,設在縣署西,光緒二十二年,知縣楊廷槐請修。

庫房一間,在大堂西。

【校勘記】

［1］仍爲:成文本《海城縣志》作"均屬"。
［2］所繫豈淺尠哉:成文本《海城縣志》作"關係顧不重哉"。
［3］爲設險而守計也:甘圖本《海城縣志》原無此七字,據成文本《海城縣志》補。
［4］"往古難考"句至下文"國初仍爲牧地":甘圖本《海城縣志》原無此二十五字,據成文本《海城縣志》補。
［5］其間裁割歸併又形紛更地:甘圖本《海城縣志》原無此十一字,據成文本《海城縣志》補。
［6］南:甘圖本《海城縣志》原無此字,據成文本《海城縣志》補。
［7］形勢最險:成文本《海城縣志》作"地形險要"。
［8］在石城迤西:甘圖本《海城縣志》原無此五字,據成文本《海城縣志》補。
［9］故老:成文本《海城縣志》作"父老"。
［10］滿俊反時:成文本《海城縣志》作"明滿俊叛據石城時"。
［11］官軍:《廳志備遺·圖記》作"天兵"。
［12］"並無所謂海與壩也"至下文"東海壩無之"句:此二十五字,成文本《海城縣志》作:"因以得名。如謂其地產水,乃以海壩稱之,則雪山在海城南十五里,一名華山。東海壩實在

雪山南六十五里，方位又不相符。"又，"則雪山"原作"則雪由"，據下文改。
[13] 距城十五里：《廳志備遺‧圖記》作"在海城南十里"。
[14] 內：成文本《海城縣志》無此字。《廳志備遺‧圖記》有此字。
[15] 而海都源：成文本《海城縣志》無此四字。"海都源"，《廳志備遺‧圖記》作"海喇都"。
[16] 西距西安州四十里："西距"之"西"，甘圖本《海城縣志》原無此字，據成文本《海城縣志》補。"四十里"，《廳志備遺》作"僅三十餘里"。
[17] 東：甘圖本《海城縣志》原無此字，據成文本《海城縣志》補。
[18] 近西安州者又無所謂海都源也由今考古細查形勢：甘圖本《海城縣志》原無此二十一字，據成文本《海城縣志》補。
[19] 名：成文本《海城縣志》無此字。
[20] 茲就縣境邊界山川村堡：成文本《海城縣志》作"不止一地"。
[21] 新繪小圖於左："繪"，甘圖本《海城縣志》原作"會"，無"於左"二字，據成文本《海城縣志》改。
[22] 晉書：原作"漢書"，據《晉書》卷十一‧《天文志》改。
[23] 鶉首：甘圖本《海城縣志》原作"鶉百"，據成文本《海城縣志》、《廳志備遺‧星野》改。
[24] 地：成文本《海城縣志》無此字。
[25] 伐：甘圖本《海城縣志》原作"代"，據成文本《海城縣志》改。據《宋史》卷三二八《章楶傳》，折可適伐夏，係受章楶派遣，非王憲派遣。
[26] 開成府：原作"開城府"，據《元史》卷六〇《地理志》"開成州"條改。
[27] 安西：甘圖本《海城縣志》原作"西安"，據《元史》卷七《世祖本紀》、卷六〇《地理志》"開成州"條改。
[28] 俞通源：甘圖本《海城縣志》、成文本《海城縣志》原均作"俞通海"，據《明太祖實錄》卷四一改。
[29] 右丞：甘圖本《海城縣志》、成文本《海城縣志》原均作"左丞"，據《明太祖實錄》卷四一改。
[30] 反：甘圖本《海城縣志》原無此字，據成文本《海城縣志》補。
[31] 武弁：此同《廳志備遺‧城堡》"海喇都"條，《廳志備遺‧圖記‧城圖》作"員弁"
[32] 不建：成文本《海城縣志》作"未建"。
[33] 同知共處：《廳志備遺‧建制沿革》作"廳員同處"。
[34] 十四年：《廳志備遺‧廳地建革》作"十三年"。
[35] 打剌赤：成文本《海城縣志》作"打喇赤"。
[36] 三：成文本《海城縣志》作"一"。
[37] 田成吉：甘圖本《海城縣志》、成文本《海城縣志》原均作"田成基"，據本志前後文改。

海城縣志卷二　疆域志

古者畫井分疆，以建都邑，俾守土者理其地，治其民，物其土，宜正其風俗也。海城，國初隸鹽茶廳，而廳州同處固原，嗣因變亂頻仍，改廳爲縣。省志、州志均未載列，亟宜考證，以定幅幀而資治理焉。志《疆域》第二。

形勝

海城處固原之西北，前控六盤，後峙高泉，左挹下馬，右據天都。崆峒阻其南，黄河繞其北。爲甘涼之襟帶，乃固靖之咽喉。

道里

廣一千三十里，鳥道五百一十里。縱三百里，鳥道二百五十里。東北至京師三千七百里，西北過靖遠路至省會五百里，東南過固原路至省會九百六十里，東南至平涼府三百九十里，至固原州二百里。

疆界

正東至固原，以楊郎中堡爲界，一百六十里。正西至打拉池，以方家河爲界，七十里。正南至會寧縣，以舊營堡爲界，二百四十里。正北至同心城，以興隆堡爲界，一百二十里。東南至硝河城，以寺兒灣爲界，一百九十里。東北至平遠縣，以李旺堡東清水河爲界，一百三十五里。西南至會寧縣，以高臺堡西爲界，一百里。西北至中衛縣，以里仁堡北爲界，一百五十里。

鄉鎮

鄭旗堡，在縣東七十里，設馹站一處，四面皆山，中爲固海孔道。堡廢，亂後，回民居之。

楊郎中堡,即明時沐府賜地,在縣治東南一百六十里,與固原分界之處。而按之方域,則爲固原之甌脱,以南北均屬州轄,獨該堡屬縣也,乃平固通寧夏大道。堡廢,漢民居之。

新堡子,在縣西北一百二十里。西爲打拉界,與會寧之黃家凹相連,東通寧靈胭脂川及中衛之黨家水,正北則爲寧靈之長流水。固原極邊,寧蘭要道。漢民居之。

關橋堡,在縣北六十里。東、南、北三面近水,東北近石峽口,爲南北往來通衢。堡廢,回民居之。

查縣境共五十六大堡,其最關緊要者,如縣西之西安所堡即西安州,縣東之李旺堡即鎮戎軍,縣南之新營堡、沐家堡等鄉鎮,均詳載《古蹟》。所有各堡按照八方排列於下:

正東二十里廟山堡,四十里牛番堡,五十里蒙古堡,六十里老鴉堡,七十里鄭旗堡,九十里黑溝堡,一百里李旺内堡,一百二十里李旺外堡,一百三十里正戎所堡,一百四十里韓府灣堡,一百五十里楊郎外堡,一百六十里楊郎中堡。

正西三十里紅崖堡,四十里西安所堡。

正南五十里鴉兒灣堡,一百一十里大李堡,一百二十里南川堡,一百三十里新營堡,一百四十里武源堡,一百六十里馬建堡,一百七十里駝昌堡,一百八十里南岔堡,一百八十里撥餘堡,一百九十里青馬堡,二百四十里舊營堡。

正北四十里老觀堡,五十里西季堡,五十里閆芳堡,六十里關橋堡,七十里駝廠堡,八十里紅柳堡,一百二十里閆芳外堡,一百二十里興隆堡。

東南五十里脱烈堡,九十里蔡祥堡,一百里楊明堡,一百一十里張元堡,一百一十里古城堡,一百二十里新開堡,一百三十里石山堡,一百七十里陶家堡,一百八十里鷂子堡,一百八十里韓民堡,一百八十里王昭堡,一百八十里沐家堡,一百九十里寺兒灣堡。

東北三十里羊芳堡,八十里雙河堡,九十里套腦堡,一百里紅古堡。

西南七十里紅井堡,八十里高臺堡。

西北一百二十里興仁堡,一百三十里里仁堡,一百四十里打麥水,一百五十里元套堡。

山川

蓮花山,一名華山,在縣西南十五里。[1]東西長三十里,[2]橫亘四十餘里。峯巒秀拔，水泉四出，中有沃壤，草木芬芳。山形頗似蓮花，地氣高寒，春秋雨皆成雪，又稱雪山。

五橋山，在縣南十四里。自華山來脈，由西而東，互起互伏，石土間雜。五峯聳峙如橋形，高二里許，長三十里，橫亘五十餘里。山下五泉環列，如五星然。泉水北流，城市皆仰給之。山北里許，即山門口。

天都山，詳《古蹟》。①

七里寶山，在縣南八十里。南連六盤，北走屈吳。長五百餘里，橫亘四十餘里，僅以七里得名。原其始也，山之東，即唐之吐番及明滿俊所據之石城，山之西爲郭城馴。[3]

龍山，在縣南八十里。[4]高峯軒舉，重岡峻嶺，曲折蜿蜒，如龍之曲而欲伸者。[5]山上有寺，傳爲唐貞觀時建，明滿俊叛時焚燬。

大石頭，在縣南六十里，係屬土嶺，山下有巨石六，因以名之。

石城山，詳《古蹟》。②

將軍山，在縣南五十里石城之東，中峯秀削，俗名尖山。高二里許，長二十里，橫亘十五里。蓋七里寶山爲陝北隴東諸山之祖，將軍山及石城、炮架、馬圈、雲臺諸山，皆其枝葉也。

炮架山，去石城僅三里，[6]四壁峭立，極爲險峻，滿俊所倚以爲固者。

馬圈山，在石城之西，亦峻拔，足爲石城憑倚。

雲臺山，亦古城地，在縣南一百二十里，乃石城之犄角。古城山皆秀拔，而雲臺猶爲諸山之最，重巒叠嶂，曲而幽深，有圖所不能畫者。

印子山，[7]在縣東北一百里。[8]東爲石峽口，山頂有印蹟，如篆刻狀。山高六里，[9]山下有泉，相傳漢時有白馬跑之，泉水湧出，稱爲神異。今懸崖中有白鶴雙棲，並有石羊出沒其中，或十數，或三二十成羣云。

高泉山，在縣北一百三十里。有泉出石鑵中，味甚清冽。冠蓋往來，咸於是取給焉。山後即中衛地。

一碗泉，在縣北一百五十里。[10]山半有石泉大如碗，四時不竭。

掃帚山，即掃竹嶺，在縣南一百六十里。[11]長五十里，橫亘六十里。山高峯峻，深洞危橋，登之者骨竦目駭，不能仰視。土人借此避虜，且祠真武神廟，俗稱西武當。

鳳凰山，在縣南一百五十里。[12]山勢軒昂，諸山羅列，如雞羣之鶴。傳有鳳

---

① 參見本志卷六《古蹟志》"天都山"條。
② 參見本志卷六《古蹟志》"石城山"條。

風止其上。

雙澗源,即五橋山之五泉,在縣南十四里。出山里許,分爲東、北兩澗,北澗至西關,引水入城,衙署、市廛汲飲資之。

須滅都河,在縣東南八十里,爲固原分界,流入小黑水。

小黑水,在縣東九十里,爲固原分界,流入大黑水。

大黑水,在縣東一百一十里,爲固原分界,流入清水河。

清水河,在縣東一百二十五里。[13]詳《古蹟》。①

黃羊川,在縣西北六十里,係乾河。

鎖黃川,在縣西北四十里,有泉水二眼。

觀音湫,在縣西四十里天都山下,澄澈如鑑。

寶通水,在縣西三十里。

石峽水,即甜水河,在縣東北一百一十里。境内各水,至此匯流入清水河。詳《古蹟》。②

八景

華山叠翠[14]

山在城西南十五里,[15]層巒聳翠,秀出離南,宛然圖畫。登臨遠眺,但覺重霄雲近,[16]心曠神怡,雖非華嶽洞天,亦邊方勝境云。

龍岡夕照[17]

岡在縣東南六里,即華山分支,自城南轉而東,形若臥龍,勢如樓閣,俗以牌樓名之。每當夕陽西下,餘光掩映,牧童樵夫,行歌互答,如在鏡中。

古寺疏鐘

東嶽古寺在城東里許,不知創自何代。雖殿閣剥落,寺有懸鐘,風朝雨夕,餘音斷續,[18]令人生今昔之感。

清池皓月[19]

按:池在城南門外,鑿自人工。沙堤環繞,星斗虛涵,饒有空明氣象,亦山僻中水月景也。年久淤塞,光緒戊申夏,③知縣楊金庚重修之。

天山積雪[20]

山即天都山,在縣西南四十里,高出羣峯,延袤百里。冬春之季,六出常飛。

---

① 參見本志卷六《古蹟志》"清水河"條。
② 參見本志卷六《古蹟志》"石峽水"條。
③ 光緒戊申:光緒三十四年(1908)。

自夏及秋,積冰不解。捲簾遙望,儼似玉宇瓊樓,恨不得振衣,第一峯也。

靈寺散花[21]

寺名靈光,在縣西南十五里,係華山西南隅,獨踞羣山之勝,奇花異木,渾不能名。傳寺成之日,山成蓮花,人稱靈異,詎真天女散花所致歟?

五泉競冽

泉在縣南十四里五橋山下,源深不盈尺,其水清冽,城市賴之。五泉環列,水從山出,一如黃河發源之星宿海。縣城乏水,以"海"得名,殆即因此也耶。

雙澗分甘

五泉出山里許,流分東北,曰雙澗源。泉水甘香,晝夜不停,汲飲之餘,農圃藉以灌溉。不竭不涸,足資民生之用,亦造物之奇矣。

水利

縣屬地形最高,則水勢最急。乃有山之處,即產甘泉,不可謂非地氣之不厚也。[22]而旱乾每不絕書,則有司講求之不豫,士民心力之不齊耳。

今查近城之水,爲利獨多者曰五橋山之五泉。凍解以後,源流不息,本城及城南北各莊民皆賴之。泉水流至分水渠,西流楊、李、趙三莊,灌回民水地一頃有餘,南流南灘,灌漢民水地一頃有餘。

東鄉蒙古堡泉水一眼,由近堡之龍洞溝發源。其水稍旺,灌漢回水地三頃有餘,交冬轉油磨一座。下流十里,至雙河堡。

東北鄉羊芳堡泉水一眼,由賀家堡發源。灌漢回水地二頃有餘,交冬轉油磨一座。下流十里,至雙河堡。二水相合,灌漢回水地二頃。上下由石峽口出境。

南鄉脫烈堡泉水一眼,由該堡發源。灌漢回水地一頃有餘,下流入沙。

西鄉西安所河水一道,由上張家灣發源。灌漢民水地三頃有餘,交冬轉油磨一座。下流十里乾涸。

西北鄉老觀堡泉水一眼,由東家水發源。灌漢民水地一頃有餘,下流接入西季堡,灌漢民水地二頃有餘,下流乾涸。

正北鄉閆芳堡泉水一眼,由賀家堡臭水溝發源。其水稍旺,灌漢回水地三頃有餘,交冬轉油磨一座。下流至關橋堡,灌回民水地二頃有餘。又至駝廠堡,灌回民水地一頃有餘。至石峽口出境,入平遠縣界。

此近日水利之情形也,已於三十三年冬通報有案。

查縣境各泉,由山湧出,其流不遠,即涉乾涸。貧者無力疏通,富者居心鄙咨，水利故未大興。丁未秋，①知縣楊金庚迭次示諭，並於接見紳耆及下鄉之時，切爲開導，稍知同力合作。惟城內缺水，全賴五橋泉流以爲挹注於西門澇池，栽樹以護之。復於衙署鑿窖蓄水，其營汛、學堂及在城紳民共鑿窖二百七十餘隻，[23]而貧民仍不敷用。迺於戊申之夏，②將南關舊有澇池濬修。水火既濟，庶有豸乎。特五泉出山，須過乾河，動即入沙，聞乾隆時朱丞亨衍曾架木槽，俾水飛渡，自是一策，欲仿行之。因百廢待舉，日昃不遑，又因欵項難籌，[24]有志未逮。利賴民生，是則賢有司之責也夫。

關梁

　　牌樓山，在縣東南六里，爲靖固通衢。舊有土橋一道，長十一丈，寬四尺，同治時傾頽。光緒八年，知縣陳日新重修。

　　紅古堡，在縣東北一百二十里，乃寧固要道。舊有土橋一道，長十五丈。光緒六年五月，山水暴漲，傾之，知縣陳日新重修。

祠祀

　　先農壇，吉亥祭祀，行耕耤禮。在縣東門外，今廢。

　　文廟，春秋二、八月逢丁大祭。光緒三十年，知縣王秉章籌欵建於城內南街。光緒戊申，③知縣楊金庚遵照新章，恭修神閣、牌位、暖帳，稟報有案。

　　武廟，春、夏、秋三次致祭，在城內鼓樓東。

　　文昌廟，春秋致祭，設位於城內舊有義學，今改爲勸學所。

　　龍神祠，春秋致祭，在縣南門外。

各壇廟

　　社稷壇，[25]乾隆時，同知朱亨衍將大佛寺改修，今廢。

　　山川風雲雷雨壇，[26]乾隆時，同知朱亨衍建於西門外，今廢。

　　厲壇，乾隆時，同知朱亨衍建於東門外漏澤園，今廢。

　　城隍廟，光緒四年，知縣聶塈建於縣署迤西。光緒三十四年，知縣楊金庚重修。

────────

① 丁未：光緒三十三年(1907)。
② 戊申：光緒三十四年(1908)。
③ 光緒戊申：光緒三十四年(1908)。

馬王廟,在縣署東院。

福神祠,在縣署大門東。

【校勘記】

[1] 西南:《廳志備遺·城堡》"華山"條作"南"。
[2] 東西:《廳志備遺·城堡》"華山"條作"南北"。
[3] 山之西:成文本《海城縣志》作"其西"。
[4] 縣南八十里:《廳志備遺·城堡》"龍山"條作"紅楊坊北數里許"。
[5] 曲:《廳志備遺·城堡》"龍山"條作"屈"。
[6] 三里:《廳志備遺·城堡》"炮架山"條作"二三里"。
[7] 印子山:原作"印字山",據《嘉靖固志》卷一《山川》、《萬曆固志》上卷《地理志·山川》、《廳志備遺·山川》及《城堡》、《乾隆甘志》卷五《山川·平涼府固原州》改。下同。
[8] 東北一百里:《廳志備遺·城堡》"印子山"條作"西南十里"。
[9] 六里:《廳志備遺·城堡》"印子山"條作"七八里"。
[10] 縣北一百五十里:《廳志備遺·城堡》"一碗泉"條作"新堡子南二十里"。
[11] 南:《廳志備遺·山川》無此字。
[12] 縣南一百五十里:《廳志備遺·城堡》"鳳凰山"條作"武延川東二里許"。
[13] 東一百二十五里:《廳志備遺·水利》"清水河"條作"東北一百五十里"。
[14] 叠翠:《廳志備遺·城堡》"海城八景"條作"叠障"。
[15] 在城西南十五里:《廳志備遺·城堡》"海城八景"條作"離城約十里許"。
[16] 重霄:《廳志備遺·城堡》"海城八景"條作"烟霄"。
[17] 龍岡夕照:《廳志備遺·城堡》"海城八景"條作"東崗夕魚"。
[18] 音:甘圖本《海城縣志》原作"奇",據成文本《海城縣志》改。
[19] 皓月:《廳志備遺·城堡》"海城八景"條作"朗月"。
[20] 天山:《廳志備遺·城堡》"海城八景"條作"天都"。
[21] 靈寺:《廳志備遺·城堡》"海城八景"條作"靈光"。
[22] 不厚:《廳志備遺·水利》作"獨厚"。
[23] 共鑿窖二百七十餘隻:成文本《海城縣志》作"均鑿水窖"。
[24] 又因欵項難籌:甘圖本《海城縣志》原無此六字,據成文本《海城縣志》補。
[25] 社稷壇:《廳志備遺·壇廟》"山川社稷壇"條作"山川社稷壇"。
[26] 山川風雲雷雨壇:《廳志備遺·壇廟》"風雲雷雨壇"條作"風雲雷雨壇"。

海城縣志卷三　貢賦志

任田土作貢賦,古今通義。國家維正之供,五禮百度,皆藉此以爲挹注。變亂以來,經界不正,折合參差,未盡復額,欺隱田糧,所在多有。清丈則涉擾累,招墾動致阻撓。撫字催科,亟宜加意。志《貢賦》第三。

〔田賦〕

田賦舊制

舊治鹽茶廳糧賦,有明楚、沐、韓三藩牧地曰更名,鎮、道、營將官地曰養廉,由廳歸併固原衛所之地曰屯糧,民間素種之地曰民地。原額舊熟屯、民、更、養、牧五項地七千七百六十一頃五十九畝一分二厘五毫,額征、地丁二項正項銀六千七十九兩六錢九分三厘,[1]額征正項糧三千五百五十一石八升四合二勺,額征本色草八百六十九束八分一厘八毫。內:

一、撥歸平遠縣舊熟民、屯、更、養四項地一千一百一十四頃五十四畝五分二厘,額征、地丁二項正項銀七百九十四兩四錢五分八厘零,額征正項糧六百九十石一斗五升五合七勺八抄,額征本色草五百五十四束七分三厘五毫。

一、撥歸硝河城州判舊熟更名、養廉二項地五百二十二頃六十畝五分一毫,額征、地丁二項正項銀三百九十六兩三錢四分八厘七毫,額征正項糧一百九十九石八斗八升七合二勺。

一、撥歸打拉池縣丞牧地、更名舊熟二項地二十四頃八十四畝,額征正項銀一十八兩六錢一分六厘六毫,額征正項糧二石四斗。

一、縣治實存民、屯、更、養、牧五項地陸千九十九頃六十畝六厘,額征、地丁二項正項銀四千八百七十兩二錢六分九厘,額征正項糧二千六百五十八石八斗一合一勺,草三百一十五束七厘。

現征銀糧規則

一、光緒元年,改縣定賦。知縣矗堃酌以水地爲民地,以坡地爲更名,山地爲養廉。民地每畝征銀一分三厘五毫七絲,糧四合七勺六抄。更名地每畝征銀八厘九毫六絲,糧五合。養廉地每畝征銀四厘一毫一絲,糧八勺七抄。屯牧荒租未辦,昔之所謂民、屯牧、更名、養廉者,更無實際。立縣之初,銀價每兩收二千六百文,製訂糧斗,收糧用之,[2]莫之或易前則。[3]上忙五月,下忙十月,由各堡舉公直一人,經收該堡銀糧,屆期掃數全完。今則回族刁悍,屢形把持,須加催比矣。

至於歷任稟請清丈,折正地畝,水地則按實數,坡地以五折合,山地以七折合,或按以三折合,終無實數。而各堡頭目以挺抗為能事,藉以示威,俾鄉民信從。其中隱地不報、私賣官荒之弊,莫可究詰。地方官隱忍不發,遂視為固然。廿餘年來,賦未復額,職是之故。夫清丈或不免於擾民,[4]而墾地欺隱,致正供久虧,則不可也。

地丁

一、自光緒元年至三十三年,歷任開墾民地三十八頃三十八畝九分三厘,更名地二千三百五十三頃三十九畝二分九厘三毫,養廉地八百七十四頃六十六畝五分一厘八毫,共征銀二千五百二十二兩一錢七分四厘。隨征耗羨銀三百七十八兩三錢二分七厘,遇閏加征銀二十二兩三錢三分七厘,耗羨銀三兩三錢五分一厘。

一、光緒三十四年,知縣楊金庚報墾民地一十三畝五分一厘,更名地一十八頃二十五畝九分六厘,養廉地三十二頃七十四畝三分,應征正項銀三十兩二分二厘三毫,征耗羨銀四兩五錢四厘八毫,[5]遇閏加征銀二錢四分一厘。

以上共征正項銀二千五百五十二兩二錢二分五厘九毫,耗羨銀三百八十二兩八錢四分。遇閏加征銀二十三兩四錢七分八厘,耗羨銀三兩五錢七分二厘。

征糧

一、自光緒元年至三十三年,應征正項糧一千二百七十一石五斗九升三合四勺,隨征耗羨糧一百九十石七斗三升九合一勺。

一、光緒三十四年,知縣楊金庚報征正項糧一十二石五升六合九勺七抄,隨征耗羨糧一石八斗八合六勺四抄。

以上共征正項糧一千三百石零三石六斗五升三勺七抄,耗羨糧一百九十三石七斗六升九合八勺。

草束

草束舊例:每民地一畝征草三兩二錢二分二厘四毫,屯地一畝征草二分一厘四毫八絲。改縣後尚未舉辦。光緒九年,奉文催征,報征民地草二十八束六分三厘一毫一絲,折解銀一兩八分六厘。

現存荒地

一、民地及荒租地共三十頃零八十六畝二分九厘七毫。舊日荒地尚不在内。[6]

一、更名地二千三百八十八頃三十九畝九分四毫。[7]

一、養廉地二百三十六頃四十畝九分五厘九毫。[8]

一、牧地四十一頃六十五畝。

一、屯地一百二十頃零四十五畝二分八厘。

以上五項共荒地二千八百一十七頃七十七畝四分四厘。[9]

戶口

《周禮》重民數，宣聖式，負版由庶而富而教，臨民者所宜精察也。縣境戶口，往者無稽，改縣後變亂迭生，人煙寥落，回多漢少，極爲難治。清查戶口，實爲急務。光緒丁未秋，①知縣楊金庚變通四鄉，巡警辦法，查明民數，造表呈報。至十年生聚，十年教訓，是所望於後之君子。兹將堡民分九方，[10]列具於左。[11]

一、本城堡漢民九十二户，回民三百六十九户。

一、正東鄉廟山、蒙古、老鴉、鄭旗、黑溝、李旺內外、正戎、韓府、楊郎中外十二堡，漢民三百九十七户，回民一千四百一户。

一、正西鄉紅崖、西安二堡，漢民二百七户，回民一百一十三户。

一、正南鄉鴉兒、南川、新營、武源、馬健、駝昌、南岔、撥餘、青馬、舊營等十堡，漢民八百八十户，回民四百八十七户。

一、正北鄉老觀、西季、閭芳、關橋、駝廠、紅柳、閭芳外、興隆等八堡，漢民二百九十三户，回民四百六十二户。

一、東南鄉脱烈、蔡祥、楊明、張元、古城、新開、石山、陶家、鷂子、韓民、王昭、沐家、寺兒等十三堡，漢民二百五十四户，回民八百一十八户。

一、東北鄉羊芳、雙河、套腦、紅古等四堡，漢民一百六十七户，回民三百五十九户。

一、西南鄉紅井、高臺二堡，漢民一百三十七户，回民二十五户。

一、西北鄉興仁、里仁、打麥水、元套四堡，漢民二百二十户，回民三十三户。

以上本城堡及八方五十六堡，三十三年冬查明，共六千九百三十户，男女大小共四萬七千五百四十丁口。内：漢民二千六百六十一户，男女大小八千四百八十九丁口；回民四千二百六十九户，男女大小三萬九千五十一丁口。

――――――――

① 光緒丁未：光緒三十三年(1907)。

種類

縣內自昔各爲風氣，楚府則楚人，沐府則沐人，肅府則肅人，韓府則韓人。終明之世，不相統屬。自國初，狄渭清秦，流寓日繼，因有老户、新户之分。二者之中，又有漢、回、衛、所之別，此鹽茶舊規也。同治十三年亂後，招撫清水、秦安回民七百餘户，遷插於南鄉鷂子、石嘴、王昭、陶家四堡，刁悍甲於一邑。近來河州遊民潛來占荒，每致滋事。光緒三十二年，西河、清水各回族又分住於沐家等堡西南一帶，須煩治理。統目前而計，一縣種類只分漢、回，漢民居十之二，回民居十之八。膏腴之地，多被回民佔墾，故漢貧而回富。回民中，新教半在西南鄉沐家等堡，餘則老教爲多。兩教互相爭執，即老教亦各分門户，此近來之現象耳。

回教[12]

回族尊奉天主。四配曰折拜嗎伊哩、米哈伊哩、嗎子哈伊哩、伊思哈啡哩。敬穆罕默德爲聖人，其四配曰：嗎布拜克哩，即虎夫爺；如默熱，即苦夫爺；嗎思麻你，即夯的忍爺；嗎哩，即折合忍爺。分爲四門：奉虎夫、夯的忍教者爲老教，奉苦夫教者與老教小異，奉折合忍教者即係新教。其老教有圓小印文一顆，用西域道號，善於諷經者擇而傳之，名曰阿訇，發給印文、執照，稱之爲"老人家"。與他阿訇不同，一教中悉歸統屬。老教既分爲三，各歸各門，其勢尚散。新教之傳印，不傳賢而傳子，教主亦以"老人家"呼之，創始於西寧之馬明心。嗣馬伏誅，其族黨充發雲南，後由黔歸甘，各省新教悉屬之。其教衆，其勢合，與老教大殊。雖皆尊天主，諷天經，老教於禮拜之時合掌跪聆，新教手舞足蹈，此又其外面之相異也。

倉儲

倉儲之設尚矣，備兵食，資平糶，衛民即以養民也。若夫社倉豐收之歲，以其所餘，捐集成數，設有凶歉，仍爲民用。立法極善，積久弊生。地方官關心民瘼，一念及民爲邦本，食爲民天，顧可忽乎哉！

常平倉

一、常平倉設在縣署右，北廠十間，南廠八間。每年應儲正項糧一千二百七十九石二斗二升二合二抄，耗羨糧一百九十一石八斗八升三合四勺。詳《田賦》。

一、外儲採買備荒糧三百八十二石八升四合四勺。

社倉

自兵燹後,有名無實。現責成各堡紳耆,每堡選社正、社副一人,每年按一分起息,春放秋收,年終將本息核清。另行選替新舊交代清楚,各具甘結,以均勞逸,而杜弊端。

一、本城社倉六間,在常平倉西面官地。光緒四年公建,現儲倉斗糧六百三十八石六斗。[13]

一、東鄉:李旺外、內堡共儲倉糧一百四十石,鄭旗堡共儲倉糧九十二石五斗。

一、南鄉:大李堡共儲倉糧四十二石八斗,撥餘堡共儲倉糧七石一斗八升,新營駝昌堡共儲倉糧一百零三石,馬健堡共儲倉糧二十五石二斗,[14]南川堡共儲倉糧八十四石,新營堡共儲倉糧八十一石二斗,沐家堡共儲倉糧五十六石八斗,舊營堡共儲倉糧二十七石六斗八升,武源堡共儲倉糧二百石,韓民堡共儲倉糧二百零一石二斗,南岔堡共儲倉糧四十一石六斗六升,石嘴堡共儲倉糧六十一石六斗一升,鷂子川共儲倉糧一百七十四石,[15]王昭堡共儲倉糧五十六石二斗六升,寺兒灣共儲倉糧九十二石五斗,陶家堡共儲倉糧一百三十二石,黃土圈共儲倉糧四十石零七斗四升,新開堡共儲倉糧一十五石六斗,古城堡共儲倉糧一十二石七斗二升,王浩堡共儲倉糧四十石零一斗。

一、西鄉:高臺堡共儲倉糧八石一斗,石沙灘共儲倉糧三十七石九斗五升。

以上本城及鄉堡共儲倉糧二千四百一十四石三斗。

〔鹽法〕

鹽課舊額

舊治鹽茶額銷花馬小池鹽引三百四十一張。雍正十一年,於署任成效案內增鹽引一百張,協銷隆德縣鹽引二千九張,共引二千四百五十張。內除歸併固原州引四百二十六張,下餘二千二十四張。每張額銀二錢一分五厘五毫,共銀四百三十六兩一錢七分二厘。內:

一、撥歸平遠縣鹽引二百六十八張,額征銀五十七兩七錢五分九厘。

一、撥歸硝河城州判鹽引二百三十二張,額征銀四十九兩九錢九分六厘。

一、撥歸打拉池縣丞鹽引七張,額征銀一兩五錢八厘四毫。

以上除撥歸外,實存鹽引一千五百一十七張,共額銀三百二十六兩九錢一分三厘五毫。

現征鹽課

自改縣後，以居民無多，驟難復額，將鹽課隨地丁攤征。每地丁銀一兩，攤征鹽課銀一錢起。[16]至光緒三十三年底止，共攤征鹽課銀二百八十七兩六錢一分九厘。[17]

茶馬

明制以茶易馬，開城、固原均給茶本，以開城、固原爲上苑。及國朝，縣治屬鹽茶廳，鹽則銷花馬池之引，茶由商人認交，馬政遂裁。同治十三年改縣後，檔册遺失，其詳遂不可得，茶馬舊例當與平、固相同。非確有可徵，未便泛引。

釐稅

海城向日未設釐局，自改縣後，每年征收牲畜及各行牙帖、磨課銀兩隨時批解。

一、田房稅契征銀二十五兩，多寡不同。

一、牲畜稅征銀一百二十兩。

一、水旱油磨大小七十六輪，征銀一十四兩八分。

一、新設當店一座，征銀二十五兩。光緒三十三年十二月領帖。

一、羊皮牙帖稅銀六錢。

一、羊皮店稅銀一兩二錢。

一、百貨秤行稅銀一兩二錢。

一、酒行稅銀五兩。

一、花布行稅銀一兩二錢。

一、牲畜行稅銀一兩二錢。

一、斗行稅銀六錢。

度支

國家設官分職，百度之興，均須公帑，度支所繫重矣。泰西各國於每歲出入各欵，均列表以載之。中國現設度支部，舉天下一切公費，悉核算而勾稽之。庶若網在綱，有條不紊。天下者乃郡縣所積也，一縣中之官役兵丁及祭祀各典禮用欵，亦屬浩繁，烏可以其小者而略之。

祭祀

一、春秋壇廟祭祀，額銀一百三兩三錢五分二厘。

縣署

一、改設知縣一員，歲額養廉銀六百兩，公費銀三百六十兩，俸工銀四十九兩。

一、額設門子二名，皂隸一十六名，禁卒八名，轎傘扇夫七名，每名歲額工食銀五兩六錢五厘，共銀一百八十四兩九錢七分一厘。[18]遇閏加銀一十六兩五錢。

一、庫子四名，斗級四名，每名歲額工食銀一十五兩二錢九分二厘，共銀四十二兩三錢四分一厘，[19]遇閏加銀四兩。

一、馬快八名，每名歲額工食銀一十五兩六錢九分七厘，[20]共銀一百二十五兩五錢七分七厘，[21]遇閏加銀一十一兩二錢。

一、民壯四十名，每名歲額工食銀六兩，共銀二百四十兩，遇閏不加工食。

一、鐘鼓夫五名，每名歲額工食銀二兩四錢九分一厘，共銀一十二兩四錢五分六厘，[22]遇閏加銀一兩一錢一分一厘。

一、鋪司四十五名，每名歲額工食銀三兩一錢一分三厘，共銀一百四十兩九分六厘，[23]遇閏加銀一十三兩四錢九分九厘。

一、孤貧一十一名，每名歲額口糧銀三兩六錢，共銀三十九兩六錢，遇閏加銀三兩三錢，又共給布花銀五兩一錢三分八厘。

一、原額海喇、李旺、鄭旗三馹夫、馬工、料站價銀四百八十四兩四錢，遇閏加支銀三十五兩七錢。

一、新添三馹夫、馬工、料站價銀二百七兩六錢，遇閏加支銀一十五兩三錢。

以上縣署每年額領各項銀共二千五百九十兩五錢三分一厘，地丁項下存留馹站銀四百八十四兩四錢，耗羨項下留支養廉公費銀三百八十一兩一錢四分，赴司請領一千七百二十四兩九錢九分一厘，遇閏加銀一百兩六錢一分。

儒學

一、額設訓導一員，[24]歲領俸銀四十兩。

一、歲額津貼銀七十二兩。

一、新加津貼銀四十八兩。光緒三十三年秋季添。

一、齋夫三名，每名歲額工食銀一十一兩二錢一分，共銀三十三兩六錢三分一厘，[25]遇閏加銀三兩。光緒三十三年六月裁止。[26]

一、門斗二名，每名歲額工食銀六兩七錢二分六厘，共銀一十三兩四錢五分二厘,遇閏加銀一兩二錢。

一、廩生十名,每名歲額餼糧銀二兩九錢七分八厘,共銀二十九兩七錢八分,遇閏加銀二兩六錢五分七厘。光緒三十三年六月裁止。

一、膳夫二名,每名歲額工食銀六兩二錢二分八厘,共銀一十二兩四錢五分六厘,遇閏加銀一兩一錢一分一厘。光緒三十三年六月裁止。

以上除廩、膳、齋夫銀兩裁撤不領外,共銀一百七十三兩四錢五分二厘,津貼銀一百二十兩,由平涼道署掛發,其俸工銀五十三兩四錢五分二厘,[27]赴司請領。

典史

一、額設典史一員,[28]歲額養廉銀六十兩,俸銀三十一兩五錢二分。

一、每月津貼銀六兩,共七十二兩。[29]

一、新加每月津貼銀四兩,共四十八兩。[30]光緒三十三年秋季添。[31]

一、門夫一名,馬夫一名,每名歲額工食銀五兩六錢五厘,共銀一十一兩二錢一分,遇閏加銀一兩。

一、皂隸四名,每名歲額工食銀五兩二錢九分二厘,共銀二十一兩一錢七分,遇閏加銀二兩。

以上共銀二百二十三兩九錢,內津貼銀一百二十兩,[32]由平涼道署掛發;俸工銀一百二十三兩九錢,赴司請領。

鹽茶營

一、額設都司一員,歲領薪、廉、蔬、紙紅、馬乾草折等項銀四百二兩八錢,世俸銀一十六兩二錢八分。

一、千總一員,歲領俸薪、廉、倒馬草折等項銀一百八十二兩。

一、經制一員,歲領養廉、馬乾草折等項銀二十七兩。

一、馬、步、守兵八十二名,[33]每名歲領銀一十二兩,共銀九百七十二兩。

一、馬兵三十四名,每名歲領糧八石,共應糧二百七十二石。

一、步兵二十八名,每名歲領糧六石,共應糧一百六十八石。

一、守兵二十名,每名歲領糧四石,共應糧八十石。

一、歲領馬料糧四十三石二斗。

以上該營餉銀赴司請領,其倉糧五百二十餘石,奉文由縣估撥,按季發糧。

防營

一、旗官一員,月薪八十兩,歲領銀九百六十兩。

一、哨長三員,每名月支銀十八兩,共歲領銀六百四十八兩。

一、步隊一旗,月領銀一千三百一十六兩二錢,共歲領銀一萬五千七百九十四兩四錢。

以上該營薪餉共一萬七千四百二兩四錢,赴司請領。

李旺堡營

一、光緒十一年改設,額外外委一員。

一、馬、步、守兵十六名,每名歲領銀一十二兩,共領銀一百九十二兩。

一、馬兵四名,每名歲領糧八石,共糧三十二石。

一、步兵六名,每名歲領糧六石,共糧三十六石。

一、守兵六名,每名歲領糧四石,共糧二十四石。

以上該營餉銀赴司請領,倉糧九十二石,同固原八營,糧一百九十四石,馬料一十六石,奉文由縣估撥發糧。

新營汛營

一、額設經制一員。

一、馬、步、守兵九名,[34]每名歲領銀一十二兩,共領銀九十六兩。

一、馬兵二名,每名歲領糧八石,共糧一十六石。

一、步兵五名,每名歲領糧六石,共糧三十石。

一、守兵二名,每名歲領糧四石,共糧八石。

以上該營餉銀赴司請領,倉糧由固原州發。

蠲恤

自同治十三年勘丈起,至光緒七年止,民欠糧石於光緒九年豁免。

光緒二十一年,蠲免正項糧一千一百一十六石三斗六升八合五勺,耗羨糧一百六十七石四斗五升五合三勺。

三十一年,蠲免關橋等堡雹傷秋禾地畝正項糧一百零二石一斗九升一合,[35]耗羨糧一十五石三斗二升八合,又奉發關橋等堡三十一年賑恤糧九百四十二石九斗。[36]

【校勘記】

［1］二項:成文本《海城縣志》無此二字。下文"額征地丁二項"之"二項"均同。

［2］製訂糧斗收糧用之:成文本《海城縣志》作"冬初收糧均用倉斗"。

［3］前則:甘圖本《海城縣志》無此二字。

［4］於:成文本《海城縣志》無此字。

[5] 征：成文本《海城縣志》無此字。
[6] 舊日荒地尚不在內：甘圖本《海城縣志》原無此八字，據成文本《海城縣志》補。
[7] 八十八頃三十九畝九分四毫：成文本《海城縣志》作"七十二頃三十三畝八厘四毫"。
[8] 三十六頃四十畝九分五厘九毫：成文本《海城縣志》作"一十六頃八十七畝三分八厘九毫"。
[9] 八百一十七頃七十七畝四分四厘：成文本《海城縣志》作"七百八十二頃二畝五分四厘"。
[10] 九方：原作"八方"，據成文本《海城縣志》改。
[11] 左：甘圖本《海城縣志》原作"右"，據成文本《海城縣志》改。
[12] 成文本《海城縣志·回教》本段內容作：回族尊奉天主，主有四配，曰折拜嗎伊哩，米哈伊哩，嗎子哈伊哩，伊思哈啡哩。敬穆罕默德爲聖人，其四配曰：嗎布拜克哩，即虎夫爺。如默熱，即苦夫爺。嗎思嘛你，即奵大爺。嗎哩，即折合爺。共分四門。奉虎夫、苦夫教者爲老教；奉奵大教者，與漢人稍異，與老教亦殊；奉折合教者爲新教。老教有圓小印文，係西國道號，擇教中念經阿訇之賢者傳之，名爲"老人家"，一教悉歸之。新教不傳賢而傳家，亦稱"老人家"，創始於西寧之馬明心。嗣馬伏誅，其族黨充發雲南，後由黔歸甘，各省新教皆其統屬。老教勢分，新教勢合，雖皆諷天經、奉天主，教派不同，至其念經之時，老教合掌跪聆，新教手舞足蹈，則又外面之相異也。
[13] 倉斗：成文本《海城縣志》作"倉"。
[14] 馬健堡：成文本《海城縣志》作"馬建堡"。
[15] 鷂子川：成文本《海城縣志》作"雞子堡"。
[16] 起：成文本《海城縣志》無此字。
[17] 八十七兩：成文本《海城縣志》作"八十兩"。
[18] 七分一厘：成文本《海城縣志》作"六分五厘"。
[19] 四十二兩三錢四分一厘：成文本《海城縣志》作"一百二十二兩三錢三分六厘"。
[20] 每名：成文本《海城縣志》無此二字。
[21] 七厘：成文本《海城縣志》作"六厘"。
[22] 六厘：成文本《海城縣志》作"五厘"。
[23] 九分六厘：成文本《海城縣志》作"八厘五毫"。
[24] 額：成文本《海城縣志》無此字。
[25] 一厘：成文本《海城縣志》無此二字。
[26] 止：成文本《海城縣志》無此字。下文"光緒三十三年六月裁止"之"止"均同。
[27] 其俸工銀五十三兩："其"，成文本《海城縣志》無此字。"五十三兩"，成文本《海城縣志》作"五十二兩"。
[28] 額：成文本《海城縣志》無此字。
[29] 每月津貼銀六兩共七十二兩：成文本《海城縣志》作"歲額津貼銀七十二兩"。
[30] 新加每月津貼銀四兩共四十八兩：成文本《海城縣志》作"新加津貼銀四十八兩"。
[31] 光緒三十三年秋季添：甘圖本《海城縣志》原無此九字，據成文本《海城縣志》補。

[32]內：甘圖本《海城縣志》原無此字，據成文本《海城縣志》補。
[33]八十二名：原作"八十一名"，據下文馬、步、守兵實際數據改。
[34]九名：甘圖本《海城縣志》、成文本《海城縣志》原均作"八名"，據下文所列實際數據改。
[35]二石：成文本《海城縣志》作"一石"。
[36]又：甘圖本《海城縣志》此字下原有"發給"二字，據成文本《海城縣志》删。

海城縣志卷四　學校志

　　學校育才,鉅典也。邑無正官,屢阨兵刼。方興幾近千里,絃誦之聲,寂無所聞。又以花門教梟素不讀書,菁莪、棫樸之休,無奮起以應之者。詎眞關乎地脈歟? 抑亦守土者之責也。現停科場,設學堂,以求有體有用之學。文教之興,可拭目俟之。志《學校》第四。

學額

　　一、歲科兩試,額取文生十名,歲取武生五名。[1]

　　一、額設增生十名。[2]

　　一、額設廩生十名。廩增附生、武生各額,光緒二年定額,三十年停止。

　　一、四年額出歲貢一名。[3]光緒二年定額,三十年奉文加倍出貢。至三科止。[4]

義學

　　城鄉共設六處。光緒六年設立,每歲由平涼釐局支銀一百八十兩,三十年停止。[5]

學堂

　　一、城內東北隅設高等小學堂一處,[6]房舍三十一間,光緒三十二年,知縣張時熙建立。每年由各牙行籌欵九百四十千,[7]文武教習各一員,學生未定。

　　一、城內西街設初等小學堂一處,[8]房院一所,内房舍十四間,係舊日官地。光緒三十四年秋,知縣楊金庚籌銀二百兩,二分起息,每年得息四十八兩。教習一員,學生未定。

　　一、城內南街設初等小學堂一處,[9]房舍六間,光緒三十四年,知縣楊金庚建立。籌銀二百兩,[10]二分起息,每年得息四十八兩,[11]爲漢回合學之資。文教習一員,[12]學生未定。

一、東路第一區初等小學堂一處,光緒三十三年冬,知縣楊金庚設在楊郎中堡財神廟內,廊舍八間。每年由該堡斗行籌欵七十千文。教習一員,學生未定。

一、南路第一區初等小學堂一處,光緒三十三年冬,知縣楊金庚設在南岔堡方神廟,房舍六間。以康姓羊二百一十隻爲本,二分起息,每年得息六十千文。[13]教習一員,學生未定。

一、南路第二區初等小學堂一處,光緒三十四年春,知縣楊金庚設在新營堡東嶽廟,房舍六間。該堡捐欵四百千爲本,[14]二分起息,每年得息九十六千文。[15]教習一員,學生未定。

一、西路第一區初等小學堂一處。光緒三十三年秋,知縣楊金庚設在羅家山羅姓舊塾,房舍九間,以羅姓公欵四百千文爲本,[16]二分起息,每年得息九十六千文。教習一員,學生未定。

【校勘記】

[1] 歲取武生五名:成文本《海城縣志》作"武生十名"。
[2] 十名:成文本《海城縣志》作"五名"。
[3] 四年:成文本《海城縣志》作"三年"。
[4] 至三科止:甘圖本《海城縣志》原無此四字,據成文本《海城縣志》補。
[5] 三十年:成文本《海城縣志》作"三十二年"。
[6] 東北隅:甘圖本《海城縣志》原無此三字,據成文本《海城縣志》補。
[7] 牙:甘圖本《海城縣志》原無此字,據成文本《海城縣志》補。
[8] "一城内西街設初等小學堂一處"句至本段末"學生未定"句:甘圖本《海城縣志》原無本段内容,據成文本《海城縣志》補。
[9] 南街:甘圖本《海城縣志》原無此二字,據成文本《海城縣志》補。
[10] 兩:甘圖本《海城縣志》原無此字,據成文本《海城縣志》補。
[11] 每年得息四十八兩:成文本《海城縣志》作"每月得息四兩"。
[12] 文:成文本《海城縣志》無此字。
[13] 六十千文:成文本《海城縣志》作"六十串文"。
[14] 四百千:成文本《海城縣志》作"三百串"。
[15] 九十六千文:成文本《海城縣志》作"七十二千文"。又,甘圖本於本段文字天頭處貼一紅紙箋,上書"新營堡學堂春間定議捐款,因縣學員歲貢張世清患病,未能收訖,尚未禀報,理合注明"三十四字。
[16] 文:甘圖本《海城縣志》原無此字,據成文本《海城縣志》補。

海城縣志卷五　兵防志

　　海城地居險要，自唐、宋、元、明，迭爲牧場。或爲番羌所割據，或爲屯守之營壘。兵端屢起，爲用兵者所必爭。迨國朝乾隆時，歸爲廳地，爲甘省東北之保障。而專官未設，營汛無多，天方教盛，不數年而即生事。改縣以後，祇西安州、新營堡、李旺堡三處設千總外委，而西安汛歸鹽茶營，新營堡歸固原中營，李旺堡汛歸瓦亭營。兵力既形單弱，事權又不歸一，地方遼廓，遊匪廲至。兼之境内回多，動即齟齬。同治十三年辦理善後，將回族移居城中。向之所謂外患者，今則竟爲内憂，肘腋之間，時形不測。於光緒二十一年之變，添設防軍，駐紮城垣，頗形周密矣。志《兵防》第五。

〔營制〕

鹽茶營

額設都司一員，經制一員，馬、步、守兵二百三十六名。光緒七年，核減三成兵七十一名，存留馬、步、守兵一百六十五名，内：馬兵四十一名，步兵六十六名，守兵五十八名。光緒二十三年七月，減裁二成馬、步兵一十五名，現存馬、步、守兵五十八名。

西安州汛

額設千總一員，外委一員，馬、步、守兵五十一名。光緒七年，核減二成兵一十五名，[1]存留馬、步、守兵三十六名，内：馬兵九名，步兵一十四名，守兵十一名。光緒二十三年七月，減裁二成馬、步、守兵五名，現存馬、步、守兵二十四名。

防營

管帶一員，哨官三員。[2]"景"字前旗步隊三百五十六名，光緒二十二年五月内駐紮海城，二十六年四月内奉調入衛更紮。馬隊一旗一百二十五名，八月奉調入衛。又新募"景"字後旗步隊一旗，什護勇夫共三百五十六名。二十八年正月，改爲防軍一旗，官弁勇夫三百一十三名。三十一年，改爲續備後旗步隊，共三百一十三名。

李旺堡汛

原設千總、經制各一員，兵丁一百三十名。光緒十一年，裁千總一員，經制一員，兵丁九十名，移駐八營汛。改留李旺堡外委一員，馬兵五名，步兵七名，守兵八名。光緒二十一年十月，内減裁馬兵一名，步兵一名，守兵二名，現存馬、步、守兵一十六名。

新營堡汛

額設經制一員，馬兵一名，步兵六名，守兵六名。光緒二十三年，裁步兵、守兵各一名，現存馬、步、守兵八名。

馹遞

一、海喇都馹設於本城，馹書一名，馬三匹，夫一名半。添設馬二匹，夫一名。

一、鄭旂馹設於界牌，在縣東七十里，馹書一名，馬三匹，夫一名半。添設馬二匹，夫一名。

一、李旺馹設於李旺堡，在縣東一百八十里，馹書一名，馬八匹，夫四名，添設馬二匹，夫一名。

一、額設舖司四十五名。

巡警

縣境漢回雜居，良莠不齊，風俗澆漓，搶刼鬭毆，習以爲常。加以河回紛至沓來，不安本分。是欲靖盜源，整風化，巡警之設，乃爲要圖。然非嚴立條規，則事權假人，反啟縱橫之漸。光緒三十三年秋，知縣楊金庚擬訂條規，通稟立案，關城遵照新章辦理，四鄉合團練、保甲爲一，参以巡警規模，設分局九處。其餘各村堡附於分局之中，選派巡長、巡副以專責成。並清查户口，以期實事求是，境内稍得安謐云。

城内總局

設在城内隍廟東房，派漢回巡長、巡副各二名，僱巡丁六名，每名月支口食錢二串六百文，由牲畜行每年籌欵一百六十串文。[3]

西關分局

設在西關棧房，派漢回巡長、巡副各一名，僱巡丁二名，每名月支口食錢二串六百文。

路燈

關城共栽玻璃燈十盞,木燈三個,每月每舖户籌燈油錢一十二串。

以上關城每年共籌經費二百七十餘串。燈油之外,所餘二百一十餘串,即作巡丁八名口食,尚可敷用。其冬季皮衣,春、夏、秋單衣均另欵備用。[4]

東鄉分局

第一區設在鄭旗堡,回紳巡長、巡副共三名。

第二區設在李旺堡,回紳巡長、巡副共三名。

第三區設在楊郎中堡,漢紳巡長、巡副共三名。[5]

南鄉分局

第一區設在龍齒峴,漢回巡長、巡副各一名。

第二區設在新營堡,漢紳巡長、巡副各一名。

西鄉分局

第一區設在西安所堡,漢紳巡長、巡副共二名。

第二區設在興仁堡,漢紳巡長、巡副共三名。

北鄉分局

第一區設在閆芳堡,漢回巡長、巡副各一名。

第二區設在關橋堡,回紳巡長、巡副共三名。

以上九分局共轄五十六堡,各就公地設一局所,發給旗幟,稽查匪類,隨時查看賞罰,以示勸懲。

【校勘記】

[1] 三:成文本《海城縣志》作"二"。

[2] 三:成文本《海城縣志》作"一"。

[3] 文:甘圖本《海城縣志》原無此字,據成文本《海城縣志》補。

[4] 其冬季皮衣春夏秋單衣均另欵備用:成文本《海城縣志》作"冬季皮衣另欵備用"。

[5] 第三區設在楊郎中堡漢紳巡長巡副共三名:成文本《海城縣志》無此十八字。

海城縣志卷六　古蹟志

海城始屬夷地，繼爲牧場，雖隸域中，竟同化外，以故文人學士足蹟所不及到，即典册所載，疏畧亦多，斯考古者之憾也。然發思古之幽衷，掇拾闕文，博諮遺老，就其昭然可傳者，以爲剝果蒙泉之繫。志《古蹟》第六。

〔古蹟〕

七里寶山，在縣南八十里，山之西郭城馹，今屬會寧。漢代分襄武置枝陽縣，尋廢。又置袓厲縣，屬安定郡。東漢屬武威郡，前涼張軌時廢。

石城山，在縣南一百一十里古城堡中，[1]三面峭壁，惟東南有路可登。山嶺平坦，有地數十畝。唐廣德二年，陷於吐番，名汝遮。[2]明初，賜沐藩爲牧地，後爲滿俊所據。成化三年，與其徒李俊、楊虎叛，有精卒四千，[3]自稱"招賢王"。都騎指揮使劉清、邢端禦之，敗績。巡撫陳价等以兵三萬討之，亦敗。總督項忠、總兵劉玉、伏羌伯毛忠與巡撫馬文升率京兵及陝西四鎮兵數萬進討，[4]屢戰擒之，毀其城池。夫石城彈丸，滿四醜類何所恃以無恐？及細察地形，知其險之在四山也。東有炮架山，南有將軍、照壁山，西有七里寶山，北有石城溝與馬圈山，類皆天梯石棧，[5]懸絶深阻，仰而攻之，勞逸懸殊。今則石城雖毀，天險猶存。四面屬縣，獨石城附近之二三里爲滿四袓塋，[6]屬州管轄，司牧者宜熟籌之。

西安州城，距縣西四十里。[7]山水雄峻，爲海喇形勢之最。元昊據之，名南牟會。宋元豐四年，李憲總五路兵營於天都山下，焚夏之南牟內殿，追襲其統軍新都喇不丹，敗之。旋陷於夏。元符元年，夏人寇平夏城，章楶大敗之。由是創州一，即西安州，以南牟會新城建城。砦九，州屬有天都、盪羌、臨羌、橫嶺諸砦。天都寨，即今之海城。未幾，又爲夏人所據。元豫王建都於此，城週五里六分。明洪武二年，平章俞通源次海喇，[8]右丞薛顯攻走豫王於北平，[9]以其地賜楚王爲牧場。[10]成化五年，[11]巡撫馬文升平定滿俊之亂，重修之，名西安所。其時套虜每值冬於境外之鎖黃川、長流水蹈冰入犯，居民深受其毒，乃設守禦千户所，隸固原衞。嘉靖中復設遊擊，兵馬、教場、倉厫皆備，以備防守。[12]及國朝乾隆時，[13]

裁千户所，改遊擊爲都司，屯兵操牧。旋將都司移駐縣治，名鹽茶營，留千總、外委各一員。

武延川，[14]在縣南一百四十里。昔有武姓名延者居此，故名。川南有河，發源於月亮山，[15]南通静寧，東入於渭。宋曹瑋知渭州，與陳興、秦翰破党項章埋於武延鹹泊川，[16]即此地。

哨馬營，在西安州西北二十里，爲哨探夏人之處。

蔴長臺，在西安州南十五里，[17]宋張叔夜築以拒夏人。

鎮戎所，即古細腰葫蘆峽城，在縣東一百二十里。[18]宋太宗時如京使胡澄築之。[19]城週三里，櫓樓壕塹備。仁宗慶曆元年，[20]元昊寇渭州。韓琦趨鎮戎軍，盡出其兵，命任福將之，趨懷遠捺龍川，遇鎮戎西路巡檢常鼎、劉肅，與賊戰於張家堡。慶曆二年，元昊復寇鎮戎軍，總兵葛懷敏死之。[21]哲宗元祐四年，知渭州章楶城平夏。楶以夏人猖獗，上言城葫蘆河川，城成，名平夏。《通鑑》注云：①平夏故城在固原州北，有曰細腰葫蘆峽。是平夏城，即葫蘆峽。其名鎮戎軍者，乃駐軍之統名也。明成化九年，巡撫馬文升重修。十三年，巡撫余子俊題設守備千户，隸固原衛。嘉靖三年，增築關城二里。倉庫全，明末廢。今名李旺堡，駐瓦亭營，外委一員。

石峽口，在縣東北一百一十里，即印子山之中嶂。[22]宋時鑿峽口以通流，凡境北各水均至峽口，匯爲一流，入清水河。按《通鑑》：②宋哲宗元祐四年，章楶知渭州，城平夏，上言城葫蘆河川，合秦、鳳、熙、河四路之師，築二砦於石門峽口。注云：在固原州北。《水經注》云：③石門水導源高平縣，右入東水亂流後，左會三川，參差相得；東北同爲一川，混濤歷峽，峽即隴山北陲，謂之石門口。今按：章楶所築之平夏城爲李旺堡，地距峽口三十里，[23]而峽口迤東又有二廢砦遺址。峽水東流入於清水河，河源出於六盤山之牛營子，古屬高平，一名葫蘆河，與《水經》所云導源高平相合，是石峽口即宋之石門峽。江口上穿石壁，下臨河流，丸泥塞之，東道不通，天險也。

清水河，名蔚茹水，又名葫蘆河，在縣東一百三十里。[24]按《通鑑》：④宋哲宗元祐四年，知渭州章楶城葫蘆河川。宋神宗元豐四年，李憲總五路兵東上，次於葫蘆河。《一統志》云：⑤源出固原東南，北入寧夏中衛。今考：河源有二，一出

---

① 參見《通鑑輯覽》卷七九。
② 參見《通鑑續編》卷十。
③ 參見《水經注》卷二《河水》。
④ 參見《通鑑輯覽》卷七八、卷七九。
⑤ 參見《大清一統志》卷二〇一《平涼府》。

東漢隗囂使牛邯軍瓦亭時所築六盤山下之牛營子；一出固原西海子。兩水合流於固原州之南，再北至黑城子，匯須滅都河、小黑水、大黑水爲一流，總名曰清水河。過縣東北之李旺堡東，入境又西北至紅古城東，匯石峽水，由同心城界出境。

天都寨，在華山，北宋楊文廣築，今廢。[25]

天都山，一名西山，在縣西四十里。[26]宋太宗雍熙二年陷於夏。曹瑋知渭州，擒德明於天都山。①元豐四年，李憲自熙河進兵於天都山。元祐間，夏與西羌相接，聚兵天都山。夏臣野利常守此，[27]號天都大王。元符二年，以折可適權第十二將兵，[28]奪天都山。尋陷於夏。其山奇峯插天，登其巔可望黃河。[29]同治間，逆回狗齒牙踞爲巢穴。山下有元昊避暑宮遺址。

新營，[30]在縣南一百六十里，明肅藩苦水屯地也，本名鹹溝。嘉靖丙午，②因營基傾圮，改建於此，名曰新營。內城里餘，外城週圍三里三分，高二丈餘，池深如之。今廢。駐固原城守營把總一員。[31]

沐家營，在縣南一百六十里，明黔國公沐英賜地。先是，黔公隨征陝甘有功，洪武初，賜武延川、撒都川、新圈等莊爲牧場，築城於市井衝要之處，留英季子昕後裔一枝並家人藍姓、馬姓、土司張朵、沈智等一十八户，[32]經理各莊地租。永樂四年，開設陝西苑馬寺長樂監、開樂監畜牧官馬，俱在此地界內，[33]而幅員遂狹，祗存本營及楊郎中、[34]古城、楊名、張元、蔡祥六堡而已。迨國朝改營爲堡，週圍二里，高厚各三丈五尺，係昕曾孫沐徵及陝西都司正千户趙嵩督修。乾隆間，昕之後裔沐天璣年老無後，姪國安有子一人，子孫一線相延，亦沐公之幸也。

小沐家營，在通渭縣，地距沐家營二百六十里，距縣治四百四十里，[35]乃沐英季子沐昕妻常寧公主地。[36]昕奉命西征，公主從之，病歿於此，遂葬焉。留兵蔣姓、李姓各一人守墓，[37]陵墓祠堂猶存。沐氏拜掃之時，諸姓執臣僕禮。惜其孤懸通渭，至海城甚遠，輸將訟獄不能無道阻之嗟！

古城堡，在縣東南一百里。考其四至，參以碑文，即沐府賜地之新圈莊也。當滿四授首之後，近石城者禁民住種，餘則仍令沐府家人蔡伯祥、楊廷桂等耕牧。[38]今廢。

紅古城，在縣東一百二十里，[39]東臨巨河，西塞峽口，南拱大川，[40]北距界河。平涼之北門，寧固之咽喉。[41]明弘治十五年，[42]巡撫楊一清因河套猖獗，奏築紅石城。十七年，總督秦紘建之。嘉靖五年，總管王憲增築外關。轄墩臺十四座，設遊擊一員，將兵守之。後移汛西安州，而城遂空。

---

① 《宋史》卷二五八《曹瑋傳》等文獻不載曹瑋擒德明事，本志不知何據，當誤。
② 嘉靖丙午：嘉靖二十五年(1546)。

小山,在縣南十里。東連五橋,西接華山,地形險要。乾隆四十九年,妖回田小五反,攻破西安州,勾結靖遠糜子灘逆回攻靖遠城甚急。典史朱爾漢登陴守禦,獲諜者田重交,訊爲內應,計白諸縣令黃家駒訊獲內應一百三十餘人。賊膽喪,遁之狼山,與官兵接仗,小五中鎗死,餘衆殲之。事聞,爾漢以知縣用,後官至按察使。回民奉新教者多反,如乾隆間馬明心以靜寧之抵店反,田小五以鹽茶之小山反,馬化漋以靈州之金積反,皆奉新教者也。

陵墓

明

鎮國將軍吳公墓,在紅古堡南二里。[43] 萬曆二十七年,[44] 分守寧夏靈州等處地方、左參將孝孫吳宗堯立。

奉國將軍吳公墓,係參將吳宗堯之曾祖,[45] 未列名。餘同上。

明威將軍吳公墓,係吳宗堯之父,亦未列名。餘同上。[46]

國朝

提督虎拜俊之墓,[47] 在李旺堡南二里。有碑,康熙二十年七月立。[48]

【校勘記】

[1] 南:《廳志備遺·城堡》"石城"條無此字。
[2] 名汝遮:甘圖本《海城縣志》原無此三字,據成文本《海城縣志》補。
[3] 精卒:《廳志備遺·城堡》"石城"條作"衆"。
[4] 毛忠:甘圖本《海城縣志》、成文本《海城縣志》原均作"毛中",據《明史》卷一七八《項忠傳》改。
[5] 類:甘圖本《海城縣志》原無此字,據成文本《海城縣志》補。
[6] 祖塋:甘圖本、成文本《海城縣志》原作"租營",均據《廳志備遺·城堡》"石城"條改。
[7] 西:《廳志備遺·城堡》"西安州"條作"西北"。
[8] 俞通源:甘圖本《海城縣志》原作"俞通海",據《明太祖實錄》卷四一改。
[9] 北平:《廳志備遺·城堡》"西安州"條作"西安州"。
[10] 地:成文本《海城縣志》作"城"。
[11] 成化五年:《廳志備遺·城堡》"西安州"條作"成化四年"。
[12] 備:成文本《海城縣志》作"資"。
[13] 及:甘圖本《海城縣志》原無此字,據成文本《海城縣志》補。
[14] 武延川:原作"武源川",據《宋史》《乾隆甘志》等改。下同。參見本書《前言·〔乾隆〕鹽

茶廳志備遺》之"志書編修質量"。

[15] 於月亮山："於",《廳志備遺·城堡》"武源川"條作"入"。"月亮山",甘圖本《海城縣志》、成文本《海城縣志》、《廳志備遺·城堡》"武源川"條原均作"六盤山",據《寧夏歷史地理考》卷十六《山川》改。

[16] 章埋：甘圖本《海城縣志》原作"童惺",據《宋史》卷二七九《陳興傳》改。

[17] 蔴長臺在西安州南："蔴長臺",《廳志備遺·古蹟》"蔴張臺"條作"蔴張臺"。"西安州南",《廳志備遺·古蹟》"蔴張臺"條作"西安所西南"。

[18] 二十里：成文本《海城縣志》作"三十里"。

[19] 時如京：甘圖本《海城縣志》原無此三字,據成文本《海城縣志》補。

[20] 慶曆：甘圖本《海城縣志》原作"慶歷",清人避清高宗弘曆諱而改,今據宋仁宗趙禎年號用字回改。下同。

[21] 葛懷敏：甘圖本《海城縣志》原作"郭懷敏",據《宋史》卷十一《仁宗本紀》、卷四八五《夏國傳》改。

[22] 中障：成文本《海城縣志》作"中嶂"。

[23] 地：甘圖本《海城縣志》原無此字,據成文本《海城縣志》補。

[24] 縣東一百三十里：《廳志備遺·水利》"清水河"條作"廳東北一百五十里"。

[25] 天都寨在華山北宋楊文廣築今廢：成文本《海城縣志》無此句。

[26] 西：《廳志備遺·城堡》"天都山"條作"西北"。

[27] 野利常：甘圖本《海城縣志》、成文本《海城縣志》原均作"野利當",據《夢溪筆談》卷十三《權智》、《乾隆甘志》卷五《山川·固原州》"天都山"條改。

[28] 兵：甘圖本《海城縣志》原無此字,據成文本《海城縣志》補。

[29] 巔：《廳志備遺·城堡》"天都山"條作"嶺"。

[30] 成文本《海城縣志》不載新營及下文沐家營、小沐家營、古城堡、紅古城、小山等六處古蹟。

[31] 把總：甘圖本《海城縣志》原作"經制",據《廳志備遺·城堡》"新營堡"條改。

[32] 沈智：《廳志備遺·城堡》"沐家堡"條作"兒智"。

[33] 此：《廳志備遺·城堡》"沐家堡"條作"賜"。

[34] 楊郎中：《廳志備遺·城堡》"沐家堡"條作"楊郎莊"。

[35] 四十里：《廳志備遺·城堡》"小沐家營"條作"四里"。

[36] 常寧：甘圖本《海城縣志》原作"長寧",據《明史》卷一二一《常寧公主傳》改。

[37] 留兵蔣姓李姓各一人守墓：《廳志備遺·城堡》"小沐家營"條作"留軍六人守墓內張姓四人蔣姓一人李姓一人"。

[38] 楊廷桂：《廳志備遺·城堡》"古城堡石沙灘附"條作"楊廷柱"。

[39] 東一百二十里：《廳志備遺·城堡》"紅古城"條作"東北一百里"。

[40] 拱：《廳志備遺·城堡》"紅古城"條作"控"。

[41] 咽喉：《廳志備遺·城堡》"紅古城"條作"交界"。

［42］弘治：甘圖本《海城縣志》原作"宏治"，清人避清高宗弘曆諱而改，今據明孝宗朱祐樘年號用字回改。下同。
［43］南：成文本《海城縣志》作"西"。
［44］萬曆：甘圖本《海城縣志》原作"萬厯"，清人避清高宗弘曆諱而改，今據明神宗朱翊鈞年號用字回改。下同。
［45］係參將吳宗堯之曾祖：甘圖本《海城縣志》原無此九字，據成文本《海城縣志》補。
［46］明威將軍吳公墓係吳宗堯之父亦未列名餘同上：成文本《海城縣志》無此二十字。
［47］虎拜俊：成文本《海城縣志》作"虎邦俊"。
［48］二十年：成文本《海城縣志》卷十《藝文志·金石》作"二十二年"。

海城縣志卷七　風俗志

太史陳詩，以觀民風；君子入國，以問民俗。風俗者，即治化所由徵也。海城山川雄壯，生其間者性多健勁。惜教澤未深，而獷悍之風竟相濡染。漢回分教，而性情則無甚差等。先伸之以法律，繼加之以教養，庸有冀乎？長民者宜知之。志《風俗》第七。

漢俗

婚姻不下庚帖，但憑媒妁一言。訂親之初，送茶葉燒酒，再議訂財禮若干，布疋若干，首飾若干，先交一半，女家並無陪嫁，及娶親之時，再交一半。極貧之家，亦須五六十金。貧富皆不親迎，用車馬娶來。男用伴郎二人。新婦入室，男女同行，一跪三叩禮。次日謁翁姑，禮如前。或九日、一月後，新婿同新婦往岳家謁其尊長，並須謁新婦之外家，亦三叩禮。其貧者每以女招僱工，爲待年之嫁。諺云："天聖山風，西安州葱，鹽茶女兒嫁僱工。"其明證也。往往事後悔婚，致滋訟蔓。凡有新寡之婦，夫族、娘家倚若拱璧，張三、李四爭執牛耳，財禮多至一二百兩，互相競逐，動成搶案。而以前夫子女與後夫子女成婚者，比比皆然。

喪葬不作佛事。富家用松栢木，貧家用楊柳板，有棺無槨。服稱之親族，送葬帶白孝布，子孫亦然，不用麻衣冠。不修墳墓，均用土壙，山向、葬期由陰陽家擇定。葬畢，守制三年。[1]富者不立神主，家供神堂，逢節焚紙。

回俗

婚姻與漢俗同。其聚衆搶奪寡婦爲尤甚，而兄故嫂爲妻，弟故弟婦爲妻，一若分所應然者。

喪葬，於人歿之後將身洗淨，用白布一疋周身包裹，三日内即須埋葬。阿訇諷經。均用其回寺公棺，抬葬於義地土穴。不論年月日期，統係子山午向。送葬，戚族帶孝布，葬後並不拜祭。不數年，不知爲誰何。

漢回同俗

病不延醫，請陰陽家作法，名曰"跳神"，重費亦所不惜。婦女但主中饋，巧者可製衣履，織紝素不講求。幼子弱女，無衣無褐而弗顧。凡男家之妻病故，其妻族則謂身死不明，率領戶眾外親肆行搶掠。以外家爲屍主，其父母反不自專。紳耆調停，量其家計之盈歉，極少亦須出銀百餘兩，名爲燒埋之費。相沿已久，貧富皆然。即子孫滿堂，年逾六十而故者，往往如此。事甫平和，男家即以搶劫訛詐，又復控告，釀成鉅案。

漢回爭訟，各不相下。回族互爭雄長，更甚於與漢人爭。而老教、新教猜忌，尤難究詰。至於倫常忤逆、父子相夷，更屬回族之陋俗。撫字者勤求治理，須一秉大公，一視同仁，以法馭之，轉移之道於是乎在。

以上各節，光緒三十三年秋，知縣楊金庚出示嚴諭，作勸戒歌詞，於悔婚、搶親及藉屍訛賴案內公平辦理，稍著成效。婚書歌詞，均詳稟登之官報。

祥異[2]

康熙四十七年秋九月地震，西安州堡泉源雍塞。

咸豐十一年秋八月，彗星出正北，至同治元年八月始沒。[3]

光緒二十年冬，沙雞過。

光緒二十一年二月，彗星出正北，月餘始沒。

光緒二十五年五月初五日，雨雹大如卵，南山一帶牛羊之死於雹者一千有餘。

光緒三十年六月，彗星出正東，二十餘日始滅。是年七月初五日，西北角無雷而響。八月十二日，西北角天鼓鳴。冬十月，沙雞過。

光緒三十一年十一月初九日申酉之際，有大星隕於西北，赤氣一縷，倏變白氣而散。

光緒三十一年七月二十四日，[4]關橋等堡雨雹大如卵，傷禾稼。

光緒三十四年四月初一日，大風雪，傷麥苗。

方言

天、地、日、月、星、辰、風、雲、雷、雨、霧、露、雪、霜、山、川、河、水、坡、嶺、道、路、溝、渠、澗、崖、麥、菽、穀、稻、穈、麻、禾、稼、瓜、果、桃、李、楊、柳、松、柏、牛、羊、騾、馬、虎、豹、豺、狼、狐狸、雞、犬、鵝、鴨、鴿、雀、鴉、鵲、豬、狗、貓、兔、鹿、獅、象等類如字。[5]

  高曾祖父曰"老太爺",[6]母曰"老太太"。
  曾祖父曰"太爺",母曰"太太"。
  祖父母曰"爺爺""奶奶"。
  父母曰"爹爹""媽媽"。
  伯父母曰"大爹""大媽"。
  叔父母曰"爸爸""嬸嬸"。
  兄弟曰"哥哥""兄弟"。
  兄之妻曰"嫂子",又曰"姐姐"。
  弟之妻曰"弟媳婦"。
  人稱兄弟之妻曰"先後們"。
  兄弟之子曰"姪兒",女曰"姪女"。[7]
  姊妹曰"姐姐""妹妹"。
  姊之夫曰"姐夫"。
  妹之夫曰"妹夫"。
  姊妹之子曰"外甥",女曰"外甥女兒"。[8]
  姑母曰"姑娘"。
  兒曰"兒子",又曰"後人"。
  女未嫁曰"女兒",已嫁曰"親戚"。
  外祖父母曰"外爺""外奶"。
  外父母曰"舅舅""舅母"。
  岳祖父母曰"妻爺""妻奶"。
  岳父母曰"姨父""姨娘"。
  岳父之兄弟曰"姨父",姊妹均稱"姨娘"。
  子長幼曰"世兄哥""小舅子",女長幼曰"大姨姐姐""小姨子"。
  夫稱婦曰"家裏人",又曰"我們婦人"。
  婦稱夫曰"我們掌櫃的",又曰"我們男人"。
  見客曰"看客"。
  飲酒曰"喝酒"。
  飲茶曰"喝茶"。
  吃煙曰"過癮"。

說話曰"扯磨"。
答應曰"應承"。
歡樂曰"高興"。
禮物曰"禮信"。
可曰"對",又曰"幫尖"。
不可曰"不對"。
可以曰"罷了"。
鬥毆曰"撞槌"。
詞訟曰"告狀"。
衣服曰"衣裳"。
鋤田曰"耗草"。
法嚴曰"可惡",又曰"歪的狠"。
法寬曰"丟的鬆",又曰"不管閒"。
唆弄曰"戳弄"。
盜賊曰"賊娃子"。
姦淫曰"嫖風"。
搶奪曰"把人打刼了"。
娶親曰"娶新媳婦子"。
送葬曰"送喪",回曰"送埋的"。
修房曰"蓋房"。
漢民曰"漢人",又曰"大教"。
回民曰"回回",又曰"小教"。
老年人曰"老漢"。
少年人曰"小夥子"。
老婦曰"老婆子"。
少婦曰"小媳婦子"。
人醜曰"不好看"。
人美曰"好的狠"。
教師曰"師傅",回曰"阿訇"。
商賈曰"買賣人"。
銀錢曰"財貝"。
筆曰"生花"。
出門曰"外頭去了"。

見官曰"見上司"。

成曰"對了"。

未成曰"莫有呢"。

訂親曰"說媳婦子"。

以上係回漢方言，其餘多如字，[9]不具述。

物産

一、穀類：大麥、小麥、莜麥、蕎麥、豌豆、[10]扁豆、大豆、黑豆、小豆、白穀、青穀、黃穀、紅穀、黏穀、[11]白糜、黃糜、黑糜、黏糜、[12]青糜、紅糜、胡麻。[13]

一、瓜蔬類：葱、韭、苦苣、萵苣、芹菜、黃芽、白菜、油菜、芥菜、蔓菁、莙薘、小蒜、藤蒿、苜蓿、白蘿葡、紅蘿葡、茛蓮、[14]荸、蕨菜、葫荾、西番穀、小茴、大茴、茄子、王瓜、西瓜、甜瓜、瓠子。

一、花木類：牡丹、芍藥、麗春、萱草、蕙、葵、菊、珍珠、十樣錦、三丹、[15]石竹、金盞、玉簪花、紫荊、刺梅、鳳仙、百合、翦紅羅、金絲桃、藏金蓮、桃、杏、李、梨、秋子、冬果、棗子、櫻桃、花紅、松、栢、椿、槐、榆、柳、青楊、白楊。

一、藥類：甘草、柴胡、防風、欵冬花、麻黃、[16]瑣黃、遠志、車前、枸杞、藭芎、[17]大黃、葶藶、薄荷、荊芥、茵陳、扁蓄、[18]夏枯草、[19]充蔚子、[20]蒔蘿、蒼耳、[21]野烏藥、苦參、沙參、地骨皮、桃仁、杏仁、蕤仁、芒硝、石膏、白芨、蒲公英、刺蒺藜、黃耆、[22]貝母、黃連、紫蘇、肉蓯蓉。

一、禽獸類：雞、鵝、鴨、雁、鷹、鵲、烏、鳩、[23]布穀、鵲、雀、雉、鴿、鵪鶉、沙雞、鴇、鷗鴉、半翅、燕、鷚老、百齡、牛、馬、騾、驢、駱駝、犬、羊、豕、貓、鹿、狼、狐、兔、黃羊、青猿、黃鼠。

以上各類，就境內所産者逐細詳列。查海城，唯本城及西安、龍池灣、二府營四區水甘土衍，可種膏腴。自華山以南，地高氣寒，多雨則五穀不實，民頗喜旱。新堡以北，地界沙漠，輒數年不雨，民又苦旱。則壤成賦，始於順治三年，地多荒蕪，水率鹹苦，最宜於牧養。兵燹後，左侯相給發羊本，漢回以畜牧爲生計，皮毛遂爲一大出產，殆水草鮮美所致與。罌粟，因境内回多，又地勢高亢，[24]出數無幾。

實業

一、農業於五穀之外，[25]不善講求。一家種穀數百畝，不用糞力，既種之後不肯耘鋤，任其自然。菜蔬須資灌溉，水田之畔尚有栽果木者。惟地宜牧畜，鄉民頗講習之。而回族尤善經營，進欸甚鉅，家多餘貲。

一、工業則以羊毛製氈、織口袋、襪子、捎連等件。雖境内羊毛爲一大宗，多銷運外洋。居民習於安逸，不習工藝。羊皮之佳者不讓寧夏灘皮，本地竟無作房，每爲寧夏人購去，竟至利源外溢。城内官立習藝所，設在隍廟，以資提倡。

一、商業販運百貨，隨時零售，並無富商可別開生面，以期商戰者。其資本稍豐之家，收集羊皮、羊毛，仍售於外來皮客及各洋行。回民多重貿易，銀錢不肯通融，雖起息至三四分之多，亦不出借。固因狡賴者多，亦性源慳吝之故，以致小戶於春季期取洋行之銀，夏季以羊毛相抵。每勛值百文之毛，被洋行以六七十文得去，[26]甚可惜也。

一、礦業未經開辦，即有煤礦之山，多係回民牧地。諭以照章試辦，則無應命者。尚須逐漸開通，由官籌辦，以免爭端，而興大利。

【校勘記】

[1] 三：甘圖本《海城縣志》原作"二"，據成文本《海城縣志》改。
[2] 甘圖本《海城縣志》無《祥異》内容，據成文本《海城縣志》補。
[3] 八月：成文本《海城縣志》作"五月"。
[4] 三十一年：據本志書例，前文已述"光緒三十一年十一月"之事，此處"三十一年"疑當作"三十二年"或"三十三年"。
[5] 象等類如字：成文本《海城縣志》作"等字如音"。
[6] 老太爺：成文本《海城縣志》作"祖太爺"。
[7] 姪女：成文本《海城縣志》作"姪女兒"。
[8] 甥：甘圖本《海城縣志》原作"生"，據成文本《海城縣志》改。
[9] 如：甘圖本《海城縣志》原作"不"，據成文本《海城縣志》改。
[10] 豌豆：《廳志備遺・物產》"穀屬"條作"莞豆"。
[11] 黏穀：《廳志備遺・物產》"穀屬"條作"粘穀"。
[12] 黏穈：《廳志備遺・物產》"穀屬"條作"粘穈"。
[13] 胡麻：《廳志備遺・物產》"穀屬"條作"葫麻"。
[14] 苴蓮：成文本《海城縣志》作"茄蓮"。
[15] 三丹：《廳志備遺・物產》"花屬"條作"山丹"。
[16] 麻黃：《廳志備遺・物產》"藥屬"條作"蔴黃"。
[17] 藭芎：甘圖本《海城縣志》原作"芎藭"，據《廳志備遺・物產》"藥屬"條改。
[18] 扁蓄：《廳志備遺・物產》"藥屬"條作"萹蓄"。
[19] 夏枯草：《廳志備遺・物產》"藥屬"條作"夏苦草"。

[20] 充蔚子：《廳志備遺·物産》"藥屬"條作"茺蔚子"。
[21] 蒼耳：甘圖本《海城縣志》、成文本《海城縣志》原作"倉耳"，據《廳志備遺·物産》"藥屬"條改。
[22] 黃耆：《廳志備遺·物産》"藥屬"條作"黃芪"。
[23] 鳩：甘圖本《海城縣志》原無此字，據成文本《海城縣志》補。
[24] 又：甘圖本《海城縣志》原作"有"，據成文本《海城縣志》改。
[25] 於：甘圖本《海城縣志》原無此字，據成文本《海城縣志》補。
[26] 六七十：成文本《海城縣志》作"五六十"。

海城縣志卷八① 職官志

分邑設官，文以教之，武以衛之，所以馭民也。海城向無定職，自國朝乾隆十四年始隸鹽茶廳，同治十三年改爲縣治，其間官守未專。又因迭生事變，檔册無存，半就湮没。茲訪查其姓名之可考者，次列及之。志《職官》第八。

〔文武〕

舊設鹽茶廳同知一員

駐固原州。

趙健，順天薊州拔貢，順治三年任。

宋珮，直隸高邑舉人，順治四年任。

徐國璋，浙江衢州拔貢，順治八年任。

張若愚，[1]直隸清苑拔貢，順治十年任。

何應珏，江南桐城拔貢，順治十四年任。

汪勃然，[2]江南青陽恩貢，順治十七年任。

羅載純，山東霑化恩貢，康熙三年任。

伍柳，江南福安進士，康熙六年任。

楊鼎，[3]江南寶應進士，康熙十一年任。

毛漪秀，山東進士，康熙十七年任。

李游，漢軍監生，康熙二十七年任。

張産齡，江南監生，康熙四十年任。

勒治滾，[4]漢軍鑲黄旗監生，康熙五十七年任。

周轅，[5]浙江山陰歲貢，康熙六十年任。

胡昌國，福建惠安蔭生，雍正七年任。

張夢水，河南祥符貢生，雍正十一年任。

---

① 甘圖本《海城縣志》卷八、卷九均裁去，據成文本《海城縣志》補。

許宏聲,江南陽湖舉人,雍正十三年任。
程聯奎,[6]江南長洲監生,乾隆八年任。
朱亨衍,廣西臨桂舉人,乾隆九年任,十三年移駐海城。詳《名宦》。
孔昭恒,咸豐二年任。
葛以簡,咸豐五年任。
莊裕崧,四川人,同治元年任,二年殉難。詳《忠節》。
汪元任,同治六年任。
葉兆基,湖南湘鄉人,同治九年任。
劉鳳新,湖南善化人,同治九年任。
范廷梁,湖北鄖縣人,同治九年任。
聶堃,湖南邵陽附生,同治十年任。

新設海城縣知縣一員
聶堃,湖南邵陽附生,同治十三年十月接任。
朱美燮,湖北通山孝廉方正,光緒四年任。
陳日新,湖北蘄水監生,光緒六年任。
高蔚霞,湖南湘陰監生,光緒七年任。
英麟,滿洲人,光緒八年任。
劉熙純,河南河内進士,光緒十六年任。
鄧朝卿,湖南人,光緒十八年任。
惠福,鑲白旗人,光緒二十年任,二十一年五月殉難。詳《忠節》。
栢以麗,湖南湘陰人,光緒二十一年任。
楊廷槐,湖南長沙人,光緒二十二年任。
王樹棠,安徽太平監生,光緒二十四年任。
徐光興,湖北漢陽蔭生,光緒二十五年任。
王樹棠,安徽太平監生,光緒二十六年任。
袁範,安徽青陽監生,光緒二十七年任。
王秉章,直隸天津監生,光緒二十九年任。
張時熙,湖北黃安人,光緒三十二年任。
楊金庚,山東諸城拔貢,光緒三十三年任。

新設訓導一員
高焰灼,會寧歲貢,同治十三年任。

顏豫春，皋蘭舉人，光緒元年任，丙子進士。①
賈衡，鎮原歲貢，光緒二年任。
王珽，皋蘭歲貢，光緒三年任。
張守信，會寧歲貢，光緒十一年任。
王楷，鎮西直隸廳舉人，光緒十六年任。
王炬南，西寧孝廉方正，光緒二十六年任。
陳廷珍，寧遠歲貢，光緒二十六年任。

舊設鹽茶廳照磨一員

胡枚，咸豐年任，同治二年殉難。詳《忠節》。
趙成埁，陝西三原人，同治六年任。
董麟，湖南湘陰人，[7]同治十年任。
劉榮節，湖南邵陽人，同治十一年任。

新設海城縣典史一員

嚴椿，順天大興人，同治十三年任。
曾維藩，安徽繁昌人，光緒二年任。
朱南先，湖北麻城人，光緒十二年任。
方傳宗，安徽桐城人，光緒十三年任。
沈汝桐，浙江歸安人，光緒十九年任。
方傳宗，安徽桐城人，光緒二十一年任。
劉錫浩，湖南湘陰人，光緒二十一年任。
李琢，湖南巴陵人，光緒二十一年任。
程尚謙，山東淄川人，光緒二十四年任。
王運安，湖北松滋人，光緒二十六年任。
趙文炳，河南武安人，光緒二十七年任。

舊設鹽茶營都司一員

高如岡，山西武舉，咸豐九年任，同治二年卸事，殉難。詳《忠節》。
馬繼祖，皋蘭人，同治六年任。
龍在田，湖南湘潭人，同治九年任。
李正榮，湖南湘鄉人，同治十一年任。
劉繼仁，陝西新安人，同治十一年任。
王永清，河州人，光緒五年任。

---

① 丙子：光緒二年(1876)。

葉紫成,湖北人,光緒九年任。
劉繼仁,陝西新安人,光緒十一年任。
首成錢,湖南人,光緒十七年任。
劉繼仁,陝西新安人,光緒二十一年任。
歐陽萬明,湖南人,光緒二十二年任。
陳松泉,湖南人,光緒二十三年任。
周紫高,湖南人,光緒二十四年任。
楊振清,皋蘭人,光緒二十五年任。
韓謙,陝西長安人,光緒二十六年任。
高福林,固原人,光緒三十二年任。
強恕,陝西韓城人,光緒三十二年任。

千總一員

駐西安州汛。
周魁,皋蘭人,同治十三年任。
劉明煥,湖南人,光緒六年任。
金耀鼎,湖北人,光緒九年任。
周魁,皋蘭人,光緒十二年任。
蔡兆甲,秦安人,光緒十二年任。
劉玉魁,固原人,光緒十八年任。
李占奎,四川人,光緒二十年任。
李得勝,河南人,光緒二十三年任。
賈鳳鳴,通渭人,光緒二十四年任。
李玉魁,安化人,光緒二十五年任。
李開裕,四川人,光緒三十二年任。
李玉魁,安化人,光緒三十三年任。

經制一員

牛自春,陝西商州人,同治十三年任。
袁登甲,固原人,光緒十七年任。
柳朝卿,湖北人,光緒二十三年任。
羅耀榮,四川人,光緒二十五年任。
苗應宗,固原人,光緒二十七年任。
趙伯霖,海城人,光緒二十九年任。
馬維邦,涇州人,光緒三十一年任。

白復祖,固原人,光緒三十三年任。
張繩祖,清水人,光緒三十四年任。

外委一員

駐西安州汛。
胡振邦,海城人,同治十三年任。
赫登榜,海城人,光緒十一年任。
孫產成,固原人,光緒十六年任。
張森麟,靖遠人,光緒二十年任。
李榮,固原人,光緒二十五年任。
楊凝昶,陝西人,光緒二十七年任。

新設防軍管帶一員

駐紮城垣,詳《兵防》。
參將彭廣濼,廣東人,光緒二十二年紮。
副將呂登科,安徽人,光緒二十四年紮。
參將陳正魁,湖北人,光緒二十六年紮。
參將鍾青雲,湖北人,光緒二十六年紮。
守備習斌,陝西人,光緒三十一年紮。
遊擊馬泰臨,寧州人,光緒三十三年紮。
遊擊劉玉魁,固原人,光緒三十四年紮。

新設李旺堡額外一員

羅志信,四川人,光緒二十一年任。
張正吳,固原人,光緒二十三年任。
王順,陝西禮泉人,光緒二十七年任。
薛東成,靖遠人,光緒二十九年任。
萬鎰清,固原人,光緒三十年任。
張繩祖,清水人,光緒三十一年任。
李森麟,固原人,光緒三十二年任。
胡德厚,安徽合肥人,光緒三十三年任。

新設新營汛外委一員

朱應龍,皋蘭人,光緒六年任。
駱得福,皋蘭人,光緒十四年任。
彭一奎,皋蘭人,光緒二十年任。
康有祿,四川人,光緒二十六年任。

鍾發祥,皋蘭人,光緒二十九年任。

名宦

天生民而立之,君使司牧之,居官者宜顧名思義。其視官爲傳舍,沒沒以終者多矣。而克自濯磨,有功德於民者,固分内事。然三載考績,循良報最,已不數覯,亟將其卓卓可傳者爲之考古證今,列敘其次。

宋

李繼隆,潞州上黨人。太宗時,爲靈環都部署。初,饋餉靈州,必由旱海,踰冬春芻粟始集。繼隆排衆議,堅請經古原州蔚茹河路,太宗許之。遂以如京使胡澄率師城古原州,爲鎮戎軍。

李繼和,隆之弟,宋咸平中知鎮戎軍。和言潘羅支原戳力討趙保吉,已集騎兵六萬,會王師收復靈州。許之。

曹瑋,真定靈壽人,武惠王彬之子。沉勇有謀,喜讀書,通《春秋三傳》,於《左氏》尤深。李繼遷叛,太宗問:"誰可將者?"彬曰:"臣少子可任。"即召同知渭州。繼遷死,瑋擒其子德明送闕下,[8]不報。既而西延家、妙娥、[9]熟嵬數大族請拔帳自歸,[10]瑋曰:"德明野心,不急折其翮,且颺去。"即日薄天都山受降者,官至彰武軍節度使。卒,贈侍中,謚武穆,配享仁宗。

楊文廣,祖業、父延昭同戰沒。范仲淹宣撫陝西,與語,奇之,置麾下。英宗謂文廣名將後,且有功,累官秦鳳副都總管,後知鎮戎軍。

曹英,慶曆二年知鎮戎軍,時元昊入寇,從葛懷敏戰於定川砦,[11]兵敗遇害,詔贈其官。

折可適,關中巨族。未冠,以勇聞。功遷皇城使,知鎮戎軍團練使。渭帥章楶合熙、[12]秦、慶三路兵築好水川,帥以總管王文振,而可適爲副,熙州兵千人失道殲焉。文振歸罪可適,下吏。宰相章惇欲致罪,哲宗惜之,削官十三等。楶請責後效,乃以權第十二將兵取天都山,以其地爲西安州。

盧鑒,金陵人。[13]累舉不第,授三班奉職,遷右侍禁,知渭州。或傳李繼遷將襲制勝關,詔徙民貲内地,鑒曰:"此奸謀,欲示虜弱,搖民心,不敢奉詔。"卒不徙,賊亦不至。

种師道,少從張載學,以蔭補三班奉職,累官涇原都鈐轄,知懷德軍及西安州。夏人侵定邊,築佛口城,率師禦之。道渴,師道命工鑿山之西麓,果得水,師遂濟,破之。

陳興,澶州衛南人。咸豐三年,徙涇、原、儀、渭、鎮戎軍部署。上言鎮戎去瓦亭砦中有二堡,請留兵三百人戍之。俄與曹瑋、秦翰領兵抵鎮戎軍西北武延鹹泊川掩擊蕃寇,斬首二百餘級,生擒二百餘人,奪鎧甲、牛羊三萬計。詔書嘉獎,賜金帶、錦袍、器幣。

張叔夜,江西人。經畧西夏,畫戰守之策。以天都山下其地平衍,可以屯兵,黃河載舟,可以運糧。以圖進取,夏人畏之。

明

項忠,浙江嘉善人,正統壬戌進士。① 以左副都御史討滿四,陞右都御史,入掌院,後爲兵部尚書。

馬文升,河南鈞州人,景泰辛未進士。② 以巡撫左都御史重修海喇都,題設西安州守禦所。建城、屯田、立學、通商,遂成都會。遷任兵部侍郎。

楊冕,[14]四川人,兵部使。[15]修築城池,建設官署,稱有功焉。

白文德,[16]綏德人。爲西安州遊擊,愛惜兵民,公私給足,勒石頌德。

王鎮,字世安,本所千戶。慷慨有節,忠勇素著。弘治間,虜寇犯邊,率師禦之,戰歿。朝廷褒忠,錫蔭鄉里,勒碑表節。

王晉,[17]鎮之子也。猿臂善射,[18]破賊平番,屢立奇功。歷任左府都督僉事。

唐調鼎,武驤衛人,進士,爲西安州遊擊。崇禎末,率兵防禦固原,本城中軍董千總與外寇通,開城納之,大肆擄掠。公聞警旋,計擒董弁及首謀數人,勒兵進剿,群盜授首,民賴以安。

國朝

耿邦賢,直隸定興進士。任西安州遊擊,嚴而有節。鎮撫三年,兵馴民安。

朱亨衍,廣西臨桂舉人。乾隆九年,選鹽茶廳同知,治設固原州。十三年,奉文移駐海城。修城池,建衙署,開水利,卓著政聲,士民至今稱之。

封爵

明

張子華,原籍湖廣人。明初,以功封世襲指揮使,隨楚王分封武昌。王甚倚重,特命領楚兵七百戶、八百七十四名,屯牧於此。滿四之亂,修築十八城堡,與有功焉。

---

① 正統壬戌:明英宗朱祁鎮正統七年(1442)。
② 景泰辛未:明代宗朱祁鈺景泰二年(1451)。

國朝

王將軍進寶,馬營水人。及長,遷靖遠。順治初,從總督孟喬芳西討,屢立奇功。迨李定國據滇,將軍從討,亦與有功。其後,吳三桂反,漢中、隴右幾爲賊有,掃靖妖氛,皆將軍力也。封奮威將軍、提督陝西、阿思哈番,加贈太保。謚忠勇,世襲子爵。

馬產春,幼好學,熟於奇門、兵法、天文、數理。同治年,境內多亂,產春應募,迭著戰功。克復鞏、秦、河、湟等處,歷保參將。經左文襄奏,賞篤勇巴圖魯。光緒十九年,署馬營監遊擊。二十一年,海城逆回作亂,產春計斬逆首李倡法,餘衆逃亡,城鄉賴以相安,其功偉矣。歿於光緒三十二年。其子長麟,世襲云騎尉。

選舉

山川鍾毓,蔚爲人才,不以地限也。海城兵事迭興,文教之不講久矣。國朝雖入版圖,未設膠庠。鄉舉里選,稀若晨星。兵燹後,改縣設學,儒業仍多荒殖。以科第著者亟錄之,以期振人文而勵風化云。

文科

劉統,雍正己酉科舉人。①

田宗禮,雍正己酉拔貢。詳《人物》。

李培初,歲貢。

李濬,歲貢,任陝西白河縣訓導。

張諶,歲貢。

柳成林,歲貢。

柳世明,歲貢。

陳良秀,歲貢。

周曰庠,歲貢。

柬介,嘉慶戊寅科舉人。②

張光漢,道光辛巳科舉人。③

張鵬舉,同治甲戌進士,④任湖北南漳縣知縣。詳《人物》。

張叔楷,歲貢,任平羅縣訓導。

---

① 雍正己酉:雍正七年(1729)。
② 嘉慶戊寅:嘉慶二十三年(1818)。
③ 道光辛巳:道光元年(1821)。
④ 同治甲戌:同治十三年(1874)。

姜希聖,歲貢。

鄭伯勳,歲貢。

康且亨,歲貢。

徐成烈,歲貢。

程光祖,光緒十五年恩貢。

韓逢泰,光緒十八年歲貢。

王青霄,光緒十八年恩貢。

午克明,光緒二十二年歲貢,前署化平廳訓導。

王席珍,光緒二十六年恩貢。

馬詒燕,光緒二十六年歲貢。

馬鳴珂,光緒三十年歲貢。

馬崇德,增貢,前署華亭縣教諭。

康嗣緄,由附生軍功歷保直隸州,任陝西鄜州直隸州。

張世清,光緒三十四年歲貢。

陳希魁,光緒三十四年歲貢。

武科

明

王家棟,萬曆己丑科武舉。①

國朝

何和,康熙甲子科武舉。②

劉舉,乾隆辛酉科武舉。③

武經文,道光庚子科武舉。④

胡殿甲,咸豐乙卯科武舉。⑤

胡殿魁,咸豐戊午科武舉。⑥

胡殿元,咸豐戊午科武舉。

龍啟第,光緒壬午科武舉。⑦

雷豫春,光緒壬午科武舉。

---

① 萬曆己丑:萬曆十七年(1589)。
② 康熙甲子:康熙二十三年(1684)。
③ 乾隆辛酉:乾隆六年(1741)。
④ 道光庚子:道光二十年(1840)。
⑤ 咸豐乙卯:咸豐五年(1855)。
⑥ 咸豐戊午:咸豐八年(1858)。
⑦ 光緒壬午:光緒八年(1882)。

董産禄,光緒己丑科武舉。①

【校勘記】

[1] 張若愚:《廳志備遺·官制》作"張若遇"。
[2] 汪勃然:《廳志備遺·官制》作"汪洴然"。
[3] 楊鼎:《廳志備遺·官制》作"楊煹"。
[4] 勒治滾:《廳志備遺·官制》作"勒治袞"。
[5] 周轅:《廳志備遺·官制》作"周源"。
[6] 程聯奎:《廳志備遺·官制》作"程奎聯"。
[7] 湘陰:甘圖本《海城縣志》、成文本《海城縣志》原均作"湖陰",據《湖廣通志》卷四《沿革志》、卷六《疆域志》等改。
[8]《宋史》卷二五八《曹瑋傳》、《長編》卷六三等載,繼遷死,其子德明請命於朝。曹瑋上書真宗,言願假精兵,出其不意,擒德明,送闕下。而真宗方以恩致德明,故曹瑋建議未被採納。文獻未載曹瑋有擒獲德明事。本志編輯史料有誤。
[9] 妙娥:成文本《海城縣志》原作"妙俄",據《宋史》卷四九二《吐蕃傳》改。
[10] 熟嵬:成文本《海城縣志》原作"熟魏",據《宋史》卷四九二《吐蕃傳》改。
[11] 定川砦:成文本《海城縣志》作"定戎砦"。據《宋史》卷十一《仁宗本紀》等改。
[12] 渭帥:成文本《海城縣志》原作"澧帥",據《宋史》卷二五三《折可皁傳》、卷三二八《章楶傳》改。
[13] 金陵:甘圖本《海城縣志》原作"金靈",據《宋史》卷三二六《盧鑒傳》改。
[14] 楊冕:《嘉靖固志》卷一《創建州治》《城池》《文武衙門》《記》、《萬曆固志》上卷《建置志·城堡、行署》《官師志·國朝》均作"楊勉"。《明憲宗實錄》卷六九、《四川通志》卷九《人物·直隸潼川州》、《西征石城記》作"楊冕"。
[15] 兵部使:《廳志備遺·名宦鄉賢》作"兵備副使"。
[16] 白文德:《廳志備遺·名宦鄉賢》作"自文德"。
[17] 王晉:此同《宣統甘志》卷六二《職官志·將才》,《萬曆固志》上卷《官師志·國朝》、《廳志備遺·名宦鄉賢》均作"王縉"。
[18] 臂:《廳志備遺·名宦鄉賢》作"背"。

---

① 光緒己丑:光緒十五年(1889)。

海城縣志卷九　人物〔志〕

扶輿磅礴之氣，鬱而必發，得其全者，卓然可稱爲名世。其具體而微，搽文奮武，砥節礪名。或有功於社稷，或見重於鄉間，均足生一邑之光也。海城地勢雄厚，詎無偉人，惜遭兵阨，傳者無幾矣。志《人物》第九。

〔人物〕

明

何士傑，洪武六年，選充南京盛德衛總旗。

馬海，明時襲武毅將軍。

國朝

田宗禮，雍正己酉拔貢。① 博學能文，不樂仕進。教授生徒於西安州，後學被其薰陶者甚衆。

回民王大桂，[1]品行端潔。同治元年，預望城把總馬兆元叛。大桂恨回族不靖，思欲殄滅，乃卑辭厚幣以誘兆元，兆元喜，大桂俟其至，擒而斬之，叛回因多投順。事聞，賞大桂六品頂戴。穆生花謀破固原，嫉大桂助官軍，遣人紿之曰："漢回不相下，必得一品望凤著者爲之排解。"大桂信之，偕鹽茶防守、涼州總兵萬年新同往。生花欲脅之以叛，大桂不從，數其罪而罵之。生花怒，以火燎其口，而後支解焉。萬年新與之俱死。大桂之子銘忠因投官軍，累保提督，銜勵勇巴圖魯，記名總兵。

張鵬舉，字霞軒，幼好學。同治時屢經變亂，霞軒避亂山中，讀不輟。癸酉舉於鄉，②甲戌捷南宫，③授邑令，歷任湖北南漳應城知縣。興學校，戢強暴，所至有聲。旋告歸，以孝友勖子弟耕讀相傳。孫世清，歲貢生，克繼祖風，鄉里有事，皆賴以排解。

---

① 雍正己酉：雍正七年(1729)。
② 癸酉：同治十二年(1873)。
③ 甲戌：同治十三年(1874)。

忠節

以年月先後爲次。

莊裕崧,四川人。同治元年,履鹽茶廳任,廉慎自持。二年二月初六日,逆回李得倉破城。莊丞往回寺見田阿訇,以義折之,冀其勸解。田阿訇不服,遂遇害。事聞議恤。

張宗壽,套腦堡人,明大義,爲衆望所歸。同治元年,馬兆元反,馬明善復繼而起。宗壽練鄉兵萬餘,縣境各堡恃若長城。嗣因賊勢甚熾,官兵屢戰不捷,宗壽率衆攻賊於張家紅山,突入賊營,手殺多賊,力盡身死,同時死難者數千人。各堡無所依恃,相繼而陷。

附生任仰伊、廩生左耀祖、團首張文明、陳廷選、左守成、左生銳,附生杜秀陵、左生存、張逢春,武源川人;張保安、張明福、楊得有、金世安、馬廷成、武華、武宗冉,沐家堡人;武生夏自諌,閻芳堡人。同治元年,與賊打仗陣亡。

易舉,鹽茶廳莊丞幕賓也,同治二年,城陷殉難。

胡敉,[2]鹽茶廳照磨,同治二年,城陷殉難。

高如岡,山西人。性忠勇,曉軍事,由武舉授千總,歷陞鹽茶營都司。年逾七十,同治元年已經解任,聞陝回倡亂,警報日急,乃與城中文武會議,爲死守計。其子武生高萃中、婿附生張守一,均同効命。同治二年二月初六日,城陷,如岡手執大刀,躬率萃中、守一巷戰,殺賊於城隍廟街,以衆寡不敵死之,事平請恤。

監生徐自學、六品頂戴李含榮、耆賓李廷傑,同治二年,城陷時,率王亨衢、王國模、王國柱、常益清、程友棻、席作賓、魏紹古、秦祿、李正成、楊福、張慶陽等巷戰,爲賊所害。慶陽被賊擄去,迫操書記,不從,死之。

龍池灣居民因城陷固守其堡,丁勤爲團總,附生張紳副之,率村人張勤、曹輔、吳廷花、張道、王萬裕、丁伏英、謝進祿、郭克讓、張國浥、胡忠孝、王恒、張國儒、張自英、張義、解維州、李爾富、鄧忠、王明志等,同治二年三月二十八日,戰賊於西安州,悉死之。丁勤被執,逮至白吉村,罵賊不屈,遇害。

武生馬如龍、馬向元,馬建堡人;楊宗來、楊復信、楊克維、楊宗樊、楊復祿、楊光冉、黃天琦、李克昌、李得福、李得應、康進孝,南岔堡人;周萬德、屈伏奇、孫成直、屈發有、屈伏華、孫昭武、屈伏祥、孫義祖、黃進綱、屈伏乘、孫愛祖、黃六兒、王世存、張仲魁、陳登玉、路賓寅,周吳堡人;高勤、王甲寅,沐家堡人。同治二年二月,與賊打仗陣亡。[3]

監生王明珍、王明志、王明講、王明侁、范存誠,梨花坪人,同治二年二月,與賊打仗陣亡。

護涼州鎮萬年新,貴州人。同治元年閏八月,統兵於鹽固一帶地方辦理撫局。二年二月,鹽茶失守,殉難。

鹽茶營外委柳仲全,本城人。以賊復至城,督同武舉胡殿甲、附生羅永清及羅士隆、劉義、馬生壯,於同治三年正月初六日,率衆禦之,悉死於陣。仲全尤善戰,賊執而縛之,以箭較射而死。

附生李雲楨,龔家灣人。築堡固守,賊至,率李雲慶、張慶、張裕、張喜雲、張東升、張顯耀、王妥、姚滿德、王守志等禦之。同治三年二月十五日,堡陷,悉死於難。

附生郭登瀛,耆民盛世貴、楊自泰,從九趙如聖,南散莊人;杜萬銀、王永清、杜登榮、杜萬福、吳學富,新營堡人。同治三年,與賊打仗陣亡。

副將施鵬、遊擊張得喜、守備王成吉、千總張占雄,把總馬升、杜生蘭、邵成雲,外委趙珠、白仲明,領兵防守。耆賓陳學冉轉運軍糧,嗣調赴靜寧州。同治四年行抵鴉兒灣,均遇害。

六品軍功張永亨,張家灣人。同治四年六月,在龍池灣與賊打仗,陣亡。

團總張秀、祁三鳳、朱學舟、張蛟、李三益,新營堡人;李學霞、附生宋休徵、李學信、浦九户、增生李作棟、浦老九、浦永健、張占魁,駝廠堡人;附生康允亨、康長亨、康得艾、康進有、吳國順、康生琮,南岔堡人;侯正成、侯思辨,侯家灣人。同治五年,與賊打仗陣亡。

六品軍功鄒益足,關橋堡人,押駝運糧。同治六年三月,在靖遠蘆塘遇害。

副將銜王清禄,西季堡人,在京馬前營送糧。同治八年,在同心城遇害。

康生昇、康得官、康得冉、康生範,南岔堡人。同治八年十二月,與賊打仗陣亡。

楊廷蘭,新營堡人;李如龍、康建中、李廷祥、李廷瑞、康莊兒、黃滿信、黃天春,南岔堡人;孫維祥,周吳堡人。同治九年,與賊打仗陣亡。

花翎湖廣補用總兵、硜色巴圖魯魏紀鋆,湖南邵陽人,管帶武威前營。於同治九年八月,在縣境黑溝堡、脱烈堡、黃羊坪、鴉兒灣、關門山、黃家園子一帶防勦,秋毫無犯,奮勇盪抉,擒斬黨目甚多,民賴以蘇。於十一年八月,在環縣擊賊捐軀。

以上皆入平涼昭忠祠。

惠福,鑲白旗人。光緒二十年,任海城縣事,持身謹慎。二十一年甲午中東一役,甘境兵多赴敵,内地空虛。逆回李倡法主謀倡亂,勾結河回馬筐筐等,於五月初七日夜,聚千餘人,焚燬監獄、大堂,蜂擁入署。猝不及防,遂遇害。事聞議恤。

許茂梧，係知縣惠之幕友。孫喜，其家丁也。光緒二十一年五月初七日夜，賊入内署，許與孫見惠令被害，救護不及，駡賊不屈，亦遇害。事平請恤。

千總朱得榮及郎登第、崔百仲、辛萬魁、馬得勝。光緒二十一年六月，與賊打仗陣亡。

鎮南右營幫辦曹松林、辜桂亭、田玉春，團總田文義、田增海、藍興長及兵丁羅春廷、唐得成、李成有，差役馬剛。光緒二十一年七月，與賊打仗陣亡。

田樹信，駐海防軍哨官。二十七年六月，在平遠與賊打仗，陣亡。

孝義

夏一龍，性至孝。父得危病，醫藥罔效。一龍齋沐告天，乞以身代繼。截一指焚之，父疾頓瘳。司土額其門，壽九十六歲。

張登榜，同母兄弟三人，繼母王氏復生三子。母歿，父老家貧。登榜孝友兼盡，年近九旬如一日也。雖未事詩書，天性發於至誠，和氣盎然，堪爲民表。

張福璽，[4]孝事父母。乾隆十四年，其父張孔正身病黄腫，危甚。璽聞古人有割股療親之事，潛割左臂，謬稱雞肉以進，父食之病癒。親友知之，聞於有司，以旌其閭，並免身役，以爲世勸。

張琪，乾隆間議敘武生，爲明指揮使張子華後裔。好義急公，宗族鄉黨待以舉火者甚多，咸謂克繩祖武云。

廩生張可觀，世居西安所。吳逆叛時，倡舉義旗，冒險定計，保全孤城。後嗣張坦救災恤鄰，排難解紛，鄉黨德之。

耆賓劉登堂，樂善好施。同治間變亂後，凡戚族貧無以生者，皆周濟之。鄉民感其德，立碑稱頌。子效琦，武庠生。

康且亨、康允亨，均邑庠生。睦族敦宗，以孝義稱。同治五年變亂，允亨練民兵與賊戰，死於難。且亨爲鄉人所重，恤貧救難，戚族感之。允亨子嗣泰，附貢生。且亨子嗣繒，由軍功歷保直隸州。[5]

隱逸

馬執中，靖遠回族也。慷慨好讀書，嫻武藝。同治亂後，遷居縣中，從西寧阿訇楊某遊。楊廉淡寡慾，精性命之學，以靜坐爲宗，亦避難而寄居者。辦西寧招撫事畢，年九十有六，沐浴端坐而歿，奇人也。執中從遊久，默有所得，杜門謝客，潛修二十年。好讀周子《太極圖》，五子《近思録》諸書，八十四歲以壽終。囑其子別營塋墓，不與回族同邱壟。花門中有此秀出之英，不爲教門所限制，噫！亦異矣。子崇德，由增貢署華亭訓導。孫二，長詒燕，歲貢生，殆天之有以報施也。而爲之子若孫者，當儀型厥祖於勿替。

流寓

任周攀，籍隸會寧。家貧，乾隆辛未年傭於新營堡李自美家。[①] 客民張中孚攜本銀百兩遺於店内，周攀拾之，不知誰何之金，默守之。午後張歸，覓之弗得。正深焦急，周攀責之曰："貿易資本，事畜賴之，何如此疏忽？我恐爲人所得，已收之而待子矣。"[6] 張感而謝之。鄉人以拾金不昧報於朱丞〔亨衍〕，廉得其實，欲嘉獎以厚人心，周攀以異鄉民去而不顧。

仙釋、方技

邵道，名錦福，龍門派十五代嗣法，原籍河州。成丁時，破四相，迷悟三乘法，出家爲道。固原久旱，道力爲祈禱，獲霖雨。住華山十二載，都人士慕其清高，請其住東嶽廟。道精醫術，起沉疴無數。又明於卜筮，如響斯應。於咸豐六年四月初六日辰時坐化。

列女

女子從一而貞，不幸而黃鵠早寡，苦節貞瑨，均得天地之正氣。其或時遭變亂，不爲賊屈，其忠義之氣，有非丈夫所能者。抑或孝出至性，始終不懈，其成名雖若殊途，其真情則實一致。海城近來風化不講，凡節孝、烈婦、烈女，久埋没於荒煙蔓草之間。非惟無以勵風俗，亦不足以慰幽魂也。表而出之，以見風世之苦心云。

節孝

張氏，傅程代之妻。[7]夫亡，守節四十年。[8]

倪氏，張進忠之妻。年二十四而寡，家貧子幼，苦節至六十四歲而終。

丁氏，賈可畏之妻。年二十二夫亡，子甫周歲，家貧歲歉，歷盡諸艱。以針黹

---

① 乾隆辛未：乾隆十六年(1751)。

養舅育子,守節以終。

魏氏,李執申之妻。年十九夫亡,無子。志欲殉節,因舅姑既衰,夫弟孩提,代夫孝養,鄉里賢之。

張氏,謝睦之妻。年二十一而寡,子甫三歲,苦節撫孤,不辭勞悴。

閻氏,張文光之妻。年二十五夫亡,守節撫孤,乾隆二年旌表。

牛氏,李某之妻。年二十三夫亡,子幼。茹茶飲冰,養親撫孤,苦節四十餘年。

魏氏,彭仰聖之妻。年二十五夫故,遺子二人年幼,家貧。氏撫孤成立,苦節四十餘年。

陶氏,附生馬光先之妻。年二十夫亡,[9]一子未離襁褓。氏勤紡績,撫遺孤,三十二年如一日。乾隆四年旌表。

陳氏,杜守身之妻。年十八歸杜,二十二歲夫亡。上奉舅姑,下撫孤兒,始終不懈。乾隆六年,氏六十三歲,旌表。

沐氏,張保成之妻。夫亡,苦節三十餘年。乾隆七年,題請奉旨,建坊旌表。何氏,乃沐氏子張援妻也。援娶何氏,未逾歲而亡,何氏時年十七歲,遺腹三月,後生子名繡允。[10]何撫孤守志,至死不渝。一門雙節,人皆重之。

殷氏,袁自貞之妻。年十五于歸,侍奉孀姑盡孝。二十四歲夫亡,家貧子幼。氏矢志靡他,撫育孤子,皆可成立。乾隆五年旌表。[11]

李氏,李生春之妻。年二十二夫亡,子甫九月。孝事舅姑,鞠子成立,守節四十年。

余氏,劉聲芳之妻。年二十一夫亡,子幼。舅姑憐其少,欲嫁之,氏誓死自守。家極貧,又歷奇荒,撫孤成立,守節四十九年。[12]

呂氏,吳某之妻。年十九夫亡,子吳伯春未周歲,翁姑衰老,有以改醮說之者,氏以死矢之。後翁姑病歿,歲又饑饉,氏零丁孤苦,處之泰然。年六十歲,司土表其門閭。

閻氏,焦桐聲之妻。年二十一而寡,撫育孤子,至於成立,苦節四十餘年。

楊氏,孔生端之妻。[13]年十九而寡,子方一歲。家貧無以奉翁姑,氏以女紅之資為蔬水之供。翁姑繼歿,殯葬如禮。子以成立,年七十一歲終。

賀氏,鮑月之妻。夫亡,氏年二十歲。治家守義,歷五十餘年,[14]終於雍正十年。

郭氏,賀文蔚之妻。[15]年二十七夫亡,守節五十餘年。[16]

苗氏,萬國安之妻。年十七適國安,越明年,甫生一子,國安病故。氏誓以身殉,因翁姑勸慰,節哀盡禮,撫子萬寅成立。寢以昌盛,後嗣多入膠庠者。增生成章，其曾孫也。守節六十七年終。於嘉慶二年、光緒三十三年冬，詳請旌表。

王氏，小字春芳，夏廉之妻。年十五適夏，三年而夏故。族中無賴欲奪其志，氏撫親族之子爲嗣，事遂寢。六十二歲而終。

殷氏，鄒天順之妻。年二十五歲喪夫，守節至七十二歲而終。

趙氏，薛廷彥之妻。年十五適廷彥，閱月夫亡，守節四十餘年。

羅氏，蕭廷詮之妻。年二十六夫故，守節六十餘年。

索氏，曹廷士之妻。同治二年遭亂，廷士歿於難。氏撫子成立，至七十四歲而終。

回民黑氏，李如庭之妻。年十八夫亡，撫子育孫，五世同堂，苦節五十四年。

回民李氏，虎明全之妻。年二十四夫亡，撫養孤子，得以成立，苦節六十一年。

回民虎氏，李生萬之妻。年二十二夫亡，撫遺孤，勤農業，苦節五十六年。

回民沙氏，李應道之妻。十六歲適應道，甫三載，生子三月，應道病故。撫子娶妻，年七十八歲而終。

回民馬氏，李守堡之妻。十六歲出嫁，越一年生子，其夫病故。氏劬育備至，苦節五十四年。

回民李氏，馬德福之妻。十九歲于歸，三年夫亡。遺子尚幼，撫養成立，娶妻生子，孫曾繞膝，苦節五十八年。

烈婦

富蔡氏，知縣惠福之妻。光緒二十一年五月初七日夜，逆回李倡法謀亂，焚署戕官，氏及弟婦富蔡氏罵賊不屈，死之。事聞議恤。

吳氏，潘得友之妻。年二十八歲夫亡，恐翁姑逼其改嫁，葬夫後服毒殉節。邑俗澆薄，如該氏者爲近日所罕聞，故鄉民皆稱道之。

烈女

張春英，山西附生張守一之女，都司高如岡之甥。沉静寡言，事父母以孝聞。年將及笄，於同治二年逆賊破城之日，舉家陷於賊。弟妹尚幼，母悲泣無計，春英爲賊所逼，紿之曰："能脫吾母及弟妹於難，願從汝。"得啗飯處，賊即以雙騎遺張氏舊僕，獲之以去。春英計離城已遠，可保無恙，乘賊不及防，投井死焉。

【校勘記】

［1］大桂：成文本《海城縣志》原作"大貴"，據《清穆宗實錄》卷五〇、《清史稿》卷四九〇《莊裕崧傳》、《宣統甘志》卷七〇《人物志·忠节一》改。下同。

［2］胡籹：成文本《海城縣志》原作"胡枚"，據《清史稿》卷四九〇《莊裕崧傳》改。
［3］陣亡：成文本《海城縣志》無此二字，據本志書例補。
［4］張福璽：《廳志備遺・人物》作"張伏璽"。
［5］繼由軍功歷保直隸州：成文本《海城縣志》無此九字。
［6］貿易資本事畜賴之何如此疏忽我恐爲人所得已收之而待子矣：《廳志備遺・人物》作"貿易本銀，仰事俯畜係焉。爾何疏忽至此？我恐爲人所得，已代爾收存。又恐爾尋求不獲，生意外之變，我整日不出户，實爲此也"。
［7］傅程代：《廳志備遺・人物・貞節》作"傅代程"。
［8］四十年：《廳志備遺・人物・貞節》作"三十餘載"。
［9］二十：《廳志備遺・人物・貞節》作"三十"。
［10］繡允：《廳志備遺・人物・貞節》作"繡胤"。
［11］五年：成文本《海城縣志》原作"五十年"，據《廳志備遺・人物・貞節》改。
［12］守節四十九年：《廳志備遺・人物・貞節》作"壽四十九而終"。
［13］孔生端：《廳志備遺・人物・貞節》作"孔生瑞"。
［14］歷五十餘年：《廳志備遺・人物・貞節》作"至今三十九年"。
［15］賀文蔚：《廳志備遺・人物・貞節》作"賀文魏"。
［16］五十餘年：《廳志備遺・人物・貞節》作"五十年"。

海城縣志卷十　藝文志

　　文章洩扶輿之精，山川草木藉以生色。即里歌輿誦，均足覘風俗之厚薄。海城，徵文考獻之無資，斷碣殘碑之無志。唐、宋、元、明於境地，且記載失實，而藝文竟付缺如。獲其一二如吉光片羽之珍，而抱殘守缺之譏，[1]付之無可如何。後之君子，尚其旁搜遠紹，以匡不逮也夫。志《藝文》第十。

〔藝文〕

明

石城記署　　巡撫馬文升

　　元部落把丹者，仕平涼爲萬戶，明太祖兵至歸附，[2]授平涼衛正千戶，部落散處開城等縣。丁亥，[3]把丹孫滿四倡謀，從北虜叛入石城。乃命右副都御史嘉興項忠爲總督，[4]鎮守陝西太監劉祥爲監督，[5]涼州副總兵爲總兵，統京營並甘涼兵五萬往討。馬公文升以南京大理卿服闋陞右副都御史，巡撫陝西協剿。我軍奮勇，賊遂大敗。斬首七千六百有奇，俘獲二千六百，生擒滿四至軍前，城中復立平涼衛。達官火敬爲主，[6]楊虎狸家口令認給還。[7]其生擒賊千餘，斬八百餘。擇留滿四、馬驥、南斗、火鎮撫等二百名並滿四妻解京，[8]俱伏誅，其未殄土達，令其本分耕牧。石城北添所，固原千戶所改衛，復添兵備僉事一員。明成化年撰。[9]

國朝

鹽茶廳署落成記　　劉統　海城舉人

　　廳地爲明藩牧塲，環垣西北，爲固原州衛西，[10]海喇都則居中扼要處也。[11]然唐以前，海喇都之名不見於史册。碑志所載，宋、金、元之代，皆爲西安州附庸。其餘村堡付之甌脫，惜哉！明藩畜牧此土，雖有承奉司主其出納，指揮管領兵馬，於屯守之意則得矣。至於化民成俗，禮樂衣冠之事，則固不能越俎而代庖也。吁嗟！以吾海城山川秀發，水土肥美之區，而不能休養生息，[12]教化安全，直棄之如化外邊民，不幸何至於斯！

　　本朝定鼎，[13]知廳地爲固鎮重關，[14]廳民多急功好鬭，[15]非牧令能長駕遠馭者,因以屬之府丞,誠重任,難其人也。然府丞舊住固城,遥制數百里外,吾民非訟獄輸將,跋山涉水,無由見使君之面。[16] 其得漸仁而摩義者百無一二,抑又幸中之不幸也。今上禦極之九年,歲在甲子,府丞朱公〔亨衍〕奉命分守。下車之日,即徧歷四郊,周覽形勢,延見縉紳父老,詢民疾苦,喟然歎曰:"官不得自治其地,民不得受庇於官,守土親民之謂何? 而敢因循視之耶!"遂以十年之冬言之於各憲,有以帑項未便阻之者。而公十一年又言之,十二年又言之,不允不已。各憲知其事屬宜行,公又意在必行,方詳議間,固城忽有兵譟之變。[17] 於是各憲知公先識遠見。而固鎮重關,尤爲安邊大畧,遂於道員移住案內連類入告。[18] 蓋重海城,即所以捍固鎮也。我皇上留意邊方,亟允其請,促令移節海城,居中出治。公遂以十三年九月二十日移居,數月之間,利興弊除,廢修墜舉,民歡樂之。爲之歌曰:"我土溉溉,黍稷芃芃。時和歲豐,我公之功。我氓蚩蚩,牛犢熙熙。行旅如歸,我公之威。"

先是,吾民望公之來如望歲,咸欲捐私囊以建公署。公念勞民,不許。而勳帑興修,留民力以爲城垣、倉廠之用。遭際聖明,俱允其請。民並感悅,樂事勸工。[19] 經始本年四月初九日,落成於九月初九日,[20] 蓋閱四月而告竣。堂皇言言,廊廡嚴嚴,有門秩然,有臺超然。於是德教行,朝發夕至,宵小所在,全行禁之。[21] 向之苦於跋涉者,今皆在跬步之間,不啻赤子之依父母也;[22] 向之苦於難見者,今則耳提面命,不啻弟子之樂受命於師長也。公復刊刻教條,導民樹蓄,[23] 宣諭設學,訓民禮義。期月之間,[24] 商賈滿市,牛羊遍野,禮讓之風,洽於四境。吾民復歌之曰:"奕奕公堂,我公成之。公爲我民,匪公是私。户有書聲,野無操戈。微公之賜,胡以室家。"[25] 西山崢嶸,玉皇泓泓。我公之功,絜大量深。"歌既,復囑予敘其顛末,將勒諸貞砥,以垂永久,因援筆而記其事。時在乾隆壬申歲四月。[26]

華山積翠　　八景① 　　同知朱亨衍
太華岧嶤不可親,城頭姑射寓形真。
千巖萬壑當窗見,翠靄清陰入座頻。
野戍寒泉新物色,行雲施雨舊精神。[27]
纍纍岡阜誰倫比,略許天都向主賓。[28]

龍岡夕照
海國陰多卻晚涼,[29] 東林偏喜得餘光。

---

① 海城八景分別爲"華山積翠""龍岡夕照""古寺疏鐘""清池皓月""天山積雪""靈寺散花""五泉競冽""雙澗分甘"等。本志共錄四組歌詠八景之詩,作者分別爲同知朱亨衍、知縣朱美燮、知縣楊金庚、訓導陳廷珍,詳後。

雲容霞彩常千疊，[30]川媚山輝自一方。
顧影此時悲老大，負暄何日獻君王。
衰年賸有登高屐，凝趁斜暉一望鄉。[31]

古寺疏鐘
古殿荒臺盡棘叢，何來鐘韻到城東。
淒涼夜逐淒涼月，斷續聲隨斷續風。
旅客乍聞悲飯後，蓬閨頻聽泣宵中。
我無木鐸徇澆俗，正藉西山一片銅。

清池皓月
一鑑團團十畝餘，四時雲物共清虛。
東風暖處春生浪，明月來時夜有珠。
凝眺乍疑天路近，澄懷漸與世情疏。
倩誰更落徐熙墨，繪作清江獨釣圖。

天山積雪[32]
漫漫朔雪作春陰，肅肅寒威偪錦琴。[33]
莫訝東風消不盡，[34]都緣積翠力能任。
牛羊路杳千峯合，星月光聯一氣深。
坐捲書幃看未足，擬從南閣醉披襟。[35]

靈寺散花[36]
塞邊名勝古靈光，見說奇花擁法王。[37]
光似暫明還暫滅，花如含笑又含香。
風生樹杪襟懷爽，人向閒中日暮長。
欲問希夷無處所，華山一半鬱蒼蒼。

五泉競列
華山靈秀聳青蓮，山麓香深湧碧泉。[38]
觸石亂流來混混，兼風帶雨響潺潺。
匯成巨浸知何地，汨沒污泥已百年。
應解聖明西顧意，化爲霖雨濟三邊。

雙澗分甘
水波分道矯龍遊，[39]澤潤山城歷幾秋。[40]
得雨驟流花片片，[41]因風時送韻悠悠。
南郊煙靄春無盡，[42]西嶺膏腴歲有收。
掉尾莫嫌清淺判，[43]白雲深處近龍湫。[44]

遊靈光寺[45]　　朱亨衍
深花密葉隱鳴蟬，霽影明霞媚遠天。
忙裏久忘身是客，閒中翻訝日如年。
野雲嶺外離還合，飛鳥枝頭去復還。
解脱莫論參天覺，暫時物外已悠然。
望石城有感　　朱亨衍
七道攻圍日，三軍此住戈。[46]
繡旗春浪捲，鐵騎夜星羅。
妖鏡一朝暗，豐碑四面多。
可憐天險地，甌脱欲如何？[47]
愛山堂即事　　朱亨衍
官閒未必解官閒，[48]春日遲遲漫啓關。
夜雨暗流池畔水，[49]曉雲新擁樹頭山。[50]
垂楊拂砌柔堪折，細草侵門懶不删。[51]
杯酒此時誰可語，[52]一鈎新月共回環。
題愛山堂　　朱亨衍
柳陰深處小堂開，中有伊人賦溯洄。[53]
敝屣甘同臚仕棄，萬金難乞一骸回。
官貲連屋書千卷，花事成功酒數杯。
瓦雀不隨厮役去，依稀猶自落莓苔。[54]
送朱亨衍司馬歸粵二首　　劉統　海城舉人[55]
海國移官歲幾更，天都傾蓋慰平生。
曠如莊惠同心日，劇比蕭朱結綬情。
千里黔黎沾德教，一軍騰飽壯邊聲。
欣逢計吏遴循卓，翹首徵車下斗城。

朝聞屋角鳥綿蠻，爲報勞臣已乞閒。
細柳不堪愁裏折，長轅欲向衆中攀。
恩波四境沾清水，高潔千秋印雪山。
自是欲歸歸便得，已留名德在邊關。
入海城　　知縣朱美燮
水郭山村化刼灰，蕭條滿目爲徘徊。
數程道路無煙火，萬頃膏腴盡草萊。

日落荒墟鴉陣散,雲橫絕塞雁聲哀。
窮檐幸有遺民在,老弱郊迎雜漢回。

海城下車書感二十四韻　　朱美爕

行徧天涯道,流光一擲梭。
精神曾歷練,筋力半銷磨。
日計寬閒少,塗經險阻多。
淒涼愁雨雪,壯濶覽山河。

馬齒忘加長,鵬搏遇屢訛。
爲思棲息好,其奈別離何。
羅阜樵青嶂,湄溪釣綠波。
久教安硯席,自分老巖阿。

垂暮登鄉薦,除官愧制科。
馳驅皇路遠,轉運楚江過。
賑粟呼鴻雁,軍糧飽鸛鵝。
關中騰上駿,隴右走明駝。

知己皆投契,逢人匪揣摩。
岱高容土壤,松古附藤蘿。
檄捧三秋速,符分百里俄。
孤城餘瓦礫,積歲苦干戈。

野曠叢生棘,田荒種絕禾。
招徠宜地闢,撫字冀民和。
村落連煙火,郊原聚笠簑。
音當鴉化惡,政尚虎除苛。

牧圉勞規畫,賢才待禮羅。
平情消反側,敬事補蹉跎。
末職慚無裨,初衷矢靡佗。
所期風草洽,四境皆絃歌。

海城春日雜詠四首　　朱美燮
出郭徐行策短筇，郊遊何必待花穠。
官橋晴帶春風度，野徑寒留夜雪封。
傍嶺炊煙陶穴屋，穿雲送響隔林鐘。
同人鴉會隨蝴蝶，紅柳城頭性未慵。

相逢父老話農桑，誰謂邊陲俗未良。
雨潤花封消雀鼠，春深綺陌散牛羊。
衣皮禮簡民風古，營窟居安歲月長。
等是承平今有象，行歌到處唱伊涼。

下位親民未易居，繭絲保障竟何如。
符分隴右權新邑，釣罷江南起老漁。
作苦由來知稼穡，消閒還自理圖書。
蓮峯月試人文集，回憶名山講學初。

滄桑變異幾何年，生聚招徠計兩全。
雁宅重編今日戶，鱗疇改授昔人田。
閒聽牧笛吹青嶂，喜見農蓑荷綠煙。
我亦與民同燕樂，琴堂無事且揮絃。

耕耤　　朱美燮
吉亥逢佳日，躬耕乍勸農。
一犁開草昧，萬井啟花封。
鞭拂煙痕破，蓑披雨澤濃。
與民占大有，多稼慶崇墉。

尋東嶽廟故址　　朱美燮
古廟尋東嶽，山空一片荒。
殘龕苔繡石，斷甓草穿牆。
鐘篆銘雍正，碑文紀道光。
昔年香火地，惟賸暮煙蒼。

華山叠翠　八景　　朱美燮
山翠層層叠，撐空不肯低。
峯連蒼碧合，天並蔚藍齊。

綠樹藏禪院，青雲擁石梯。
探奇臨絶頂，放眼隴東西。

龍岡夕照
眼前添暮景，返照入東岡。
暉掛山腰樹，煙橫谷口莊。
歸林喧鳥雀，越壑下牛羊。
晚眺情何限，詩心畫意長。

古寺疏鐘
何處鐘聲起，飛空渡水涯。
敲沉邊塞月，撞散曉天霞。
鄉夢回千里，塵心醒萬家。
隔城聽斷續，霜葉落如花。

清池皓月
月向地中照，池圓月亦圓。
當頭光皎潔，澈底影澄鮮。
玉鏡虛涵水，冰輪倒映天。
蟾輝沉不没，空色悟淵然。

天山積雪
天都千萬仞，瑞雪滿岩嶢。
玉筍峯誰琢，瓊林樹不凋。
久經明月照，幾見凍雲消。
上有神仙府，樓臺盡璃瑤。

靈寺散花
奇花漫地散，山寺繞靈光。
佛欲拈來笑，風隨落處揚。
四時春不斷，十里水猶香。
誰識蓮峯裏，天教繡谷藏。

五泉競列
源頭何活潑，湧出五泉來。
異派藏龍窟，分潭養蚌胎。
柳濃齊潤色，穀熟普滋培。
況自山根滴，蓮花瓣瓣開。

雙澗分甘
繞郭來雙澗,分甘食利多。
桃花沿岸放,棠陰夾堤過。
四野皆流澤,千家各飲和。
膏腴滋稼穡,到處起田歌。
查禁䕷粟　　朱美爕
循來鄉遠近,踏遍水西東。
毒草根除盡,煙花過眼空。
揮鋤朝靄外,擊壤夕陽中。
無復留非種,還教我稼同。
過西安州　　朱美爕
萬頃田荒稼穡功,塵揚紫陌起淒風。
漁樵不到山溪寂,雞犬無聞里巷空。
誰惜柳非前度碧,可憐花似舊時紅。
何當再覩蕃昌會,撲地閭閻樂利同。
花山尋靈寺故址二首　　朱美爕
花山尋勝蹟,古寺訪靈光。
境僻煙霞古,林幽草木香。
泉聲和佩玉,雲色濕衣裳。
峭壁能騎馬,禪關徑未荒。

到此無塵慮,山空寺亦空。
珠林消刼火,室相化祥風。
鐘臥殘花裏,碑摩亂棘中。
靈光終自在,歸路夕陽紅。
海城留別士民四首　　朱美爕
學製逾期月,何施及海城。
刑名輸法吏,面目老書生。
郤愧牛羊牧,難消雀鼠爭。
所欣惟歲熟,四野盡歡聲。

民敝銷兵後,官當改邑初。
孤城空市井,沃壤半邱墟。

撫字心徒切，栽培志未舒。
浮名非意計，聽爾論何如。

欲去猶留戀，言憑父老傳。
未成民俗厚，漫道使君賢。
好不同風雨，情宜化黨偏。
漢回皆一體，相恤莫相煎。

小試仍如隱，能教萬慮删。
民安容吏嬾，政簡得官閒。
衙放風清候，琴調月白間。
眼看紅樹老，難別是花山。

留別陳煥齋直刺　　朱美爕
宦味兼鄉味，憑分淡與濃。
一江連梓里，兩載攝花封。
我去尋邱壑，君來采菲葑。
臨岐無限思，斜照上喬松。

和陳煥齋直刺贈別　　原韻　　朱美爕
大道本無私，良箴肯贈我。
相期爐火青，心丹煉一顆。
宦途如懸崖，乘危易顛墮。
又如泛急流，勇退患不果。
徘徊歧路中，顧右便失左。
乞休返家山，衡門棲遲可。
硯田贍饔飧，筆耨無倦惰。
明月與清風，隨時延入坐。[56]

奠髑髏歌[57]　　知縣陳日新
大刼何漫漫，殺人無底止。
白骨暴四郊，收葬成堆壘。
奈何西城隅，積骼如嵬巁。
哀哉死者冤，城陷身同燬。
巷戰果何人，乞哀誰更鄙。
薰蕕共一坑，孰爲辨吾子。

我今遷葬之,毋爲厲於此。
嗚呼,鹽茶死者三十三萬人,不乏忠貞與烈士。
乃令草木同朽兮,畢竟伊誰爲之使。

石老人　　華山北隅石立如狀　　陳日新
天地何好奇,生人竟以石。
磊落成肝腸,剛毅盈胸膈。
獨立山之巔,不作紅塵客。
吞吐浩然氣,海月生虛白。
以此常自娛,悲歡無所阨。
舉目十萬里,年年夷與蹠。
看罷返其真,堅潔而圭璧。
吁嗟世之人,生年不滿百。
蜉蝣共朝暮,心反爲形役。
試問僕僕究何之,何如杯酒?
函書拜爾爲兄,共與談晨夕。

華山叠翠　　八景　　知縣楊金庚
華山千丈峙秦中,鵞地嘉名肇錫同。
黛髻凝青含宿雨,螺鬟滴翠動微風。
層巒痕溼朝煙碧,列嶂光餘夕照紅。
應許峯頭重九作,畫圖點染屬天公。

龍岡夕照
漫說南陽起卧龍,此間勝地氣靈鍾。
孤城徙倚空塵障,斜照分明入遠峯。
掩映餘暉迎月上,縱橫成勢訝雲從。
清池近在山坡下,劍化飛騰到九重。

古寺疏鐘
蕭疏祠宇歷滄桑,夜半鐘敲韻短長。
音送蒼涼驚白鶴,聲聞悲壯話紅羊。
秦磚漢瓦渾難認,苦雨淒風欲斷腸。
禪坐老僧應解識,喚醒塵夢悟黃粱。

清池皓月
春草離離結夢緣,池形月影共團圓。
近人皓魄如相對,證我前身總解禪。

流澈源頭三徑闢，光凝水底一輪懸。
梯雲何許蟾宮取，始信林泉別有天。
天山積雪
天外飛來幻異形，登臨且自叩禪肩。
奇峯秀削超塵境，瑞雪紛鋪透曲櫩。
凍解光明千嶂碧，夜深影閃一燈青。
玉龍戲罷梅爭放，應有高人臥未醒。
靈寺散花
名山會集地遊仙，幻作奇峯五色蓮。
看徧千巖皆競秀，拈時一笑欲參禪。
佛心正果宜神會，世界繁華謝俗緣。
莫謂簪來須美女，是空是色妙真詮。
五泉競列
紫霞宮裏戲遊仙，倒瀉瓊漿化石泉。
星影巧聯魁宿聚，水泡動宕夜珠圓。
勵清品欲爭廉讓，分派符疑合地天。
試向山中花馬駐，應教一飲一投錢。
雙澗分甘
在山泉水出山清，一派分流入郭城。
草影迷離春漲膩，瓜香襲取暖風生。
奇峯聳峙形相對，秋月高懸色自平。
遺我鯉魚誇遠客，[58]含飴兒女譜歡聲。
華山叠翠　　八景　　訓導陳廷珍
名山遊歷興無窮，聳翠層巒造化工。
共羨峯尖成筍綠，將來井內幻蓮紅。
三周指點青煙潤，千丈昳凝碧霧籠。
借問希夷曾隱否，騎驢小駐畫橋東。
龍岡夕照
千里來龍脈轉長，縱橫勢結自非常。
餘暉曲徑侵青蘚，返景深林照綠楊。
俠客劍飛談逸事，牧童鞭拂趁斜陽。
振衣千仞胸襟濶，日近攀鱗沐寵光。

古寺疏鐘
古寺荒疏不記年,梵鐘猶自掛樓邊。
九州錯鑄成陳蹟,五夜聲敲謝世緣。
斷續餘音驚旅夢,淒涼往事問高禪。
繞梁不絕渾如訴,應悟民生解倒懸。
清池皓月
城市山林樂趣尋,烹茶池上滌煩襟。
波光清澈空塵障,月影團圓照古今。
玉鑒平開懸水面,銀河倒瀉認天心。
濯纓試奏滄浪曲,[59]應解前身寄託深。
天山積雪
天開異境出塵寰,五嶽歸來買此山。
忽看嵐遮連碧落,漫將雪擁認藍關。
冰凝巖角深千尺,月掛峯頭照一彎。
疑是大羅相逼近,玉龍酣戰戲仙班。
靈寺散花
世上花花未了緣,靈山靈寺獨超然。
奇芬散處開香國,碎錦飄時養佛天。
碧玉削成空色相,紅塵謝絕即神仙。
拈來一笑頭應點,始信菩提界是蓮。
五泉競列
試訪名泉過五橋,登山覽勝馬蹏驕。
紅芳灑潤歌桃葉,綠野分流灌菜苗。
石罅源探如鼎列,波心雨打任珠跳。
品評一味稱廉讓,絃譜薰風治化調。
雙澗分甘
溪澗雙分夾鏡明,流甘滋味試量評。
彩虹橋接迷朝霧,乳燕襟輕舞晚晴。
水畔投錢推項子,社中割肉說陳平。
使君清潔應同許,雨潤隨車起頌聲。

金石

明

石城山碑在石城,成化時巡撫馬文升立。詳《藝文》。①

大佛寺碑在城西門外,萬曆戊寅署承奉事趙臣立,②字蹟模糊。

吳將軍墓碑在紅古堡,萬曆二十七年,參將吳宗堯立。詳《陵墓》。

楚府海喇都界碑在城內東隅,明〔萬曆〕十五年丁亥,典膳鄔恩同署承奉事左知立。

西安州遊戎記碑在西安堡,萬曆癸卯,③户部主事李廷訓撰。

國朝

虎提督墓碑在李旺堡,康熙二十二年七月,有御製碑文"曰鞠躬"三字,中剝蝕,下接"臣子提督虎邦俊之墓"共二十五字。

修城碑在城內,咸豐五年,同知葛以簡立。

免捐碑在城內。舊規:兵差過境,由民捐給馬價。咸豐十年,協濟靜寧州調派南征官兵車馬價,同知葛以簡立碑停止。

雜記

叛事紀略

同治元年,陝西渭南回回反,朝命禮部尚書勝保督師勦之,不克。改命荊州將軍多隆阿統其軍,逮勝保於京師。多軍屢獲大捷,兩元戎幫辦皆固原提督雷正綰星使也。陝回屢挫,[60]多遁隴西。於是疏請雷軍門督辦甘肅軍務,而陝回亦悉數竄矣。是時固原州屬瓦亭汛千總馬兆隆、鹽茶廳屬預望汛把總馬兆元皆固原回人,[61]謀以應之。八月朔,兆元以預望叛,兆隆以瓦亭叛。而回目穆生花、楊大娃子、訥三、華三之徒於二年元旦襲固原,李得昌、馬明善、田成吉輩於二月初八日破鹽茶廳。[62]成吉陰庇漢民,明善最爲慘毒。新授陝甘總督熙麟由潼關迂道鄜州,駐慶陽。檄慶陽府知府和英、遊擊任治國以千五百兵援平涼,抵城四十里之高家溝,全軍覆歿,[63]而穆生花遂於八月十三日破平涼。冬十月,雷軍門督師入隴,駐涇州。先是,鄂軍總兵余萬明率所部攻燬崇信縣屬之銅城丈八寺賊

---

① 參見本志卷十《藝文志》載馬文升撰《石城記略》。
② 萬曆戊寅:萬曆六年(1578)。
③ 萬曆癸卯:萬曆三十一年(1603)。

巢，而後路無慮，雷軍門於三年二月進規平涼，五月，克復之。秋，又攻燬張家川蓮花城賊巢。四年春，復固原州。夏四月，復鹽茶廳，隴東軍事畢。於是進規寧夏，駐金積堡。蓋陝甘回匪虆集於此，相持日久，糧盡軍潰。而鹽茶、固原復爲賊踞，雷軍門退駐平涼，尋又復固原州。而鹽茶廳賊於八年左侯相檄陝安道黃鼎復之也。

官民死事紀略[64]

同治元年，陝西回回反，甘肅鹽茶屬預望汛把總馬兆元首叛以應之。於是土著回目馬明善、田成吉，清水縣回目李得昌，謀破鹽茶廳署。同知屈升之告急，獲督憲恩檄涼州總兵萬年新率官兵三百五十以守之。[65]屈丞擬再練土勇四千，餉饋由本地富民供給，[66]議成，屈丞卸任，檄莊裕崧攝廳事。莊丞，良吏也。優於政治而不知兵，受馬明善之紿，稟撤官兵，僅留萬鎮藉資籌畫，又不練集土勇。迨二年春，內奸啟西門，賊長驅入市。時莊丞尚在西城，要於禮拜寺而殺。都司高如岡與其子武生高萃中，廩附生張守一、照磨胡枚、[67]幕友四川舉人易舉，率漢民巷戰。自辰至午賊多力竭，悉死於難。四月，雷軍門檄提督曹克忠克復鹽茶。秋，金積堡官軍潰。七月晦，參將施鵬率駐固原官兵千人，道經鴉兒灣，回目田某請散其兵於村落就食，鵬中奸計，號炮一轟，而千人立斃。克忠以官軍皆敗，恐孤軍難守，遂以所部退駐靖遠。漢民多從之，逆回尾追之，[68]至西安州北山之阿，無貴無賤，同爲枯骨，漢民死者以萬計。先是，土回初叛，索漢民財物，率以鐵繩燒紅烙其脊背。或置火於側，拘攣其人，焦黑而後已。[69]陝回入境，索土回財物，亦如土回之待漢民者，且屠戮之慘，不分漢回，悉殲之。一邑之中，無辜赤子，立而視其以肝腦塗地者數十萬人。[70]伊誰之過與？噫！[71]

戰事紀略

黃鼎以善戰聞，[72]陝回畏之。同治八年，率蜀軍入境，所至皆披靡，獨白吉村逆回負隅，黃鼎招之不至，[73]率所部攻之。浹旬堡破，少長皆斬。境內逆回膽破，多撫之。秋，陝回率其部眾竊奔河州，總兵馬德順以奇營副四旗馬隊追逐，屢捷。及至縣屬之黃家園，馬軍恃勇直進，賊奔西山，[74]偵官軍無繼，返斷歸路，馬總兵死之。[75]九年，河州逆回援金積，丁提督賢發以宣威軍，要於縣屬之石硤口，擊勝之。此官軍戰事也。其土著零奇小醜，或數十人潛之深山僻壤，徒事剽掠者。署同知范丞廷樑躬冒矢石，以削平之。

重修澇池

夫水爲養生之源。縣城乏水，附郭左近之民，以及城內官商營兵，無不仰給於五橋泉水。一遇天旱，互相爭吸，動致生事。即以處常而論，兵燹後，元氣未復,人煙寥落,實因水不足用之故。丁未夏,①予攝篆於茲,於署內鑿窖蓄水。凡學堂、營汛,居城紳商、煙戶,有力之家,均各用窖瀦水,以供飲食之需。其貧苦小民,則在西關澇池汲水,[76]仍屬不敷日用。嗣訪南門外舊有澇池,鑿自人工,爲一縣之風脈,列八景中之一。自咸〔豐〕同〔治〕後,迭遭變亂,盡行淤塞。紳民欲修之,以需資甚鉅,屢議不果。戊申夏初,②予因瓜代有期,亟爲謀畫。以經始爲難,籌欵不易,商之防軍劉遊戎獻廷,所用掘地木金各器,兵丁犒賞,予任之。督兵修鑿之功,則惟遊戎乎? 是賴遊戎慨諾,諏吉興工,閱四十餘日而告成,寬濶六畝有奇。是役也,不費民財,不勞民力。從此引五橋之水存蓄其中,關城內外,挹注有資,變蕭條爲富庶,所繫詎淺尠哉。是爲記。[77]

重修隍廟記

縣治舊有隍廟,年久失修。正殿外之捲棚、二門,兵燹之時已遭焚燬。墻垣傾圮,甚非所以壯觀瞻而妥神靈也。欲籌欵增修之,而邑多天方教,素不敬神,迺捐廉修二門一座,將東西墻建築諭漢回紳士督工。雖未美輪美奐,而規模畢具,廟貌一新,神之格思,庶有冀乎? 時值天旱,設壇禱雨,功成之日,普降甘霖,喜而志之。

爭訟說

海城民情獷猂,性好健訟,漢弱回強。而漢民之狡,則與回民同,其強悍則次之。凡漢回訟端,各執一詞,莫可究詰,須準情酌理,乃得持平。凡遇涉訟之事,一有所偏,漢勝則勢不敵回,好出大言,即多生事。丁未秋,③予初蒞任,有漢紳多人來謁。及接見之後,則云:"舊營堡有官荒數十頃,被回民霸佔,歷任未能清理,漢回將滋大事。大言相欺,當責以爾等開荒不報,欺隱田糧,何怪回民佔種! 如起事端,有爾等是問!"乃始帖服。經派漢回紳士秉公商辦,閱兩月,而漢回分墾。[78]此漢民之詞不可偏聽之明證。若回民之與回民涉訟,動即造大風波,以置之死地而後快,其充當頭目者尤甚。一經持法斷結,分別責懲,兩造復相視而笑,相好如初。若就其呈詞訊斷,必有一贏一輸。贏者不受責斥,輸者終不甘心。或捏詞上控,如上控不准,即造生謠諑,散佈流言,以聳聽聞。此回民爭訟之大概情形也。而回民中又有老教、新教之分,以漢例回則回強,以老教例新教,[79]則新教強。兩教勢同水火,一錢之微,口角之嫌,即尋仇報復,無有窮期,甚且釀成巨案。縣境近固原之石嘴、王昭、蔡祥、沐家等堡,新教極多,無論其狀詞如何,不分其教,只斷其案,尚可平允。所以治海城與他縣大不相同。地方官如久於從事,

---

① 丁未:光緒三十三年(1907)。
② 戊申:光緒三十四年(1908)。
③ 丁未:光緒三十三年(1907)。

因種種掣肘,必生懼心,勢必以和平爲主。心中有漢回之分,又有老教、新教之别,即案件不能決斷一定之理也。新官下車,必多方以試之。而名爲紳士者,又以抗官爲能事。如此,則可立威於民,樹立羽黨。若紳士安然,則命盗案件方可稍熄,否則不可問矣。牧民者其審之。

漢回同學議

世之議漢回無猜者,持和親、同學兩說。和親之事,終不可行,以漢女可給回男成婚,而回女不肯從漢,故日久輒寢。回民之悍,實由不讀儒書,未明義理。予筮仕遊甘,聞前督憲陶曾飭和親,仍形扞格。嗣閲蘭山書院課藝,有《漢回無猜議》,諸生仍以和親、同學立論。丁未夏,①攝篆海喇,於學堂課期以漢回和睦命題。内有回教三生,皆以同學爲主,即二說而折衷一是,欲和睦漢回,訊結詞訟,公平判斷,猶末也。探本之論,須設學以陶鎔之。予接見回紳,苦口開導,僉云:"回教不知法紀,實由讀書者尠。"近重貿易,[80]亦知向學爲要務。特回民性情鄙吝,貧者素無大力,富者不拔一毛,籌欵萬分不易。今蒙教導會商,先選一二十名幼童,延師教讀,逐漸開通。以爲籌欵地步,嗣查得城内及西關有官地二處,可以變價充公。予行將瓜代,漢回紳士禀墾早辦,以爲始基。公同商酌,作價二百九十金,以九十金擇南街公地,修房舍六間,名曰漢回初等小學堂。以二百金作常年經費,二分起息,每年得息四十八金,爲延聘教習之資。漢回同學,即畛域可消於無形,亦大幸事。轉移之機,其在是乎?不勝欣喜之至。亟爲告成,通禀立案。至於擴而充之,諒後之君子亦必樂觀厥成也。

義犬

縣署有犬名三五兒者,以義稱。縣令惠君豢養備至,遣内童三五兒專飼之。光緒乙未五月,②監犯李倡法勾結河回刦獄戕官,童三五亦遇害。犬識傷童之賊,尾之,噬其足,賊遂斃焉。人以犬能復仇,以童"三五"名之。時大堂被賊燬,新任僦居民房。犬日夜守署,不稍離。凡有回民入署,即怒吠之。嗣衙署重整,僕役漸繁,而署後空濶,向有墩臺,犬晝卧二堂,夜守墩臺,聞響即吠,俾人警覺,巡查而後已。後署外羣犬互鬭,犬奔赴,如排解狀,竟爲羣犬所傷。袁令瘞之東郊,名爲"義犬塚"。現署内飼八犬,皆其所遺。晨則齊聚二堂,日夕時,二門卧其一,東院卧其一,西院卧其一,三堂院卧其一,餘則同卧後院墩臺。稍聞人聲,一唱百和,不容進内。其分班值宿,一若各有職司者。噫!異矣。

---

① 丁未:光緒三十三年(1907)。
② 光緒乙未:光緒二十一年(1895)。

【校勘記】

［1］之譏：成文本《海城縣志》無此二字。
［2］明太祖：甘圖本《海城縣志》原作"明太宗"，據文意改。
［3］丁亥：原作"乙亥"。明朝滿四之亂在明憲宗成化三年（丁亥，1467），據改。
［4］忠：甘圖本《海城縣志》原脱此字，據成文本《海城縣志》補。
［5］監督：甘圖本《海城縣志》原作"監都"，據成文本《海城縣志》改。
［6］火敬：成文本《海城縣志》作"大敬"。
［7］楊：甘圖本、成文本《海城縣志》原均作"陽"，據《乾隆甘志》卷三〇《名宦》改。又，成文本《海城縣志》"陽"前有"至"字。
［8］二百名：原作二名，據《〔萬曆〕固原州志》下卷《文藝志》改。
［9］明成化年撰：甘圖本《海城縣志》原脱此五字，據成文本《海城縣志》補。
［10］州：《廳志備遺·藝文》作"外"。
［11］海喇都：《廳志備遺·藝文》脱"海"字。
［12］不能：《廳志備遺·藝文》作"不爲"。
［13］本朝定鼎：成文本《海城縣志》作"乾隆之初"。
［14］知：《廳志備遺·藝文》無此字。
［15］急功：成文本《海城縣志》作"性健"。
［16］之：《廳志備遺·藝文》作"子"。
［17］固城：《廳志備遺·藝文》此二字前有"是年冬"三字。
［18］道員：甘圖本《海城縣志》原作"道轅"，據成文本《海城縣志》改。
［19］勸工：成文本《海城縣志》作"勤工"。
［20］初九：《廳志備遺·藝文》作"重九"。
［21］全行禁之：《廳志備遺·藝文》作"令行禁止"。
［22］之：《廳志備遺·藝文》無此字。
［23］蓄：成文本《海城縣志》作"畜"。
［24］期月：《廳志備遺·藝文》作"暮月"。
［25］室家：《廳志備遺·藝文》作"家室"。
［26］時在乾隆壬申歲四月：《廳志備遺·藝文》作"公廣西桂林府臨桂縣辛卯科舉人"。乾隆壬申，乾隆十七年（1752）。
［27］行雲施雨：《廳志備遺·藝文》作"雲行雨施"。
［28］向：《廳志備遺·藝文》作"問"。
［29］卻：《廳志備遺·藝文》作"怯"。
［30］常：《廳志備遺·藝文》作"嘗"。
［31］凝趁：成文本《海城縣志》作"應趁"。《廳志備遺·藝文》作"擬趣"。
［32］天山：《廳志備遺·藝文》作"西山"。

[33] 錦琴：《廳志備遺·藝文》作"錦衾"。
[34] 消：《廳志備遺·藝文》作"鎖"。
[35] 擬從南閣醉披襟："擬"原作"凝"，據《廳志備遺·藝文》改。"南閣"，《廳志備遺·藝文》作"高閣"。
[36] 靈寺散花：《廳志備遺·藝文》作"古寺天花"。
[37] 說：原作"許"，據《廳志備遺·藝文》改。
[38] 香深：《廳志備遺·藝文》作"幽深"。
[39] 水波：《廳志備遺·藝文》作"清波"。
[40] 歷幾秋：甘圖本《海城縣志》原作"幾歷秋"，據成文本《海城縣志》改。"歷"，《廳志備遺·藝文》作"知"。
[41] 流：《廳志備遺·藝文》作"添"。
[42] 盡：成文本《海城縣志》作"景"。
[43] 莫嫌清淺判：成文本《海城縣志》作"莫同清濁泳"，《廳志備遺·藝文》作"莫同清淺慮"。
[44] 近：《廳志備遺·藝文》作"有"。
[45] 遊：《廳志備遺·藝文》作"重遊"。
[46] 住戈：《廳志備遺·藝文》作"駐戈"。
[47] 如何：《廳志備遺·藝文》作"何如"。
[48] 未必：原作"未比"，據《廳志備遺·藝文》改。
[49] 流：《廳志備遺·藝文》作"添"。
[50] 擁：《廳志備遺·藝文》作"濃"。
[51] 門：《廳志備遺·藝文》作"堦"。
[52] 誰：《廳志備遺·藝文》作"詎"。
[53] 伊人賦溯洄：《廳志備遺·藝文》作"材人好徘徊"。
[54] 莓苔：《廳志備遺·藝文》作"梅苔"。
[55] 海城舉人：甘圖本《海城縣志》原無此四字，據成文本《海城縣志》補。
[56] 坐：成文本《海城縣志》作"座"。
[57] 陳日新撰《奠髑顱歌》及下首《石老人》，成文本《海城縣志》均未載。
[58] 鯉魚：成文本《海城縣志》作"鮮魚"。
[59] 纓：甘圖本《海城縣志》原作"瓔"，據成文本《海城縣志》改。
[60] 屢：成文本《海城縣志》作"累"。
[61] 回人：成文本《海城縣志》作"回族"。
[62] 成吉：成文本《海城縣志》作"田成基"。下同。
[63] 殁：成文本《海城縣志》作"沒"。
[64] 官民：成文本《海城縣志》作"宦民"。
[65] 萬年新：甘圖本《海城縣志》原作"萬年興"，據《清史稿》卷四九○《莊裕崧傳》改。
[66] 餉饋：成文本《海城縣志》作"餉需"。

[67] 胡籹：甘圖本《海城縣志》原作"胡枚"，據《清史稿》卷四九〇《莊裕崧傳》改。
[68] 之：甘圖本《海城縣志》原無此字，據成文本《海城縣志》補。
[69] 已：甘圖本《海城縣志》原無此字，據成文本《海城縣志》補。
[70] 以：甘圖本《海城縣志》原無此字，據成文本《海城縣志》補。
[71] 噫：甘圖本《海城縣志》原無此字，據成文本《海城縣志》補。
[72] 黄鼎：甘圖本《海城縣志》、成文本《海城縣志》原均作"黄道鼎"，據《清史稿》卷四九〇《黄鼎傳》改。
[73] 黄鼎：甘圖本《海城縣志》、成文本《海城縣志》原作"黄道"，據《清史稿》卷四九〇《黄鼎傳》改。
[74] 西山：甘圖本《海城縣志》、成文本《海城縣志》原均作"兩山"。據前文改。
[75] 總兵：甘圖本《海城縣志》原作"提督"，據成文本《海城縣志》改。
[76] 汲水：成文本《海城縣志》作"吸水"。
[77] 是爲記：成文本《海城縣志》原無此三字。
[78] 而：甘圖本《海城縣志》原無此字，據成文本《海城縣志》補。
[79] 以老教例新教：成文本《海城縣志》作"以新教例老教"。
[80] 近：甘圖本《海城縣志》作"多"，據成文本《海城縣志》改。

〔光緒〕新修打拉池縣丞志

(清)廖丙文修　陳希魁等纂　胡玉冰、魏舒婧校注

前　　言

一、整理與研究現狀

打拉池，現屬甘肅省白銀市平川區所轄，明朝時隸屬於陝西靖虜衛，清朝改稱靖遠衛，後改靖遠縣。歷史上打拉池曾與寧夏海原縣關係密切。〔乾隆〕《甘肅通志》卷三上《建置沿革》載："明正統二年，於故會州地置靖虜衛，隸陝西都司。皇清曰靖遠衛，仍屬陝西行都司。雍正八年，改衛爲縣，隸鞏昌府。"打拉池堡設立於明朝正統二年（1437），與乾鹽池堡同屬固原州靖虜衛統轄。成化八年（1472），巡撫馬文升奏請增築打喇赤堡。同治十二年（1873），陝甘總督左宗棠上奏，建議撤平涼府鹽茶同知一缺，改爲海城縣知縣，"而與鹽茶同知轄境迤西打拉池地方，添設縣丞一員。劃分界址，將所轄命盜、詞訟、錢糧、賦役，由縣丞勘驗徵收，統歸新升固原直隸州管轄。"①《海城縣志》卷一《建置志》亦載，左宗棠"乃奏升固原爲直隸州，改鹽茶同知爲海城縣，割鹽固灉壤設平遠縣、硝河城州判、打拉池縣丞。改廳設縣，自同治十三年十月始"。《清實録·穆宗同治皇帝實録》卷三七二載，同治十三年（1874）十月己丑，"定新設……固原州州判、海城縣縣丞均爲要缺……從總督左宗棠請也"。② 由此可知，打拉池縣丞正式批准設立時間當在清同治十三年（1874）十月，③隸海城縣。宣統三年（1911），打拉池地方鄉紳籌資重修打拉池城，是爲打拉池新城。民國元年（1912），裁撤海城分縣，劃打拉池隸屬於靖遠縣。民國九年（1920）海原大地震，打拉池古城被震毀，此後再無復修。

舊地方志中，《打拉池志》是唯一一部傳世的打拉池專志，它與《海城縣志》同

---

① （清）王學伊總纂：《宣統固原州志》，陳明猷標點，陝西人民出版社1992年版，第350頁。
② 吴忠禮、楊新才主編：《〈清實録〉寧夏資料輯録》，寧夏人民出版社1986年版，下册第1141頁。
③ 〔光緒〕《新修打拉池縣丞志》載打拉池的建置沿革有小誤。縣丞志載：明朝正統元年（1436）始設靖虜衛，立打拉池堡；清朝同治十三年（1874）左宗棠奏請分立打拉池縣丞，光緒元年（1875）設打拉池縣丞。據本文所引各文獻記載可知，打拉池堡最早當設立於明朝正統二年（1437），清朝左宗棠於同治十二年（1873）奏請分立打拉池縣丞，十三年（1874）清政府正式批准設立打拉池縣丞，光緒元年（1875）首任縣丞黄梅莊到任。

一年成書，都成於光緒三十四年（1908）。

《打拉池縣丞志》各目錄著作著錄較少，在《甘肅省圖書館藏地方志目錄》"甘肅省·白銀市"部分有著錄。楊孝峯《海原縣地方志書介紹》一文提及《打拉池縣丞志》。甘肅省圖書館等單位有藏，趙敦甫亦藏有光緒三十四年（1908）抄本。張維據趙氏所藏抄錄輯校，1990年蘭州古籍書店出版《中國西北文獻叢書》第一輯《西北稀見方志文獻》之第36卷即爲影印的張維抄本。2003年，固原市地方志辦公室出版《明清固原州志》，包括李作斌點校的《清光緒〈打拉池縣丞志〉》（附有本志點校說明）。2007年，寧夏人民出版社出版《海原史地資料叢書》（3冊，李有成主編），劉華點校的《光緒〈新修打拉池縣丞志〉》收入叢書第3冊。

二、編修緣由

海城縣打拉池縣丞廖丙文於光緒三十四年（1908）秋九月撰寫的《〈新修打拉池縣丞志〉序》是了解《打拉池志》編修情況的一篇重要文獻，序曰："打拉池縣丞，設自光緒元年，全無舊志遺存。疊奉上憲議頒二十七條飭令，遵照訪編，閱數月而始成。其於條目中之所未載及載而未全者，委屬無從採訪。是役也，乃貢生陳希魁、訓導謝文俊、廩生楊希賢爲編次，附生趙子紳、魏崇文、楊文舒爲採訪，附生陳德俊、陳祖虞、陳重德、董元輔爲謄錄，茲輟數言而弁帙首。"①從序文可知，本志編修緣由同《海城縣志》一樣，也是要爲重修《甘肅通志》提供資料。《海城縣志·凡例》中有明確的交代："打拉池雖屬縣轄，已設官司，其輿地沿革各事實應由分縣自行採輯，匯爲一書，此志概不引入。"由於打拉池人文不興，文獻無徵，所以編成的志書在內容上還有很多欠缺，但這是客觀原因造成的，只能提供出這樣一個內容簡單的文本來。

三、編修者生平

從廖丙文序可知，除他之外，還有10人參與修志活動。其中"編次"即具體的編纂者3人，"採訪"者3人，"謄錄"者4人，均爲本地讀書人。

據張維校輯本《打拉池志》載，廖丙文系湖南巴陵（今湖南岳陽縣）人，光緒三

---

① 甘肅張維校輯本錄文與此意見相同，但遣詞造句有異，載曰："打拉池縣丞，設自光緒元年，舊未有志。疊奉憲頒二十七條飭令訪編，因即遵令輯修，數月而成此書。其於條目所未載或已載而無事可錄者，俱從闕焉。是役也，編次者貢生陳希魁、訓導謝文俊、廩生楊希賢，採訪者附生趙子紳、魏崇文、楊文舒，謄錄者附生陳德俊、陳祖虞、陳重德、董元輔，例得備書。"（《中國西北文獻叢書》第一輯《西北稀見方志文獻》，蘭州古籍書店1990年版，第36卷第5頁。標點系筆者所加。）

十一年(1905)任打拉池縣丞。據《海城縣志》卷八載，陳希魁歲貢於光緒三十四年(1908)。據廖丙文序，附貢生謝文俊任訓導。由於資料缺乏，包括廖丙文在內的編修人員更多的生平事蹟均不詳。

四、版本情況

《打拉池志》成書後未有刻本傳世，至少有3種手抄版本傳世。包括甘肅省圖書館、蘭州師專圖書館藏本(簡稱甘圖本)，2003年，李作斌據二本進行點校，2007年劉華又據李作斌本點校；趙敦甫藏本(筆者未見)；張維校輯本(簡稱張校本)，1990年蘭州古籍書店出版《中國西北文獻叢書》第一輯《西北稀見方志文獻》之第36卷影印的即此本。原版本開本26.4×15.2(釐米)，版框：19.2×12.5(釐米)。傳抄本正文每半頁10行，行20至25字不等。首頁及廖丙文序的次頁有張維題記，鈐蓋有"鴻汀""張維之印""還讀我書樓藏書印""臨洮張維"等印文印章。《打拉池志》不分卷，內容非常簡略，張維論曰："此稿記述甚簡略，全稿三十一頁，而所錄清奮威將軍王進寶碑志占十七頁之多。蓋山城事少，以此增篇幅也。"①張維所言內容正是他所見到的文本的內容，甘圖本沒有這些。從影印本看，張校本前21頁與後14頁抄寫筆蹟不同，當係兩人抄就。

比較甘圖本與張校本可以看出，兩者內容、語句上存在一定的差異，部分內容可以互補。從兩者成書時間看，甘圖本行文多似當朝人記當朝事，張校本則似後朝人記前朝事。如甘圖本中稱清朝爲"國朝"，稱光緒皇帝爲"上"，對待回民起義，用清朝慣用的"回匪"這樣一個反映反動立場的污蔑辭彙，而對當朝要員左宗棠則在抄本中只寫其姓氏，不寫其名字。甘圖本《疆域》後還有"以後所敘，除前明建修打喇赤、乾鹽池兩堡碑記外，皆係國朝事"注釋語，但傳世的甘圖本未見載明朝兩堡碑記，在張校本《疆域》中未見有甘圖本注釋語，但錄有明朝楊冕《建設打喇赤堡碑》、楊鼎《建設乾鹽池堡碑》兩文，故知，甘圖本當成書於清朝，否則不會以"國朝"稱謂清朝。甘圖本《厘稅》中有光緒三十四年(1908)增稅事宜，是本志所載最晚之時間，故甘圖本蓋抄成於光緒三十四年(1908)。

而在張校本中，對清朝徑直稱爲"清"，不稱光緒皇帝爲"上"，記載回民起義，改用"匪首"這樣的辭彙來緩和語氣，對左宗棠更是直書其名。1942年7月，張維自記校輯《打拉池志》原委道："打拉池舊屬海城，入民國後改隸靖遠。三十年

---

① 《中國西北文獻叢書》第一輯《西北稀見方志文獻》，蘭州古籍書店1990年版，第36卷第3頁。按：張維統計資料有誤。據影印本，全稿共35頁，其中序1頁，正文34頁。

冬,江右趙敦甫得此編於書肆,顧不少陵亂缺遺。爰爲稍加訂補,錄而存之,而以原稿歸敦甫。"①自此可知,張維校輯本的底本當是趙敦甫於 1941 年冬天從書鋪所購得的手稿本,張維借閱並抄錄、訂補後,把稿本還給了趙敦甫。從張維的這段文字,結合張校本行文上的特點,我們認爲,張校本應該是後出於甘圖本,又據張維說明,本抄本原稿共 31 頁。它很有可能成書於民國時期,而甘圖本較張校本更接近《打拉池志》原貌。

五、甘圖本與張校本所載內容比較分析

從所載內容及編修體例看,無論是甘圖本還是張校本,都不是《打拉池志》的定稿。兩本都存在明顯的草稿特徵,如前後內容重出、類目設目隨意性強、內容次序混亂等。

甘圖本共分 28 類目,②類目名稱及內容次序爲《建置》《疆域》《山川》《關梁》《水利》《鹽法》《物產》《貢賦》《祀典》《職官》《塚墓》《風俗》《敕封》《恩蔭》《選舉》《節婦》《星現星殞日月食》《恤典》《方言》《户口》《倉儲》《度支》《厘稅》《農商》《礦產》《巡警》《學堂》《忠烈》。《學堂》之後,《物產》《疆域》《山川》標目又重出,但在內容上是對前面 3 類內容的補充、細敘或修正。

張校本共分 27 類目,前 5 個類目名稱及內容次序同甘圖本,其他類目名稱及內容依次爲《廟宇》《塚墓》《物產》《風俗》《農商》《户口》《方言》《職官》《貢賦》《倉儲》《度支》《厘稅》《巡警》《學校》《災異》《振恤》《選舉》《恩蔭》《人物》《節婦》《星現星殞日月食》《碑記》。

單純從兩志類目名稱看,甘圖本的《鹽池》《祀典》《敕封》《節婦》《恤典》《學堂》《忠烈》等 7 類目是張校本所沒有的,而張校本的《廟宇》《學校》《災異》《振恤》《人物》《碑記》等 6 類目也是甘圖本所沒有的。實際上,除張校本《人物》《碑記》的內容確實爲甘圖本所無外,兩本其他相異的類目只是名稱不同罷了,內容上基本一致。如《學堂》與《學校》《恤典》與《振恤》等。另外,兩者內容的剪輯編排上有一定的差異,故類目名稱也有一定的變化。

兹以甘圖本內容爲基本內容,對比張校本,分析兩本內容上存在的主要差異。

《建置》記載打拉池建置沿革史,甘圖本首行開頭四字爲"鞏昌府記",當提示

---

① 《中國西北文獻叢書》第一輯《西北稀見方志文獻》,蘭州古籍書店 1990 年版,第 6 頁。
② 李作斌、劉華都統計爲 31 目,實際上有 3 目名稱是重出的,故當爲 28 目。

其後內容主要輯自《鞏昌府記》。由於是記已佚,內容不詳。張校本則無此 4 字。甘圖本有"兵備楊冕撰記,打拉池堡城週三里二分"句,張校本則改作"堡城週三里三分"。查張校本所錄楊勉碑記,並無"打拉池堡城週三里二分"語,甘圖本不知何據。

《疆域》記載打拉池四至八到的里數。甘圖本首句"東至石橋關六十五里",張校本作"東至石橋關六十里"。甘圖本、張校本《關梁》均載:"石橋關在治東六十五里。"則知張校本"六十里"當有脫文,脫"五"字。甘圖本於《疆域》部分僅載四至的里數,其八到的里數則記載在縣丞志最後重出的《疆域》一目中,張校本把這兩部分合併在一起,構成完整的內容。

甘圖本、張校本的《山川》內容在"山"的排序上有不同,甘圖本依次記載雞窩山、屈吳山、寶積山、蒯團山、蒼龍山、賀家山、石龍山、侯家山、青龍山、龍鳳山、黃家凹山、官園子沙河、趙家崖渠、寒水泉沙河,在志書最後《山川》標目又重出,補充記載了神木山,又對龍鳳山、屈吳山、蒯團山、蒼龍山等四山的內容重新編寫,與前面內容略有不同。張校本則沒有重複標目的現象,"川"的記載順序與甘圖本同,但"山"的次序有變,依次記載神木山、雞窩山、屈吳山、青龍山、龍鳳山、蒯團山、寶積山、賀家山、蒼龍山、石龍山、侯家山、黃家凹山。

《關梁》記石橋關一道。《水利》記有南泉一道、北泉三道、大壩園泉二道。兩本內容基本相同。

《鹽法》主要記載當地鹽池的生產方法、總產量、官府徵稅情況等。張校本把此類目名稱刪除,內容則剪輯入《物產》中,且沒有官府徵稅的內容。

甘圖本、張校本《物產》內容的記述體例及內容多有不同。甘圖本以敘述為主,較為詳細地敘及當地物產特別是農作物的種類、特點等,而張校本以羅列為主,在有些物產類別之下有簡單的補充說明。張校本還據其他正文內容,把當地的礦物如金、石炭也羅列其中。

《貢賦》記載打拉田畝數、賦役數,張校本本類目內容載於《職官》之後。甘圖本載:"原由海城縣撥歸地十頃三十六畝,又撥歸更名地四頃四十八畝。"張校本本段前半句作"原由海城縣撥歸牧地二十頃三十六畝",後半句兩本相同。《海城縣志》卷三《貢賦志》載:"撥歸打拉池縣丞牧地、更名舊熟二項地二十四頃八十四畝。"由《海城縣志》可知,甘圖本脫"牧"字,"十頃"當作"二十頃"。張校本不誤。

《祀典》主要記載打拉池當地的廟宇存廢、修復情況,及文廟祭祀情況。張校本改類目名稱為《廟宇》,內容緊承在《水利》之後,記載城隍廟、文廟等共 10 座廟祠。

《職官》記載打拉池10任8位縣丞的籍貫、任職時間等，朱世楷曾三任打拉池縣丞一職，故所載事蹟最詳。張校本《職官》在《方言》之後，在第十任縣丞之後又補充記載光緒三十年（1904）任職者彭煦賢、三十一年（1905）任職者廖丙文。

《塚墓》記載王龍山、牛中選等人墓地所在位置，特別對王進寶夫妻墓及王進寶三代祖墓的位置及墓地遺留物如碑文、石坊等進行了較爲詳細的記載。張校本記載相對較爲簡單，只記其墓地所在位置，其他內容沒有說明。另外，王龍山，甘圖本誤作"王兆山"。

《風俗》主要記載當地風土人情，習尚簡樸，但盜賊亦較爲猖獗。甘圖本與張校本內容基本相同。《敕封》與《恩蔭》所記均爲王進寶家族事，共有18位家族成員受到了朝廷的封獎。張校本無《敕封》類目，其《碑記》詳載各敕封的具體內容。

《選舉》分文舉、武舉、恩科三類，恩科有目無文。文舉人兩位，武舉人5位。文舉人後又附載貢生和附貢生各3人。張校本分舉人、貢生、武舉三列，舉人有4位、牛中選、王龍山兩位舉人是據其事蹟補記的。兩本在記貢生、附貢生仕履時出現了不同。甘圖本載，貢生牛克明任白水縣教諭，陳希魁任化平廳、敦煌縣訓導，附貢生楊文華任徽縣教諭。張校本記載時仕履情況發生了錯位現象，變成了貢生苟有教任白水教諭，牛克明任化平廳、敦煌縣教諭，附貢生謝文俊任徽縣教諭。據《海城縣志》卷八載，牛克明歲貢於光緒二十二年（1896），前署化平廳訓導，陳希魁歲貢於光緒三十四年（1908），未詳其仕履。據廖丙文序稱，謝文俊曾任訓導。由此推知，張校本所記載的仕履可能接近事實。

《節婦》記武舉牛大知之妻常氏等6人。甘圖本記常氏子牛中魁中嘉慶戊子科武舉，牛中選中嘉慶癸酉科文舉。據縣丞志《選舉》載，牛中魁中道光八年（1828）戊子科武舉，嘉慶年中無"戊子"年，故知其"嘉慶戊子"當作"道光戊子"。

《星現星殞日月食》記乾隆三年至光緒三十三年間（1738至1907）地震及天文異象共6條。張校本將類目名稱改作《災異》，且在乾隆三年與咸豐十一年間增補乾隆二十五年（1760）七月天文異象。

《恤典》記乾隆二十三年至道光七年間（1758至1827）蠲免賦稅的原因及數額。張校本將類目名稱改作《振恤》。

《方言》《户口》《倉儲》《度支》《厘稅》《農商》《巡警》《學堂》等8類目內容甘圖本與張校本所載基本一樣。甘圖本《厘稅》中有光緒三十四年（1908）增稅事宜，張校本未載。《農商》中最後一句"是農商二政暫實難於開辦"張校本亦無。《學堂》，張校本改作《學校》。

《礦產》載龍鳳山產金、炭。張校本未立此類目，將內容剪輯入《物產》。《忠烈》載同治年間死於回民起義的附生劉育英等事蹟，非常簡略。張校本未立此類目,而是將内容剪輯入其所設《人物》中。

《人物》《碑記》是張校本有而甘圖本無的類目,而這兩部分又恰恰是縣丞志中應該有的内容。《人物》中記載的王龍山、王進寶及其子王用予的事蹟均爲甘圖本所未載,王進寶在《甘肅通志》卷三〇《名宦》、卷三四《人物》中有傳,王用予在《甘肅通志》卷三四《人物》中有傳,張校本所載基本同《甘肅通志》。此後所載牛中選事蹟當是從甘圖本《水利》中輯錄,張榮的事蹟則是從甘圖本《選舉》"文舉"中摘編的,最後全文附載了甘圖本《英烈》的内容。

《碑記》共錄碑文 9 篇,甘圖本均未載。明朝碑文兩篇,即楊冕《建設打喇赤堡碑》、楊鼎《建設乾鹽池堡碑》,兩文又見載於(嘉靖)《固原州志》,分別題作《重建靖虜衛打拉赤城記》《乾鹽池碑記》,文字與張校本輯錄的略有不同。另外 7 篇均與王進寶及其家族有關,就筆者所知,這些碑文僅見載於張校本《打拉池志》。

六、文獻價值

《打拉池志》是拉打池唯一傳世的專志,由於其版本的特殊性,利用時一定要把甘圖本和張校本結合起來看。這兩個版本在内容上有一定的互補性,特别是後者,在文本内容質量上較前者更勝一籌。

本志所載内容,地理、經濟、職官等類資料爲舊志所常見,需要引起重視的是張校本《碑記》中王進寶家族墓地碑文。甘圖本《打拉池志・塚墓》記載了王進寶夫妻墓及其三代祖墓墓地遺留物,包括王進寶夫妻墓墳院有諭祭碑文 4 道,欽賜造葬碑文、神道碑銘各 1 道,追贈王進寶三代碑文 3 道,王進寶將軍出身功勞碑文 1 道,總共有 10 篇碑文。這些碑文甘圖本均失載,但有 7 篇輯錄在張校本中,包括王進寶夫妻諭祭碑文 2 道,欽賜造葬碑文、神道碑銘各 1 道,追贈王進寶三代碑文 3 道。追贈王進寶三代碑文包括《清封王進寶曾祖碑》《清封王進寶祖父碑》《清封王進寶父母碑》,王進寶夫妻諭祭碑文包括《清封王進寶碑》《清祭王進寶碑》,神道碑銘《王忠勇公墓志銘》(宋得宜撰),欽賜造葬碑文《忠勇府君碑記》(王用予撰)。這些碑文内容基本完整,對於王進寶及其三代家人的姓名、籍貫、譜系、履歷、生卒年、入葬時間及地點、生平事蹟等記載得非常詳細,且資料相對較爲完備,是研究清代人物王進寶及其家族的重要的一手材料。

整理說明

一、《打拉池縣丞志》以鳳凰出版社等 2009 年《中國地方志集成·寧夏府縣志輯》影印版光緒三十四年(1908)抄本爲底本(簡稱"鳳凰本《打拉池志》"),以蘭州古籍書店 1990 年版《中國西北文獻叢書》影印張維藏抄本(簡稱"張維本《打拉池志》")、中華全國圖書館文獻縮微複製中心之影印本等爲對校本,以(康熙)《重纂靖遠衛志》、〔乾隆〕《續增靖遠縣志》、(道光)《靖遠縣志》等爲參校本。

二、整理成果以繁體橫排形式出版。注釋均以當頁腳注形式注明,用圈碼①②③之類排序。校勘以[1][2][3]之類排序,放在卷末。正文中以"〔 〕"符號括注的文字,均係整理者增加。

三、以校文字爲主,酌校内容異同。因用字習慣不同而出現人名、地名、族名等同名異寫現象,均出校說明。底本或對校本中存在明顯的誤、脫、衍、倒等現象,於正文中校改後出校說明。雖有異文但意可兩通者,不改正文,僅在校記中說明。除特殊需要外,校本有誤,一般不出校。

四、明顯誤抄之字,如"番"誤作"審"、"郡"誤作"群"、"今"誤作"令"、"日""曰"、"己""巳""已"誤混,"饑饉"之"饑"誤作"飢",等等,校勘時徑改,不一一出校說明。抄寫或引用他書文獻時,因避當朝名諱而改前朝文字者,如"慶厯""宏治""萬厯""魯"之類,均據原字或原書回改爲"慶曆""弘治""萬曆""虜"等,僅於首見處出校說明,餘皆徑改,不再一一出校。轉引他書文字内容,引文若與該書通行版本文字不同,除引文確實有誤,如誤錄人名、地名、時間等需要出校說明外,凡不影響文意理解者一般不改動引文。

五、舊志編纂者從封建統治階級意志出發,斥民族起義反抗活動或革命活動爲"亂""變亂""回亂""回叛",斥起義者或革命者爲"匪""逆""賊""妖",起義或革命的鎮壓者之死稱爲"殉難""死難""遇害",其事蹟載入《忠節》《忠義》等類目中,凡此皆當予以辨明并批判。爲保持文獻原貌,此類詞語或記載均一仍其舊。

六、底本出現的異體字、俗體字、通假字、古今字等用字現象,一律不出校。某些不規範的異體字、俗體字、古今字等,或前後用字不一者,均按出版要求適當統改成規範、統一的字體,不出校記。

七、當頁腳注出注釋條目。注釋内容主要包括：原文易致惑者（如文獻簡稱或省稱、干支紀年等）、原文提及史料出處、原文體例中資料互見者、整理者對輯補史料的出處說明和整理者的補充文字等。各志腳注中，凡言"本志"者，均分指《鹽茶廳志備遺》《海城縣志》《新修打拉池縣丞志》。凡言"本志書例"者，均分别指三志編修體例。

八、腳注中，參考文獻書名較長者沿用習慣簡稱，詳見《參考文獻》。凡引古代文獻，均只注明書名、卷次、篇名等，其作者、版本等詳見《參考文獻·古代文獻》。凡引現當代文獻，均只注明作者、書名或論文篇名、頁碼等，其出版社、刊物名、發表時間等詳見《參考文獻·現當代文獻》。若被引用古代文獻已有整理成果，一般直接吸收其合理意見，不再重複敘述校注理由，注明"參見××"字樣。注明引文出處、他校資料或他人校勘、考證成果，亦注明"參見××"字樣。

〔廖丙文〕新修打拉池縣丞志〔序〕

打拉池縣丞設自光緒元年，全無舊志遺存。叠奉上憲議頒二十七條飭令，遵照訪編，閲數月而始成。其於條目中所未載及載而未全者，委屬無從採訪。是役也，乃貢生陳希魁、訓導謝文俊、廩生楊希賢爲編次，附生趙子紳、魏崇文、楊文舒爲採訪，附生陳德俊、陳祖虞、陳重德、董元輔爲謄録，茲輟數言而弁帙首。

光緒三十四年秋九月，海城縣打拉池縣丞廖丙文謹識。

建置

《鞏昌府志》：前明正統元年，[1]始設靖遠軍民府衛，立乾鹽池堡、打赤喇堡屬焉。原州兵備楊冕撰記。[2]打赤喇堡城週三里三分。前明成化九年秋，匈奴由青沙硯寇秦州、[3]隴西、安定、會寧、秦安、通渭、伏羌，及還，我兵邀擊之。次年，巡撫馬文升奏請增築打赤喇堡，[4]以靖遠迭烈遜堡巡檢司帶兵移戍於此，尋罷。

國朝同治元年八月，回匪馬兆元自下馬關犯順。二年十月，回匪花三帶賊攻打赤喇堡。十肆日，城陷，燒毀殆盡。嗣後回匪漸次蕩平。拾叁年，陝甘總督左奏請以鹽茶廳改爲海城縣，打赤喇堡改爲打拉池，隸海城縣，設縣丞分駐。原奏准於分駐之區建修城垣、衙署，惟學校併歸海城。無如初駐之員，估工約需銀九萬兩，上以爲數太鉅而中止，故迄今係居民房。以後所敍，除前明建修打赤喇、乾鹽池兩堡碑記外，皆係國朝事。

疆域

東至石橋關六十五里，[5]界連海城。西至紅山寺五里，界連會寧。南至沙河五里，界連會寧。北至侯家山下七十里，界連中衛。由東至西爲廣，由南至北爲縱。此廣則柒拾里，縱則柒拾五里。

廣七十里，[6]橫七十五里，鳥道一百里。東至狼山二十里，至甘鹽池五十里，[7]至海城一百四十里，至固原三百四十里。南至會寧縣白崖子六十里，至會寧城三百四十里，至鞏昌五百二十里。[8]西至會寧縣小水堡十里，至毛河洛二十五里，至靖遠縣七十里，至蘭州三百三十里。[9]北至西葛澇三十里，至會寧馬圈沙河八十里，至中衛縣二百四十里。[10]延至京師三千八百里。

山川

雞窩山，在東八十里，高約五里，大約十里，[11]乃池、海往來由山上經過車行大路，最爲池境門户。

屈吴山，在南二十里，[12]高約五里，大約六十里，乃池、會往來由山旁經過騎行小路，亦爲池境門户。巖壑間多泉流，南接六盤山，西連大白草原，東分爲大小神木山，上有顯聖廟，年逢六月作會，附近居民皆往焚香。相傳屈、吴二姓所居，故名。康熙間，王忠勇公降生馬營水堡，蓋此山之鍾靈也。忠勇公誓志滅吴，夜渡黄河，而吴逆三桂由此授首，說者謂山名"屈吴"，殆預爲之讖云。

寶積山，俗名磁窑兒，在北四十里。上有真武廟，下有泉水，有石窩、白堊，堊則燒造粗磁器，石可制作碾磲。出石灰，[13]出鐵，後有大小石溝産金。東北接連鞠團山。

鞠團山，在北貳拾里，山下多泉。東五里，昔時青沙硯，[14]外寇由鎖黄川内犯要路，又三里青石巖下有泉，[15]名渦子水。相傳其地每於黎明時，晴嵐曉障，若城角重樓女墻，焕然可觀，日出則沒。俗云此處似有寶藏焉。

蒼龍山，在北六十里，高約里餘，大約十餘里。山頭有霖雨寺，寺中馬將軍往往降神訓世，[16]異常顯應。寺前有沙河一道，兩岸皆山，與池、海、中衛車路交通。此山靠西二十里有賀家山。

賀家山，在北四十里，高約里餘，大約十里餘。[17]與蒼龍山車路交通，並可達靖遠界。

石龍山，在北六十里，高約里餘，大約十里餘。[18]與蒼龍山車路相通，並可達靖〔遠〕界。

侯家山，在北七十里，高約二里餘，大約二十餘里。池、衛往來小路須由此山騎行而過。

青龍山，在南八十里，高約里餘，大約五里。山下有車路與會、海交通。

龍鳳山，在北八里，高約五里，大約三十餘里。上有祖師各廟，巔上石縫生梅花，澗有泉流，居民引以灌田，並産金、炭。今久廢弛。

黄家凹山，在北肆拾里，高約十里，大約二十餘里。池、衛往來小路須由此山騎行而過。山出青草，相傳羊食之，肉不腥羶，[19]皮張優美，與他山之草大勝。

官園子沙河，在西三里。山水暴漲，水即盈河，山水一退，河水隨涸。後項各河皆然。其源出自境外四拾里會屬楊家崖灣，順而西流，經由池屬雙鋪子起，歷馬家大溝、狼山、馬營水、牛家塌、會屬小水堡，直達池屬以西二十五里之毛河洛堡出境。入會界長約共百里，[20]地勢平衍，乃池、靖、海往來交通車行大路。

趙家崖渠，又名紅水川沙河，在南柒拾里。其源出自境外三十里會屬邊溝，順而東流，經由池屬墩底下尚家硯，地形窄狹，僅可容騎。流至趙家崖渠起，東行九十里至劉家井出境入海界。地勢平衍，乃池、會、海往來交通車行大路。

寒水泉沙河，在北四十五里。其源出自境外西葛滂莊，流至寒水泉起，北行二十里，歷蒼龍山下，西北至白肮塔出境，入靖、衛界，轉至磁窰兒靖、會連界。回環曲折，約共三百里。地勢多不平衍，乃池、衛、靖山夾交通騎行小路。

龍鳳山，[21]在堡北八里，山勢聳秀，石巖重叠，景有春梅，二月開花。上有無量祖師大殿、磨針樓、土地祠，東有老君廟，下有靈官殿，各有碑記。此山峰屼嵯峨，實池境蟠結鍾靈之勝槩也。

屈吳山，在南三十里，形勢秀麗，林木茂盛，時有嵐光霧陰，不日即雨。上有白馬將軍殿、顯神廟，祈雨即應。相傳屈、吳二姓所居，故名"屈吳"。厥後王忠勇公降生馬營水，蓋此山之靈鍾也。甲寅之變，①忠勇公誓志滅吳，夜渡黃河，而吳遂由此授首，說者謂山名"屈吳"，殆預爲之讖云。

神木山，在東三十里。[22]山有林木，澗出甘泉，古有哈家壩，引此水以灌鹽池，今久廢。

蒯團山，在北二十里。東五里青砂硯，又三里青石崖下有泉曰渦子水。相傳其地每黎明時，晴嵐曉障，若城郭重樓女墻，焕然可觀，日出則沒。俗云此處似有寶藏焉。重複。[23]

蒼龍山，在北六十里。羣山環抱，五嶺聳峙。高有大佛殿，傍有齊天大聖樓，上有無量殿，東有聖廟，[24]西有青馬將軍廟，外有山神土地祠。二十七年重修，由青馬將軍、齊天大聖感應有靈，祈雨禱疾，無一不應驗，實一方之福神也。

關梁

石橋關，在東六十五里，乃池、海山夾交通騎行小路，又爲海域馹道。昔日駐有防兵，今則無之。最爲池境門户，外則關梁，兵防無之。

水利

南泉一道，在東五里，灌地百餘畂。其源出自馬營水山麓。道光二年，經牛中選順其水勢引挖溝道二三里，溝中安以尺餘寬石槽，上以石板蓋之，而掩以土。因其在沙河南岸，故題名曰南泉。

北泉三道，在東五里，灌地十餘頃。其源有出自馬營水山麓，有出自往東十里屈吳山麓。[25]道光二年，經牛中選採其水脈，引挖溝道，各有三四里，溝中安以

---

① 甲寅之變：指康熙十三年(1674)耿精忠於福建起兵反清事。

尺餘寬石槽，上以石板蓋之，而掩以土。因其在沙河北岸，故題名曰北泉。

修此南北共四泉，費金二萬，灌耕地畝皆昔日砂鹹不毛之土。相傳古有東泉清洌，灌田無可考證，或以是泉廢弛而充擴改修，未可知也。

大壩園泉，上下相連兩池，在西里許。水由泉底泛出，無如地勢低窪。上池小，引灌開元寺地三拾餘畝。下池較大，引灌官園地二頃。上下餘水，任其順流入河，下段會屬小水堡民於河中截流灌田。揣其形勢遙遙，於上段北泉同出一源，此乃往古遺留。自原水利起自何時，莫可考究。相傳西泉注則爲湖，引則灌田，殆即此歟。

鹽法

鹽池，在東五十里。乾鹽池堡西邊數里，舊有鹽水一池，其源出自該堡三十五里大賀家溝。居民先築池盛水，將地犁平，[26]割分成塊，塊面以池水均匀洒之，隔夜鹽生而味微苦，名曰苦鹽。歲約出鹽拾餘及貳拾餘萬斤，本地土著販往固、平一帶銷售，向由平涼道署派員收厘。光緒三十三年，由省派員改抽統捐。此外境屬無產鹽之區。茶馬無之。

物產

池屬山高土寒，歲僅產市斗小麥千餘石，莞豆百石，糜谷千餘石，莜麥、蕎麥各數百石。牧養各羊不下萬隻，其餘別項糧食以及蔴、棉、桑、菓之類，均與土性不宜。即小菜止種蘿蔔、白菜、黃瓜、茄子等項，餘皆不出。有水經行之處，栽植楊柳成林，約在四千株上下。

鹽。[27]鹽池在東五十里乾鹽池堡西，其源出距堡三十五里之大賀家溝，居人筑池蓄水，犁地分畦，以池匀洒之，隔夜鹽生而味微苦，故名曰苦鹽。歲出鹽二十餘萬斛，販鬻固原、平涼一帶。

金。龍鳳山產有金礦，未聞採。

石炭。龍鳳山又產石炭。咸豐時掘採頗旺，近有試採者以水多致阻，今廢。

五穀皆屬地宜，[28]而黍稷爲多。黍稷，秦地通稱爲糜，而池地悉稷米，黍米不成。黃白黑綠豆俱有。其地高寒，小麥、大麥、青稞、豌豆、稗豆俱當春種，六七月間成熟。有大小燕麥，小燕麥俗云油麥，人民日用所常需，非《本草》中所載之燕麥也。①《本草》所載，亦名雀麥，多生於郊野邱墟間，人不可食。明楊慎著有

---

① 參見《本草綱目》卷二二。

《論辨粟文》。皆種植，高處不宜。

貢賦

原由海城縣撥歸地二十頃三十六畝，又撥歸更名地肆頃肆拾捌畝，又原由靖遠縣撥歸屯地壹百壹拾肆頃陸拾五畝貳分玖厘。以上三共牧更屯地壹百貳拾玖頃四十九畝貳分九厘。每歲額征、地丁正項銀陸拾貳兩八錢壹分五厘，耗羨銀九兩肆錢貳分貳厘，[29]倉斗小麥正項糧二百四拾捌石柒斗四升三合八勺，耗羨糧三十柒石叁斗壹升一合六勺。

祀典

池堡舊城，前經賊焚毀殆盡，其城之內外，向有關帝廟、城隍廟、昭忠祠、火神廟、送子娘娘廟、龍王廟、東嶽廟、靈官廟，經地方次第稍爲修復。又現今初等小學堂，乃昔日之書院，中設孔聖文昌座位。地方官於春秋二季備牲禮祭之，不領公家費用。

職官

縣丞

黃梅粧，[30]安徽人，光緒元年任。兵燹之後，孑遺之民漸次歸來，辦理善後，頗著勤勞。

葛莊敬，西安人，光緒三年任。

張家駒，安徽人，光緒五年任。

朱世楷，廣西人，光緒十三年任。

李成林，順天人，光緒十四年任。

朱世楷，光緒十五年復任。二十一年五月初，海回作亂，已殺縣官，勢甚猖獗，武舉董彥禄聞風隨眷遠逃，衆皆紛紛隨走。獨軍功楊生濬、高孝先入堡，幫同朱公守禦。堡牆土築，寬止尺餘，幸不久賊氛平息，未遽前來，卒得保全地方，厥功頗偉。

衍昌，順天旂人，光緒二十肆年任。

喻增榮，湖南人，光緒二十六年任。

沈廷彥，湖南人，光緒二十七年任。

朱世楷,光緒二十八年又復任。
彭煦賢,湖南長沙縣人,光緒三十年任。
廖丙文,湖南巴陵縣人,光緒三十一年任。

塚墓

浙江平湖縣知縣王龍山墓,[31]在乾鹽池北山下。
順天山河縣知縣牛中選墓,在池東十里屈吳山北,墳院有石坊一座。
太子太保、奮威將軍忠勇公王進寶與其妻一品夫人孫氏合墓,在池東十里屈吳山北,墳院有諭祭碑文四道,[32]欽賜造葬碑文、神道碑銘各壹道,石坊三座,翁仲諸獸。現今坊多倒塌。其曾祖父榮祿大夫王佐有、曾祖母一品夫人李氏〔墓〕,祖父榮祿大夫王儒、祖母一品夫人余氏〔墓〕,父榮祿大夫王尚禮、母一品夫人王氏墓,皆在池東十里南岸虎形山,墳院有追封三代碑文三道,王進寶將軍出身功榮碑文一道,石坊三座,翁仲諸獸。現今坊多倒塌。

風俗

池邑地係邊境,橫駐由靖至海大路,習尚儉樸。吉凶慶弔,往來饋遺,酬答燕會,各稱其家之有無以爲豐嗇。耕牧居多,好鬭健訟。流移襍處,盜賊最易潛藏。龍鳳山、石橋關、黃家凹等處往往有持刀禦刦,是必密偵嚴捕,發其隱伏,庶可遏其猖獗,地方可慶平安。

貤封

王佐有,以曾孫王進寶贈榮祿大夫,妻李氏贈一品夫人。
王儒,以孫王進寶贈榮祿大夫,妻余氏贈一品夫人。
王尚禮,以子王進寶贈榮祿大夫,妻王氏贈一品夫人。
王進寶妻孫氏,贈一品夫人。
王用予妻李氏,贈一品夫人。

恩蔭

王用賓,以父奮威將軍王進寶功欽賜侍衛。

王珏，字子三，以祖奮威將軍王進寶功欽賜侍衛，授山東即墨營參將。

王玠，以祖奮威將軍王進寶功欽賞守備，歷官寧國營參將。

王正，以祖奮威將軍王進寶功欽賞千總，[33]歷官固原提標營遊擊。

乾隆間，王永以五世祖奮威將軍王進寶功世襲一等子爵，任廣西提標遊擊。

王承勛，以六世祖奮威將軍王進寶功世襲一等子爵，任四川懋功協副將。[34]

王覲垣，以七世祖奮威將軍王進寶功世襲一等子爵，官神木協副將。

王覲陞，以父王承勛官四川懋功協副將，恩蔭從六品。

王鏽，以八世祖奮威將軍王進寶功世襲一等子爵，官乾清門侍衛。

王鐸，以父王覲垣官神木協副將，恩蔭從六品，授江西吉安衛千總。

選舉

文舉

張攀箕、張文林，父子同榜中式。咸豐年間，文林以大挑得補通渭縣教諭。邑庠生張榮之子孫也。嘉慶年間，榮被邑人誣控，縣令認真詳辦，發流山東。後其子攀箕、孫文林同榜中式，鄉老以爲人虧天不虧，至今傳爲美談。

牛中選，[35]嘉慶癸酉舉人。①

王龍山，明弘治甲子舉人。②

貢生

苟有教，前任白水縣教諭。

牛克明，歷署化平廳、敦煌縣訓導。[36]

陳希魁，光緒三十四年歲貢。[37]

附貢生

謝文俊，現署徽縣教諭。

楊文華。

陳作賓。

武舉

牛中英，道光壬午科。③

---

① 嘉慶癸酉：嘉慶十八年(1813)。
② 弘治甲子：弘治十七年(1504)。
③ 道光壬午：道光二年(1822)。

牛中魁,道光戊子科。①
牛坤,道光壬辰科。②
劉邦宰,道光甲戌科。[38]
董彥禄,光緒己丑科。③

恩科④

人物[39]

王龍山,字景瞻,三原人,[40]明弘治甲子舉人。⑤學博忠敏,尤長於辭賦。官浙江平湖知縣,抵任三日,案驗吏書,舞文者寘之法,一邑稱快。解組歸,著述自適,所著有《邨居詩集》。[41]

王進寶,字顯吾,靖遠人。英姿魁梧,精騎射。清順治初,從總督孟喬芳討定河西有功,授守備。李定國之據滇黔也,進寶從提督張勇進勦,師次十萬谿。懸崖千仞,攀援而上,直抵其巢穴,賊衆崩潰,長驅直入,薦授標營遊擊。值西夷狂逞,隨提督張勇帥師破之,以功授洪水營參將。既而海魯輸款,乞往牧大草灘地,進寶力持不可,並議城單于故址,更名"永固",以進寶爲副將駐之,番人畏服,無敢飲馬城窟者。晉西寧總兵。會吳三桂變作,平涼提督王輔臣叛應三桂,遂陷蘭州。進寶統兵直抵黃河,夜以皮囊使軍士潛渡,賊兵更番應戰,累擊敗之。進拔安定、金縣,乘雪夜復臨洮,遂光蘭州,而鞏昌、秦州皆降。功上,授陝西提督。鎮秦州,南扼川蜀,北復通渭、静寧、平涼,隴右悉定。晉奮威將軍。率師進討寶雞賊,命長子用予潛襲利橋,遂光鳳縣。抵武關,遣用予潛出關後,夜半關破,大軍直驅漢中,奪朝天關,拔廣元、昭化,渡浮橋,逕下保寧。用予斬關入,僞帥王屏藩自縊死,僞將軍吳之茂降,蜀平。賜彤弓、駿馬。授用予四川松潘總兵,改固原。既而蜀中又叛,進寶復力疾馳赴平之。入覲,恩寵有加。卒,贈太子太保,予諡忠勇。

王用予,字公安,進寶長子,從父用兵秦屬,以驍勇著名。攻險峻先登,所至披靡,累立奇功,歷松潘、固原、涼州、太原四鎮總兵,以終養致仕。

牛中選,靖遠人,嘉慶癸酉舉人。⑥仕爲順天山河知縣。打拉池故有泉水灌田,

---

① 戊子:道光八年(1828)。
② 壬辰:道光十二年(1832)。
③ 光緒己丑:光緒十五年(1889)。
④ 《恩科》類目無具體內容。
⑤ 弘治甲子:弘治十七年(1504)。
⑥ 嘉慶癸酉:嘉慶十八年(1813)。

久淤於沙，中選爲濬渠，用石槽引水其上，覆以石板，由是水利復通，鄉人至今稱之。

張榮，靖遠人，嘉慶間諸生，以事爲人誣陷，發流山東，人皆以爲寃。其子攀箕、孫文林同登賢，蓋鄉堂以爲天佑善人云。

節婦

武舉牛大知妻常氏，年二十六夫亡，遺子中魁甫二歲，中選甫一歲，氏翁因哭子喪明，氏盡心事奉翁姑，撫養二子。後中魁得中道光戊子科武舉；[42]中選得中嘉慶癸酉科文舉，①官順天山河縣知縣。氏蒙誥封旌表，七十餘歲卒。

田世英之妻劉氏，年二十二夫亡，守節四十二年卒。[43]

閆秀妻張氏，[44]年二十夫亡，貞靜自守，撫孤成立，守節四十餘年。有司以苦節堪嘉，請蒙建坊旌表。[45]

李學鰲妻周氏，年三十夫亡，守節撫子。孫官至遊擊銜，儘先都司奉旨賞給三品封典，守節三十七年卒。[46]

楊萬廷之妻張氏，年三十二夫亡，守節歷難，義方訓子。[47]子文華貢生，孫希賢廩生，悉氏撫育教成。守節四十八年卒。[48]

陳國政之妻閆氏，[49]年十七夫亡，矢志貞守，撫夫侄繼嗣，孝敬夙著，閭里欽羨，時已年近五旬，現存。

星現星殞日月食[50]

乾隆三年十一月二十四日，地大震，有聲，或震或止，相繼一月。

二十五年七月暮，[51]西北天赤，直貫天心，中有白氣，如椽林林，至明始散。

三十八年六月，本堡冰雹大如李實，落地尺餘，數日不消。

咸豐十一年，正東彗星出現，[52]久則光澈如月。

光緒五年，正西彗星出現，尾長丈餘，十餘日而沒。

二十年，正東彗星出現。

二十六年正月朔日，日食；望日，月食。

三十年十一月十二日申時，火星落於正北，落後紅光普照，數刻火氣猶凝，漸漸而散。

三十三年，正東彗星出現，尾長五六尺，半月而沒。

---

① 嘉慶癸酉：嘉慶十八年（1813）。

中間未載，委屬無從查考。

恤典[53]

乾隆二十三四兩年，大旱，斗米白金三兩，蒙發帑金賑濟，全活甚多。

乾隆四十二年蒙蠲，[54]免四十三年地丁正銀。

四十九年四月，鹽茶廳逆回田五作亂，與靖遠縣床子灘回逆同攻本堡並靖城甚急，靖城回逆亦有內應者。該縣黃家駒用典史朱爾漢計，[55]多擒之，餘賊喪膽而遁。官軍追至狼山擊敗之，田五中鎗死。是年九月，蒙蠲免正耗銀糧。

五十九年，蒙蠲免天下歷年民欠銀、糧、草束。

嘉慶元年，銀糧蒙分作三年次第輪免。[56]

嘉慶四年，川匪作亂，甘省被賊滋擾，各州縣本年及帶徵乾隆六十年，嘉慶元、二、三等年銀、糧、草束全行豁免。其隣近賊氛各州縣，寬免十分之二三。[57]

嘉慶十五年，[58]大旱，斗米白金二兩四錢。[59]

十六年，大疫，死亡過半，[60]貧民賣妻鬻子，相繼不絕。

十八年，田土化爲鼠，食苗過半。

二十四年，蒙蠲免甘省歷年民欠銀糧。

道光七年，西域逆回張格爾滋事。甘省兵差過境各州縣，本年銀、糧蒙全行豁免，其辦濟軍食各州縣，[61]銀、糧蠲免十分之六。五年以前通省舊欠銀、糧，蒙全行蠲免。

自道光八年起至光緒三十三年止，內免錢糧，委屬無從查考。

方言

池屬土語，稱曾祖父曰"太爺"，曾祖母曰"太太"，祖父曰"爺爺"，祖母曰"奶奶"，父曰"爸"，母曰"媽"，伯叔曰"爸爸"，來去曰"來棄"，閒遊曰"閒浪"，請客曰"瞧客"，閒談曰"扯沫"，觀看曰"瞧"。至於詞調字音，與各府州縣雖有畧異，然亦不甚相遠。

戶口

池屬只居民五百二户，計三千七十六丁口。內：男大九百八十四丁，男小七百五丁；女大八百四口，女小五百八十三口。

倉儲

池屬社穀由地方捐。自光緒初間，每年春放秋收，加二行息。派倉正、倉副經理，一年一換，必須殷實妥紳方可充當。截至光緒三十三年底止，倉儲倉斗社糧五百五十三石七斗四升九合一勺。

度支

縣丞一員，歲支俸銀四十兩。門子、馬夫各一名，皂隸六名，歲共支工食銀四十八兩。池街及乾鹽池二馹，共設站夫七名，歲共支工食銀七十六兩六錢。以上共總歲支銀一百六十四兩六錢。

釐稅

池街於光緒十七年設土釐分卡，[62]由靖遠釐局派司巡二人經理，以土藥每斤三錢六分抽收釐稅，每年約在百餘兩及數十兩不等。於三十二年改收統捐，以土藥百斤十一兩五錢抽收釐稅，每年約在千餘兩及數百兩不等。三十四年，又設羊隻皮張釐卡，亦由靖遠釐局派司巡二人經理。以張皮二百四十斤為担，照章抽收釐稅，每年約在三百兩上下。原無定額。

農商

池屬之民皆安耕鑿。春二月種小麥、莞豆，五六月收，六月種糜穀、蕎麥，九十月收。惟人烟稀少，鄉間並無稍大市鎮，僅池街有小小鋪商十數家。光緒三十四年，於池街設立工藝廠一處，[63]招雇匠工二人，試做毛毯、口袋各粗物，因費本過多而中止。是農、商二政暫實難於開辦。

礦產

池屬以北相距八里許之龍鳳山產金、產炭。咸豐年間，民人採之頗旺。近有試採者深挖之，因為水多所阻，今久廢弛。

巡警

池街於光緒三十二年設巡警一局，巡兵十名，乾鹽池堡設巡警一局，巡兵三名。各分派地段，日夜輪流站守，如有失事，惟該巡兵是問。各派正副巡長管理，而舊日保甲早已停辦。

學堂

池街於光緒三十二年設初等小學堂一處，係因舊有百泉書院一座，尚存泥修破壞小房數間，稍爲補修改設。常年經費的款尚止籌有六十金，不敷之數全恃隨時設法籌給。教習一員，員司二員，學生三十名。而試院向來無之。

忠列

附生劉育英、武舉劉邦宰、廩生雷浚，以上人團民守城，於同治五年正月初五日，賊勢猖獗，力攻城陷，罵賊不屈而死。

廩生呂蒙第，附生呂朝鳳、閆秀、張耀南、張樹壇、路遵道、路遵康、武生牛星、楊承秀，監生劉邦祀、雷潤，同治三年城陷之後，協力禦賊，被難而亡。

碑文

奮威將軍王進寶出身功勞碑文

一道，其文曰：從來英雄豪傑建不拔之業者，其生也不偶，其出也不羣。王公諱進寶，祖先業農。及寶生，初少懷偉畧，壯抱雄心。正欲捍衛王家，郭清海氛，適當龍飛五年，西涼回逆犯順，果敢一試，奮勇先鋒，磨厲以須，破賊成功，蒙題守備。萬仞初登後，越數載，雲貴調征，總兵督統張公，其人出，其膽智，協力同心。幸邀天佑，渺然厥躬，大破石萬谿。惟君乃建首功，先登鐵鎖橋，小醜望風胥奔。一日鋒摧，無敵功成，百戰百勝，當世稱雄。旨命遊鋒，軍中傑出，無過斯人，改轉臨元廣西提督鎮標中營，后轉嶺南全省飛雄。誠哉！遇奇莫並功勳，肘金跨玉，定南封功。康侯偉烈，獨步才能。謀畧超越，出類絕羣。英風一脈，昌隆後昆。麟趾振振，蘭蕙芳芳。祖龍之脈，流注子孫。無窮無極，瀵萬斯靈。訝其遇，羨其功，美其際之隆，不能不極壯英雄之氣，而勒爲後世之不朽云。賜進士出身、户部都給事、漢南岷陽通家侍生黃結清頓首拜撰。康熙三十年季春勒石。

追封奮威將軍王進寶三代碑文

三道。其一道，制曰：興朝開創之業，端籍元勛；良臣輔弼之才，寶資世德。式遵令典，用沛洪恩。爾王佐有，乃奮威將軍、管陝西平涼提督事、三等精奇尼哈番王進寶之曾祖父。源遠流長，本深枝茂。蓋積德於乃躬，故發祥於奕世。曾孫有慶，惟爾之休。茲以覃恩，贈爾爲榮祿大夫。於戲！一德交孚迂，天休而薦至，[64]數傳始大。荷帝眷之方來，尚其欽承，式佑爾後。

制曰：德隆宗社，於開國爲崇功；恩及層聞，於承家爲異數。庸頒寵命，以著殊休。爾乃奮威將軍王進寶曾祖母李氏，慶衍曾孫，徽流四世。重聞培德，乃啟後人。溯水木之深長，用恩榮之遠被。茲以覃恩，贈爾爲一品夫人。於戲！徽音邈矣，佑後嗣而克昌，寵貺赫然；保昭融於無斁，傳之永遠。服此休禎。

其二道，制曰：貽厥孫謀，忠蓋綿世，傳之澤絕，其祖武恩榮，昭上帝之休。忠厚之道攸存，激勸之典斯在。爾王儒，乃奮威將軍進寶之祖父，爾有貽謀，以啟乃孫，傳至再世。克勤王家，褒寵之恩，宜及大父。茲以覃恩，贈爾爲榮祿大夫。於戲！再世而昌，無忘貽德之報；崇階轉晉，用昭寵錫之恩。奕代垂休，九原如在。

制曰：孝子之念王母，情無異於慈幃；興朝之獎勞臣，恩並隆於祖烈。爰沛貤封之命，用慰報本之懷。爾乃奮威將軍王進寶祖母余氏，爾有貽恩，建於再世。乃孫襲慶續懋，國家嘉爾淑儀，宜襲褒寵。茲以覃恩，贈爾爲一品夫人。於戲！章服式賁，沛介錫於重闈；綸綍寵頒，保昌隆於百禩。永承家慶，以妥幽靈。

其三道，制曰：父有令德，子職務在顯揚；臣著賢勞，國典必先推錫。用申新命，以表前休。爾王尚禮，乃奮威將軍王進寶之父，持身有道，廸子成名。嘉予懋績之臣，實爾傳家之嗣。爰褒義訓，用賁恩榮。茲以覃恩，贈爾爲榮祿大夫。於戲！率行式穀，澤流青史之光；教孝作忠，榮耀紫綸之色。永培厥後，蓋庇昌隆。[65]

制曰：國之最重者，惟是忠蓋之臣；家所由興者，賴有賢良之母。特頒恩命，用慰子情。爾乃奮威將軍王進寶之母王氏，慈能育子，教可傳家。念茲靖共之猷，實本恩勤之訓。母德既著，渥典宜加。茲以覃恩，贈爾爲一品夫人。於戲！頒爵用以榮親，褒忠因之教孝。錫隆恩於不匱，表美譽於來茲。欽服寵綸，用光泉壤。

均係康熙二十四年秋七月立石。

誥敕奮威將軍、左都督、管陝西平涼提督事、三等精奇尼哈番加十一級、贈太子太保、諡忠勇王進寶碑文

二道。其一道，制曰：朕惟人臣授律中權，策勛天室。非忠無以立節，非勇

無以圖功。故徇國忘身者志堅於金石，執訊獲醜者氣厲於風霜。寇虐於以遏除，疆隅由之綏靖。邦家攸賴，展在斯人。爾王進寶，樸誠自植，驍果超羣。自束髮從戎，久居邊徼，招携綏遠，厥有成勣。[66]是用書勞盟府，建節西寧。迨滇寇弄兵，涇原煽惑，忠義奮發，投袂束馳，涉險濟師，裂眦誓衆。遂收金城、下天水，伏莽肅清，叛人自靡，隴坻以西，無風塵之警。既乃徼道襃斜，規投洋鳳。[67]縫草船而浮江水，走棧道以蹴武關。[68]鐵騎宵飛，妖氛旦掃。漢興一路，望風吐欸，遂薄閬中。颷馳電鶩，取彼渠首，聚而殲旃。傳檄而定三川者，爾之力也。爾有立懂之威，制敵之智。疏動方面，莫與爲二，而又素矢堅貞，克翰忱悃，[69]兵間辛苦，不忘君父。洎師旋獻凱，橐鞬入朝，晝接從容，宴賫稠疊，遣還舊鎮，三命滋共。古所云：不二心之臣、熊羆之士，爾殆兼之，庶無慚色。天不贏算，遽以疾殞。已命所司，易名加典。因鑴文於石，以甄明風烈。嗚呼！惟懋嘉乃功，用薦錫乃寵。[70]爾其不昧，尚克祗承。

其二道，制曰：鞠躬盡瘁，人臣奉職之猷；酬德褒庸，朝廷勸忠之典。蓋靖共既昭其大，則哀榮必厚厥終。爾奮威將軍王進寶，性行忠良，才猷練達。膺疆場之重寄，奮戎勇以前驅。克靖寇氛，銷奸謀於伏莽；兼資彈壓，作要地於干城。詎意積勞，遽成永逝。死綏之誼世尟，貤榮之典宜頒。特沛鴻綸，拜加寵秩。茲贈爾爲太子太保、榮祿大夫。於戲！位崇百秩，弘敷紫誥之華；寵渥九原，永作黃壚之賁。幽靈不昧，臣典式承。

均係康熙二十五年冬立石。

御製祭奮威將軍王進寶碑文

三道。

其一道，帝遣內閣侍讀學士傅繼祖祭曰：[71]朕惟國家削平僭亂，綏靖疆隅，必藉無二心之臣，以成不再舉之烈。[72]生則任干城之寄，歿則施泉壤之榮。睠茲殊勳，宜頒異數。[73]爾王進寶，奮蹟行間，忠誠自矢，分旄陝右，勇畧彌章。當逆醜之憑陵，值邊陲之孔棘，爾援枹而厲將士，遏賊焰於方張；秣馬而渡河湟，振軍威於有赫。遂乃蘭山電埽，榆谷風馳。飭虎旅以無諠，誓妖氛之盡滅。隴坻既定，野清伏莽之奸；蜀道長驅，地扼建瓴之勢。錦江通漢，遂折狂瀾；劍閣連秦，全消毒霧。時投醪以饗士，甘苦惟均；亦聚米而知兵，正奇互用。殺敵則殲其巢窟，綏降則示以腹心。用能克樹豐功，洊膺寵命。[74]總元戎於西土，賜嘉諡於中朝。枸邑勞臣，錫旍鸞而作鎮；[75]金城宿將，籌芻粟以安邊。正塞之上威行，忽中軍之星殞。眷言成績，彌軫中情。嗚呼！百戰云徂，[76]毅魄激戎行之氣；[77]九原不返，壯猷垂策府之光。國典蒸隆，爾靈克荷。

其二道，帝遣內閣侍讀學士傅繼祖祭曰：朕惟邊方之既靖，[78]寧忘禦侮之勞? 爰恩卹之有加,特重酹庸之典。爾王進寶,才謀兼勇,志矢精誠,銳氣鼓一軍之威,先聲寒羣賊之膽。有進無退,父子披堅異道,同趨山川天險,握中權以制勝,俾西顧以無虞。[79]館舍雖損,勛名未泯。於戲! 再頒寵命,臣子殊榮。更遣專官,朝廷曠典,牲牷既備,靈爽歆承。

其三道,帝遣內閣侍讀學士傅繼祖祭曰:名垂竹帛,人既往而猶存;功在封疆,禮屢加而未已。爾王進寶,抒忠報國。[80]奮武乘機,摧狡寇於金城;一軍宵濟,揚征塵於褒谷。千里九封,兵精而節制,偏優地險,而成功倍速。惓懷偉績,益沛殊恩。於戲! 悼爾重泉,苾芬在列,頒茲三命,奄冸增榮。

誥封榮祿大夫、奮威將軍、世襲二等精奇尼哈番、謚忠勇王進寶公墓誌銘①

一道。其文曰:當公薨於固原之官署,時陝督希公馳奏以聞,上悼甚。余聞而爲黯傷者久之。既而長君總戎用予、次君侍衛用賓,皆以至情請假治喪。故事,武臣無奔喪例。上憫其孝思,曲允所請。旋遣一价,持鞏昌王郡丞家棟所撰《行狀》走都門而請余曰:[81]"不孝用予等獲罪於天,而致先大人之不享遐齡也。生不能侍養於朝夕,歿不獲訣別於易簀。雖椎心泣血而已,莫贖矣。今於丙寅二月朔日卜葬於固原馬營水屈吳山之北,②不孝等薄德涼才,固不足以表揚先人勳業,敢乞燕許大筆,[82]用昭來茲。"顧余素不能文,然忝職綸扉,既心志其戰功於平時,及其來都,又面晤其丰采於一日,義不可以不文辭者,於是不揣鄙陋,爲之志而系以銘焉。

將軍諱進寶,字顯吾,靖遠籍,固原人也。先世皆不仕,而多有隱德。[83]其孝友仁讓之行,雅爲閭里所稱慕。自其曾大王父而下,以將軍貴,追贈悉如其官。[84]將軍生而英姿魁梧,精騎射,慨然有志當世。方我朝定鼎之初,將軍年甫弱冠,即從總督孟公西討叛回,屢立奇功,題敘守備職銜。[85]歲乙未,③巨寇李定國竊據滇黔,命將討之。時將軍爲經畧右標提督,非熊張公部將,獨統前鋒。及師次十萬谿,當諸道咽喉,懸崖千仞,攻戰難施。將軍攀援而上,直搗其穴,賊衆潰奔,我軍得以長驅直入。[86]用大臣疏薦,[87]授將軍,爲經畧標營遊擊。

繼而張公提督全滇,值西彝狂逞,奉命改提甘肅。公以將軍素諳邊情,時海魯恣睢,令將軍帥師敗之。總督莫公疏表其功,陞洪水營參將。[88]洪水逼近魯界,[89]至是不敢窺視。迺詣京翰[90]欸,乞往牧大草灘地。廷議遣親臣驗覘形勢,兼命督撫、提鎮,僉議可否。將軍力持不可,並議城於單于城故址。於是諸大臣執奏復命,遂改名"永固",陞將軍爲副總戎,駐節於此,以彈壓焉。至今無復敢

---

① 《靖虜衛志》卷六《文藝志·志銘》題作《忠勇王公墓誌銘》。
② 丙寅:康熙二十五年(1686)。
③ 乙未:順治十二年(1655)。

飲馬城窟。明年,詔將軍馳馹陛見,備問邊情及守禦要署。將軍指陳詳悉,一皆稱旨,特授西寧總兵,賜刀、馬、弓、矢、冑、鎧。將軍卿命赴任,忽報逆藩吳三桂反。未幾,王輔臣亦以叛聞。是時賊勢猖獗,惟湟中恃將軍以無恐。將軍具疏請計間,而蘭州已陷,即統兵直抵黃河,昏暮從蔡家灣默禱誓師,[91]以皮袋冒險暗渡,孤軍深入,至新城而休焉。明日抵皋蘭,營於龍尾山。賊兵更翻迎敵,將軍身先士卒,屢戰屢捷,遂拔安定,復金縣,乘雪夜以破臨洮。蘭州之外援已絕,賊計無所出,然後納欵請降,而天水、南安亦相繼投誠。定西大將軍與靖逆張公以將軍威望素著,會議移駐秦州以當要衝。川逆王屏藩、吳之茂據西和、禮縣進寇秦州。將軍整兵,大敗賊衆,爰陞陝西提督。方欲夾剿平涼,會通渭告急,將軍率精甲千餘,疾趨救之。即復通渭,收静寧,逆黨之臂指既絕,而平涼望風歸順矣。[92]然各處逆孼復大聚樂門,將軍亟往攻之,逆衆大潰,奔入漢中,隴右悉以蕩平。捷書入告,特晉奮威將軍、阿思哈尼哈番之秩。適賊犯寶雞,將軍即率師前進,命冢君潛襲利橋,遂由連雲棧取鳳縣,直抵武關。又遣家君率健卒抄出武曲鋪以攻其後,賊人腹背受敵,夜半破關,遂直趨漢中,賊衆狼狽逃遁,逆將皆長跪請降,[93]漢興一路皆平。皇上眷念膚功,御書"龍飛"二大字,唐詩手卷一帙,遣大臣就營賜之。復敕命會兵恢取保寧,平定四川。將軍揮戈一指,奮朝天闕,取廣元,拔昭化。分將前進,乘勢連拔四營。將軍親奪浮橋,直逼保寧城下。冢君斬門而入,逆帥王屏藩勢迫自縊,[94]僞將軍吳之茂等自縛請降。隨遣仲君暨偏裨分道四出,全川傳檄而定矣。是役也,冢君奮勇,克奏大勛,特授四川松潘總兵,遣内大臣賜將軍彤弓、駿馬。會將軍疾作,改冢君爲固原總兵,率師進剿。既而川賊乘機復叛,將軍特奉密旨,鎮守巴蜀。隨即力疾,馳赴保寧,剿撫兼施,賊黨悉平。奉詔陛見,欽使郊迎及拜覲,[95]御前賜座賜茶,溫諭褒嘉。謁陵之後,晨夕入侍。皇上親臨賜宴,笑語竟日,君臣之間,藹如父子,且太皇太后、皇太子俱賜宴慰問。陛辭,又遣閣臣等供帳祖迨,殊恩異數,[96]有加無已,可謂曠世之遭逢矣。

夫何昊天不弔,而不佑將軍,永其天年耶。將軍生於丙寅年五月初十日丑時,①薨於乙丑年八月十五日未時,②享年六十歲。元配孫氏,誥封一品夫人。男五,長用予,鎮守甘肅總兵官、左都督,世襲拖沙喇哈番;孫夫人出;娶李氏,原任波羅營副將斗菴李公女,誥封一品夫人。次用賓,御前侍衛;副配繆夫人出;娶張氏,原任廣西柳州參將海龍張公女。次用佐,繆夫人出。次用卿,側室劉出。次用相,側室何出。俱幼,未娶。女二,長適原任陝西提督、諡忠愍,東海陳公子世

---

① 丙寅:天啓六年(1626)。
② 乙丑:康熙二十四年(1685)。

琳，廳精奇呢哈番，繆夫人出。次許字巡撫貴州都察院兼兵部尚書鶴鳴慕公子。側室堅出孫三，長珪，次玵，次玠，俱用予出。嗚呼！將軍自壯歲從戎，受知兩朝，其百戰殊勳，固已載青史，銘太常矣。余何能盡道其詳？不過體二君愛親至情，聊志其大畧云。銘曰：

皇清天造，[97]啟運無疆。篤生名世，佐命勷勳。猗歟將軍，起家戎行。虎鬚燕頷，鵬翥鷹揚。提戈靖亂，天討用張。恩威並著，[98]春雨秋霜。膚功既懋，陛覲宸光。[99]溫綸勞問，飲食笙簧。彤弓寶馬，疊頒尚方。階晉師保，爵埒侯王。誰其比之？臨淮、汾陽。乙丑之秋，①太白掩芒。訃音上聞，聖主悲愴。賜祭賜葬，賜諡賜坊。生榮死哀，今古無雙。佳城卜兆，阡碑輝煌。翁仲列峙，松楸鬱蒼。家聲濟美，世澤永昌。鑴銘壙石，傳信流芳。

賜進士出身、光祿大夫、太子太傅、吏部尚書、文華殿大學士、加一級長洲宋得宜拜撰。

欽賜造葬奮威將軍忠勇府君碑記

一道，其文曰：嘻！甚矣，君恩之渥也。念我皇考府君，自定羌彝、擊魯後，由洪水尋移永固城。時蒙召陛見，即親荷褒嘉，拔之儕伍中，除西寧總鎮，此忠勇府君特邀知遇之始也。比聞滇黔之變也，忠勇府君曰："荷朝廷豢養數十年，且不次謬叨，連擢微臣。正感奮無地，茲復得見天子面，不以下臣愚不孝，破格晉崇秩，非臣隕首所能上報。茲值王事多難，亦惟此一腔熱血傾注於疆場間已耳。"其下金城，襲洮陽，定關隴，進漢興，破保寧，諸蹟悉載宋相國所撰《墓志銘》中，茲不贅。但巴西既平，不謂劇勞，疾作，疏聞。奉旨："卿久鎮巖疆，勞績素著。進剿四川，復奏捷功。地方初定，倚任方深。覽奏以病請告，情辭懇切，着回固原任所調理。據卿子王用予前經面奏，稱'松潘係內地，情願隨征效力'等語，卿標官兵，着王用予暫行統領，駐劄保寧，進剿雲貴之時，隨征前進。兵部知道。欽此。"

回固甫五月，而譚、彭二逆復叛。特奉密諭："卿以智勇雄才、韜鈐偉畧，夙嫻軍旅，歷鎮巖疆。曩者秦省用兵，卿殫竭忠貞，率先將士，恢復郡邑，掃除逆氛，厥功懋焉。繼以漢興尚為賊據，蜀省未入版圖，靖寇安民，實資良將。卿受命專征，分道而進。漢中定而雲棧路通，保寧克而渠魁授首。朕心時切褒嘉，尚俟事平擢敘。因卿以戎務積勞，屢求調攝，故曲體勞臣，遂其所請。俾回固原，[100]暫就醫藥。今念各路大兵，進取滇黔、四川重地，必須宿望重臣居中彈壓。況川東餘孽，復行狂逞，剿撫兼施，尤為急務。卿即整頓兵馬，遽赴保寧鎮守，益展謀猷，折衝固圉，使全蜀蕩平，副朕倚任之意。顯爵酬庸，國家自有曠典。卿其加意，勿忽特

---

① 乙丑：康熙二十四年（1685）。

諭。欽此。"爰即抱疴馳赴，餘孽患平，諸佐舉觴爲壽，曰："將軍其天授，與何遠近、險易、虛實、衆寡，一一若在眉睫間，而衝渡洇流、鑽襲圮隘，往往出而不測，趨所不意，因糧於敵，轉客爲主，孰與將軍？招降釋俘，一不妄殺，即在寇讎，咸相愛戴，稱爲仁義之師，孰與將軍？兵刃雪飛，矢石雨注。將軍每戰身先，卸甲而馳，如入無人之境，且生平並無一敗，孰與將軍？"忠勇府君曰："而若武臣，倘邀尺寸功，切莫作矜喜態。凡此皆朝廷威福而與，若不過適逢其會耳，夫何力之與有而願稱賀爲？即如涉險攝危，此皆儌倖於不可問之天。倘半濟而擊，一夫守險，雖良、平焉用之？至巴蜀生民，被逆脅從，塗炭已久，一旦被執，不啻釜底遊魂，又何忍概爲屠戮而殘民以逞也？且聞之焉：伏波曰：'男兒當死於沙場，以馬革裹屍而還。'岳武穆曰：'武官不怕死。'夫敵王所愾，義不貪生，此我輩本等分內事，獨幸於鋒鏑交加中，究不能傷我寸膚，此豈我輩所易爲力與？凡此皆朝廷威福。若或有贊，冀行使不期然者，二三子謬爲推異，不亦誣乎？"於是諸將佐唯唯而退。

比滇黔蕩平凱旋，途次奉詔馳駔陛見。上賜於乾清宮，親燕以和，頤康親王與國舅公及大學士勒明兩相國陪坐。一時王公將相，天威不違咫尺。上復命將軍前，既前，曰："再前。"更前至御座，上賜觴三爵，曰："將軍其盡飲此。今天下昇平，皆爾之力，朕其以是勞之。"將軍跪飲謝恩畢，因即叩進三爵，曰："小醜跳梁，如神如鬼，臣率師征，以固疆宇，每思若得而食之不厭，仗君之威，俾逆魁殲滅，臣得保全首領以生還，何等榮幸，又安敢貪竊天功，以爲己有乎？"上大悅，爲之連飲訖，仍賜國龍御衣一襲，黃鞍轡馬一乘。比送駕幸海甸，上緩轡顧問二十餘里，曰："將軍其還歸哉，陝西地方重大，朕惟將軍是賴。"忠勇府君下馬叩辭，不覺下淚，奏云："臣草茅疏賤，並且老矣，此番叩離龍馭，不知何日尚能得見天顏否？"上慰之曰："將軍其勿悲，卿外臣，例不請安，朕今列卿於內大臣班，卿若憶朕，可預疏以聞，朕即准來京覲謁。"復賜內大臣朝衣一襲。嗚呼！今憶忠勇府君之言，誰謂遂成永辭聖明之讖與？

既歸，適不肖用予拜調鎮晉陽之命而前往矣。尋府君疾作，疏辭，上不允。期餘病劇，復疏辭。奉旨："卿長才偉畧，久鎮巖疆，矢志忠貞，勞績茂著，提督重任，正資辦理，着照舊供職，不必以病求罷。著伊子總兵官王用予速往省侍。該衙門遴選醫官一員，馳送前往，勉加調理，副朕眷注之意。該部知道。欽此。"不肖用予歸省未旬日，而調征甘肅之命下矣。尋府君疾稍瘳，諭不肖用予曰："甘肅逼通西海，狂彝出入無常，朝廷以此巨任畀爾，吾重恐爾之不克擔荷也。然寬猛交施，恩威並濟，舍是其奚從？爾其往哉。"不肖用予再拜而敬對曰："皇上命兒歸省，旋命移鎮甘肅，以相去匪遙，得以朝發夕至，而侍我父故也。今父疾未愈，而何敢輕違膝下，以炫耀赴任焉？"府君曰："朝廷邊疆緊要，忠孝何能兩全？我命在天,爾勿慮。我代爾具疏謝恩,爾速往哉。"嗚呼!誰謂此時遂是我父子永訣之秋哉。不肖用予到凉未期月,而府君病革,乃伏枕屬親辭謝聖恩,語竟而薨。畧云:"臣病危在旦夕,君恩未報,從此永隔天顏。當茲盛世,瞻望闕庭,不勝嗚咽。"奉旨:"卿忠誠素著,韜畧優長。自簡任以來,殫心保國,統帥進剿,奮勇當先,制勝運籌,殲除賊寇,遐邇悉定,屢奏膚功,重鎮巖疆,方深倚畀,覽奏患疾危篤,軫切朕懷。這所奏知道了。該部知道,欽此。"既薨,總督希疏聞。奉旨:"將軍王進寶性篤貞忠,矢心報國。威望素重,勇畧兼優。奮力率先,征勦賊寇。邊防戎務,籌畫周詳。久鎮巖疆,勳猷茂著。秦省重地,正資彈壓。倚任方殷,奄逝忽聞,朕心深爲軫惻。應得恩卹,着從優議奏。該部知道。"時不肖用予在凉聞訃,寸肝摧裂,深恨一官匏繫羈縻邊庭,父死之謂何!而臨終易簀,不能身親其事,子職既虧,臣道安在?爰具疏力辭。奉旨:"王用予准暫假治喪,事竣,速赴原任。該部知道。欽此。"喪事既竣,不肖用予限於成命,爰回五凉,而大宗伯以應照定例,按其品級給與全塋之價,並一次致祭銀兩,遣官讀文致祭。今奉旨着從優議,奏其應否與謚并從優加祭之處,統候聖裁。奉旨:"依議還與他謚,加祭二次,欽此。"而大司空以忠勇府君係正一品,應照定例該全塋銀五百兩,碑價銀三百五十兩。照會甘肅布政司親身察驗,給發本家自行造塋立碑,仍將給過銀兩數目報明户部銷算可也。等因。靖遠衛具從司庫領出,於康熙二十五年丙寅春三月初八日,遴工剖石而興工焉。①

嘻!甚矣,君恩之渥也。夫君恩如此其渥,爲人臣子者或疏忽從事而漫無所經心,則輕褻朝廷之曠典,虛糜國帑之隆頒,益滋我府君之罪戾矣,惡用不肖爲哉?但用予汛守天山,而用賓又遠侍帝闕,用佐、用卿、用相俱在髫年,未諳經營,不肖用予爲之寢食不遑寧處。雖從戎務之暇,意度心匠,凡尺寸矩矱,摹繪式圖厥成,但不能親其地,董其事。徒令按圖索驥,寧保閉門造車,出門合軌,一一就繩墨,而無一之或踰乎。且老母重曰,定省無人,遊子塞垣,片雲天遠,烏鳥之私,曷維其已,爰瀝陳下情,愿懇休致。奉旨:"王用予以母老請休,情詞懇切,准以原官解任終養。該部知道。欽此。"爰解組旋歸里門,一以得朝夕侍奉慈幃,一以得心手指畫塋墳,平生之願足矣、盡矣。此聖天子推心置腹,曲體下情,廣推錫類之宏慈,茲恩又何渥耶?不肖用予於丁卯夏五月十三日抵閭里,②未及登堂,先詣靈進,請匠作而檢所椎鑿。果率多踰閑,不符規例。幸矣,用予歸尚未晚也。夫以朝廷溢格之優崇,而但付之漠不關心,二三子作之乎。不肖歸如云暮,則敗乃

---

① 丙寅:康熙二十五年(1686)。
② 丁卯:康熙二十六年(1687)。

事,而貽後悔,如之何其可及也?自此逐日馳驟而詣工所,手親尺矱,剪刈其所有餘,增益其所不足,不敢或過,而於踰分之嫌;不敢不及,而隱大君之賜。凡高卑上下、向背方隅,無一非不肖用予心出入也者。乃於是秋七月二十四日豎立,前後小石坊二,九月十九日豎立中大石坊一,於戊辰春二月二十八日立翁仲及諸石獸等類而工竣焉。① 茲因列諸匠作,並諸與同事者姓名於碑陰,乃述忠勇府君先後嬰疾之巔末,並屢邀綸音、獎飾之隆眷。特授世襲三等精奇尼哈番,准襲十次。忠勇府君薨,例不肖用予嫡長承襲,以用予原授世襲拖沙喇哈番,計授爲二等精奇尼哈番,准世襲十一次。

嘻!甚矣,君恩之渥也。其於忠勇府君,生則極其寵榮,殁則極其軫恤。而茲禄其子孫者復極其厚,且以爲忠勇府君後世之子若孫,食天禄而享華膴,當思府君忠勇,身親百戰,血濺鬚眉,竭力致死,無有二心者,昭格天心,感孚帝眷,而聖天子殊恩異數,後覃及後人俾之子若孫長享勿替,尚其推原報本,益勵忠貞,世報國恩,永光家族,雖不能步先人之徽猷,抑亦勿負朝廷之世澤。俾人之謂之曰:"奮威將軍其有後矣!"則我忠勇府君必將含笑九泉,死且不朽。其或會頑不振,暴棄自甘,則是澗谷之繩不可以陵洪濤,當與枯荄落葉同腐土壤則亦已矣,如之何其無思?

榮禄大夫、左都督、世襲二等精奇尼哈番、鎮守陝西甘肅等處地方掛印總兵、合原官終養、不肖男用予稽首謹識。同不肖男侍衛用賓,不肖男用佐、用卿、用相,孫男玨、玶、玠立石。

建設打喇赤堡碑記② 楊冕 兵備副使

一道,其文曰:打喇赤古城,[101]按舊志不載興廢之由,[102]或者以爲宋禦夏人之患所築歟?是城東距西安州八十里,西去靖遠七十里,[103]北臨虜寇衝突之地,南控居民耕牧之場。是城之北有堡曰迭烈遜,密邇雪山、黃河。國朝於此分布屯兵,[104]置巡檢司衙門,每歲增以戍兵,蓋防河凍虜出之患也。自正統、成化以來,虜酋數經是堡入寇中原,[105]軍民累遭荼毒,本堡警備甚嚴。[106]成化八年,前鎮守參將周海暨衛之,[107]指揮使路昭等以其事計於予曰:"迭烈遜地僻城孤,人寡難守,不若打喇赤古城,外則可禦虜衝,[108]內則可屯兵戍。又且爲地里四達之處,若以巡檢司并屯軍俱移於此,[109]不亦爲軍民之便乎?[110]"予遂以其事白於巡撫都臺大夫馬公文升、[111]鎮守太監劉公祥、[112]總戎白公玉暨、藩司諸大臣,皆曰"然"。[113]乃疏其實以聞,詔允其請。命下,馬公以厥事屬諸冕,遂往相

---

① 戊辰:康熙二十七年(1688)。
② 《嘉靖固志》卷二題作《重建靖虜衛打剌赤城記》。

厥地,計其徒庸,而以是衛指揮同知朱勇董厥工。成化九年春,令參將趙公永和來鎮是地,[114]遂得戮力一心,襄成厥事。城則因舊而築,廢者補之,闕者增之。城完,趙公遂名其門,東曰定遠,西曰得勝。與凡公第、倉廩、市井、營舍次第偕作,自經始至竣事,凡九閱月而就。其役以工計者二千五百,其城以步計者七百八十有奇,其屋以間計者百五十有餘。仍藉其附城空閑地畝爲屯田,於是銅鏑有禁,[115]鐘鼓有時,士馬精强,部伍整肅,屯田耕牧,可保無虞。醜虜聞風,[116]莫敢延頸西望,而地方以寧矣。趙公謂予:"兵備是地,宜有言以述建置之由焉。"余嘗稽諸載籍,[117]自古禦戎之道,固以攻戰爲先,尤以守備爲本,況醜虜逞彼犬羊之性,憑陵我民庶,蹂躪我邊疆,其勢熾矣。若非固城宿兵以守之,彼則衝突無時,[118]邊將何以過之乎？故昔者南仲城朔方,[119]而獫狁之難自除,范仲淹守青澗,而契丹之暴自沮者,[120]良由是也。然是城一建,[121]巡鎮諸公禦侮安民之功,殆非小小。繼自今來守是地者,尤能心相體,[122]時葺屢省,[123]俾無歲久易湮之失,則不負巡鎮諸公愛利之惠,而趙公之惠亦久而不泯矣。是爲記。

建設乾鹽池堡碑記① 楊鼎

一道,其文曰:定戎砦,一名乾鹽池。里志不載,其詳無從考證。平舊壘中得前人所作《過定戎砦》詩鐫,[124]始知其名也。其境東通西安州,[125]西通打喇赤,[126]南通會寧縣,北通寧夏,[127]豈宋禦夏致此砦始隸乎夏歟？[128]元廢不治。我國朝取其水草利澤,止作司牧之所。北狄剽掠,經此出沒,實緊關要地,不可無兵守鎮,以揚天威於沙漠也。粵成化辛卯歲,②僉憲楊君冕籌畫此策,潛消虜蹟,移兵屯此,掘隍成壘,事未卒成。越九載,己亥,③虜復由此入寇。[129]歲庚子夏,④憲副王君繼備呈其狀。巡撫都憲阮公勤善楊君所謀,[130]擬移兵鎮之,乃曰:"必須相察,以驗可否。"入冬,公始歷覽邊鄙,[131]豁心舒目,[132]行視故城遺址,建新城一里許,廣平弘敞,[133]諸泉互湧,[134]信可仍其舊。公曰:"事貴由舊,[135]何必改作。"刱此基規模壯麗,[136]土疆墳衍,前指後畫,公志先定,詢謀僉同,卒更其初議。及公歸,謀諸鎮守太監殹公賢、都督白公玘,衆議相符,[137]皆忻然大舉,共樂[138]爲贊襄。[139]遂馳表陳其所以。[140]皇上明鑒萬里,[141]切於隸治,[142]納公嘉謀,詔特允之。於是公自度量,稱才授受任,分工責成,[143]士卒爭先趨赴不怠。[144]

歲辛丑,⑤兵憲翟君廷蕙適至,[145]綱維厥務。[146]戒之用休,董之用威。[147]

---

① 《嘉靖固志》卷二題作《乾鹽池碑記》。
② 成化辛卯:成化七年(1471)。
③ 己亥:成化十五年(1479)。
④ 庚子:成化十六年(1480)。
⑤ 辛丑:成化十七年(1481)。

百事維心，[148]功克以濟。總厥功者，[149]指揮使劉端；厥任者，本所暨諸郡指揮朱勇等。增盈故垣五百有奇，崇高四尋，加厚三尺。[150]浚隍高堞，氣象雄壯。南建虛樓，以快登望，因名"定邊"。出入二關，東曰鎮彝，西曰服虜，志在柔遠，以揚聲教。至若神祠、官廨、倉場、營舍，咸飭宏廠經始。於辛丑年二月落成，①於是年八月，未踰半載，告厥成功。衆咸謂是不可以無紀，翟君遣使求余爲記。夫伯鯀作城以居衆，古制也。今興已廢之蹟，創未有之業。顧識見目力，用心何如，斯固難矣。詳此地山圍平原，勢若天塹，非惟墳壤，可築可朽，便於修理，亦且可耕可鑿，可樵可牧，裕於屯守。人被六氣之用，家獲作鹹之利，是因民之所利而利之，故民遷也如歸市。然則公之是舉也，既稱情乎時制，又壯觀乎國家，利在生民，勳照天壤，又爲可泯而不傳乎？故詳書以著其建作之始，俾來者有考焉。

【校勘記】

[1] 元年：《靖遠衛志》卷一《地輿志·建置沿革》作"二年"。

[2] 楊冕：《嘉靖固志》卷一《文武衙門·整飭固原兵備憲臣》、《西征石城記》及張維本《打拉池志》作"勉"。《明英宗實錄》卷三一三"天順四年三月庚寅"條，《四川通志》卷九上《人物》、卷三四《選舉》，《明清進士題名碑錄》均作"冕"。

[3] 由：此字原無，據《靖遠衛志》卷三《武備志·彝情》補。

[4] 馬文升：原作"馬文昇"，據《明史》卷一八二《馬文升傳》及《明憲宗實錄》卷五八"成化四年(1468)九月辛酉"條改。

[5] 東至石橋關六十五里："石橋關"，《靖遠衛志》卷一《地輿志·疆域》作"石墻關"。"六十五"，張維本《打拉池志》作"六十"。

[6] "廣七十里"句至下文"延至京師三千八百里"句：本段內容原位於下文《學堂》後，原題作"疆域又爲細敘"，據本志書例移至此處。

[7] 至甘鹽池五十里："甘鹽池"，本志前文《建置》及張維本《打拉池志》均作"乾鹽池"；"五十里"，《靖遠衛志》卷一《地輿志·疆域》作"二百二十"。

[8] 五百二十：《靖遠衛志》卷一《地輿志·疆域》作"四百五十"。

[9] 三百：《靖遠衛志》卷一《地輿志·疆域》作"二百"。

[10] 二百：《靖遠衛志》卷一《地輿志·疆域》作"三百"。

[11] 大約十里："大約"，張維本《打拉池志》作"廣袤"。下文除特別說明外，均同。"十里"，張維本《打拉池志》作"十餘里"。

[12] 南二十里：《靖遠衛志》卷一《地輿志·山川》作"東七十里"。

[13] 石灰：《靖遠衛志》卷一《地輿志·山川》作"石炭"。

---

① 辛丑：成化十七年(1481)。

[14] 青沙硯：《靖遠衞志》卷一《地輿志·山川》作"青沙峴"。
[15] 青石巖：本志後文《山川》又爲細敘及《靖遠衞志》卷一《地輿志·山川》均作"青石崖"。
[16] 馬將軍：本志後文及張維本《打拉池志》均作"青馬將軍"。
[17] 大約：張維本《打拉池志》作"長"。
[18] 十里餘：張維本《打拉池志》作"十餘里"。
[19] 腥羶：原作"猩羶"，據張維本《打拉池志》改。
[20] 長：此字原無，據張維本《打拉池志》補。
[21] 龍鳳山及下文屈吴山、神木山、鬜團山、蒼龍山，此五山內容原位於下文《學堂》後，原題《山川》，小字注曰："又爲細敘。"蓋係本志原編修者對各山內容的補充說明。今移至此處。
[22] 三十：《靖遠衞志》卷一《地輿志·山川》作"二十"。
[23] 重複：此二字爲本志原編修者批注。
[24] 聖廟：張維本《打拉池志》作"顯聖廟"。
[25] 屈吴：原作"曲烏"，據前文山名改。下同。
[26] 犁平：原作"黎平"，據文意改。
[27] "鹽"句至下文"今廢"句：原無，據張維本《打拉池志》補。
[28] "五穀皆屬地宜"句至本段末"高處不宜"句：本段內容原位於下文《學堂》後，原題作《物產》，小注曰："又爲細敘。"蓋係本志原編修者對物產內容的補充說明。今移至此處。
[29] 貳厘：張維本《打拉池志》無此二字。
[30] 黃梅粧：張維本《打拉池志》作"黃梅莊"。
[31] 王龍山：原作"王兆山"，據張維本《打拉池志》、《平湖縣志》卷七《秩官·文職》改。
[32] 四道：《靖遠衞志》卷二《城郭志·陵墓》作"三通"。
[33] 王正：張維本《打拉池志》作"王玉"，本志《欽賜造葬奮威將軍忠勇府君碑記》作"王玨"。
[34] 四川懋功協副將：《續增靖遠縣志·恩蔭》作"永寧副將"。
[35] 《文舉》牛中選、王龍山事蹟原無，據張維本《打拉池志》補。
[36] 敦煌：原作"墩隍"，據張維本《打拉池志》改。
[37] 光緒三十四年歲貢：此八字原無，據《海城縣志》卷八《職官志·文科》補。
[38] 道光甲戌：道光無"甲戌"年，本志誤，疑當作"同治甲戌"，即同治十三年(1874)。
[39] 《人物》類目內容據張維本《打拉池志》補。
[40] 三原：原作"靖虜衞"，據《平湖縣志》卷七《秩官·文職》、《三原縣志》卷六《選舉·舉人》改。
[41] 邨居詩集：此四字張維校輯本原無，據《靖遠衞志》卷四《人物志·科第》補。
[42] 道光：原作"嘉慶"，據本志《選舉·武舉》改。"道光戊子"，道光八年(1828)。
[43] 守節四十二年卒：本句原作"青年矢志皓首完貞享壽六旬而卒"，本志原編修者改。
[44] 閆秀：張維本《打拉池志》作"閻秀"。
[45] 旌表：此二字後原有"六十餘歲卒"五字，本志原編修者刪。
[46] 卒：此字前原有"享壽六旬有七而"七字，本志原編修者刪。

［47］訓子：此二字後原有"後以書香傳家"六字，本志原編修者刪。
［48］卒：此字前原有"享壽八旬而"五字，本志原編修者刪。
［49］閆氏：張維本《打拉池志》作"閻氏"。
［50］星現星殞日月食：張維本《打拉池志》作"災異"。
［51］乾隆二十五年七月及三十八年六月災異事，原位於下文《恤典》之"乾隆二十三四兩年大旱"條後，據本志體例改置此處。
［52］彗星：原作"慧星"，據改。下同。
［53］恤典：張維本《打拉池志》作"振恤"。
［54］乾隆四十二年：此六字原無，據《靖遠縣志》卷一《輯略》補。
［55］朱爾漢：原作"蘇爾漢"，據《清高宗實錄》卷一二〇七"乾隆四十九年(1784)五月庚辰"條、《靖遠縣志》卷一《輯略》、張維本《打拉池志》改。
［56］輪免：張維本《打拉池志》作"豁免"。
［57］二三：《靖遠縣志》卷一《輯略》作"三"。
［58］十五年：張維本《打拉池志》作"十二年"。
［59］白金：《靖遠縣志》卷一《輯略》作"白銀"。
［60］過半：《靖遠縣志》卷一《輯略》作"幾半"。
［61］軍食：《靖遠縣志》卷一《輯略》作"軍營"。
［62］十七年：張維本《打拉池志》作"三十年"。
［63］工藝廠："廠"字原無，據張維本《打拉池志》補。
［64］休：張維本《打拉池志》作"庥"。
［65］蓋：張維本《打拉池志》作"益"。
［66］成勛：《靖虜衛志》卷五《藝文志·誥敕》作"成績"。
［67］投：《靖虜衛志》卷五《藝文志·誥敕》作"收"。
［68］以：《靖虜衛志》卷五《藝文志·誥敕》作"而"。
［69］輪：《靖虜衛志》卷五《藝文志·誥敕》作"輪"。
［70］薦：《靖虜衛志》卷五《藝文志·誥敕》作"洊"。
［71］祭曰：《靖虜衛志》卷五《藝文志·誥敕》作"諭祭奮威將軍左都督管陝西平涼提督事三等精奇尼哈番加贈太子太保諡忠勇王進寶之靈曰"。本碑文其二道，其三道之"祭曰"同。
［72］烈：原作"業"，據《靖虜衛志》卷五《藝文志·誥敕》改。
［73］頒：原作"頌"，據《靖虜衛志》卷五《藝文志·誥敕》改。
［74］寵：原作"龐"，據《靖虜衛志》卷五《藝文志·誥敕》改。
［75］旂：原作"旅"，據《靖虜衛志》卷五《藝文志·誥敕》改。
［76］徂：原作"殂"，據《靖虜衛志》卷五《藝文志·誥敕》改。
［77］魄：原作"醜"，據《靖虜衛志》卷五《藝文志·誥敕》改。
［78］邊方之既靖：原作"邊防既靖"，據《靖虜衛志》卷五《藝文志·誥敕》改。
［79］無虞：原作"無憂"，據《靖虜衛志》卷五《藝文志·誥敕》改。

[80] 報國：原作"保國"，據《靖虜衛志》卷五《藝文志·誥敕》改。
[81] 狀：原作"壯"，據《靖虜衛志》卷六《文藝志·志銘》改。
[82] 乞：《靖虜衛志》卷六《文藝志·志銘》作"丐"。
[83] 隱德：原作"陰德"，據《靖虜衛志》卷六《文藝志·志銘》改。
[84] 其：此字原無，據《靖虜衛志》卷六《文藝志·志銘》補。
[85] 職：此字原無，據《靖虜衛志》卷六《文藝志·志銘》補。
[86] 軍：《靖虜衛志》卷六《文藝志·志銘》作"兵"。
[87] 臣：此字原無，據《靖虜衛志》卷六《文藝志·志銘》補。
[88] 洪水營：原作"洪營"，據《靖虜衛志》卷六《文藝志·志銘》改。
[89] 界：《靖虜衛志》卷六《文藝志·志銘》作"巢"。
[90] 京翰：《靖虜衛志》卷六《文藝志·志銘》作"京師"。
[91] 蔡家灣：《清史稿》卷二五五《王進寶傳》作"蔡灣"。
[92] 歸順：《靖虜衛志》卷六《文藝志·志銘》作"歸正"。
[93] 跪：《靖虜衛志》卷六《文藝志·志銘》作"跽"。
[94] 勢：《靖虜衛志》卷六《文藝志·志銘》作"勞"。
[95] 郊迎：原作"郊近"，據張維本《打拉池志》改。
[96] 異數：原作"異敬"，據張維本《打拉池志》改。
[97] 皇清：原作"皇帝"，據《靖虜衛志》卷六《文藝志·志銘》改。
[98] 著：原作"用"，據《靖虜衛志》卷六《文藝志·志銘》改。
[99] 覲：原作"見"，據《靖虜衛志》卷六《文藝志·志銘》改。
[100] 固原：原作"原原"，據《清史稿》卷二五五《王進寶傳》改。
[101] 打喇赤：《嘉靖固志》卷二作"打剌赤"。下同。
[102] 舊：此字原無，據《嘉靖固志》卷二補。
[103] 西去靖遠七十里：《嘉靖固志》卷二作"西去靖虜衛八十里"。
[104] 於此分布屯兵：《嘉靖固志》卷二作"於是堡分布屯軍"。
[105] 虜酋：《嘉靖固志》卷二作"酋虜"。
[106] 嚴：《嘉靖固志》卷二作"焉"。
[107] 鎮守靖虜參將周海暨衛之："靖虜"二字原無，據《嘉靖固志》卷二補。《嘉靖固志》卷二"衛"字下無"之"字。
[108] 虜衝：《嘉靖固志》卷二作"賊寇"。
[109] 巡檢司：《嘉靖固志》卷二作"巡司"。
[110] 不亦爲軍民之便乎：《嘉靖固志》卷二作"不爲軍民不便乎"。
[111] 巡撫：《嘉靖固志》卷二此二字下有"陝西"二字。
[112] 鎮守太監劉公祥：《嘉靖固志》卷二作"鎮守陝西太監劉公詳"。
[113] 藩司諸大臣皆曰：《嘉靖固志》卷二作"藩臬諸大臣曰"。
[114] 令：《嘉靖固志》卷二無此字。

[115] 於是銅鐍有禁：《嘉靖固志》卷二作"於鑰有禁"。
[116] 醜虜：《嘉靖固志》卷二作"胡虜"。
[117] 余：《嘉靖固志》卷二作"予"。
[118] 則：《嘉靖固志》卷二作"賊"。
[119] 者：《嘉靖固志》卷二無此字。
[120] 青澗：《嘉靖固志》卷二作"清澗"。
[121] 然是城一建：《嘉靖固志》卷二作"然則是一建"。
[122] 心：《嘉靖固志》卷二作"行"。
[123] 時：此字前原有"悉"字，據《嘉靖固志》卷二删。
[124] 過定戎砦："過"字原無，據《嘉靖固志》卷二補。
[125] 通：《嘉靖固志》卷二作"接"。
[126] 西通打喇赤：《嘉靖固志》卷二作"西入打刺赤"。
[127] 通：《嘉靖固志》卷二作"達"。
[128] 砦：《嘉靖固志》卷二作"至今"。
[129] 虜復由此入寇：《嘉靖固志》卷二作"虜復寇由此砦翼"。
[130] 都憲：此二字原無，據《嘉靖固志》卷二補。
[131] 公：此字原無，據《嘉靖固志》卷二補。
[132] 豁：《嘉靖固志》卷二無此字。
[133] 敞：原作"厰"，據文意改。
[134] 諸泉互湧：《嘉靖固志》卷二作"互澍諸泉"。
[135] 由舊：《嘉靖固志》卷二作"因循"。
[136] 基：此字原無，據《嘉靖固志》卷二補。
[137] 衆議相符：《嘉靖固志》卷二作"參議若符"。
[138] 皆忻然大舉共樂：《嘉靖固志》卷二作"良圖允協忻然大舉厥猷"。
[139] 爲贊襄：《嘉靖固志》卷二作"而替贊襄"。
[140] 馳：此字原無，據《嘉靖固志》卷二補。
[141] 明鑒：《嘉靖固志》卷二作"明見"。
[142] 切於隸治：《嘉靖固志》卷二作"必切於始"。
[143] 分工：《嘉靖固志》卷二作"分土"。
[144] 爭先趨赴不怠：《嘉靖固志》卷二作"爭先經之營之趨赴不怠若翼"。
[145] 兵憲翟君廷蕙適至：《嘉靖固志》卷二作"理兵政憲副翟君廷蕙繼至"。
[146] 維：《嘉靖固志》卷二作"領"。
[147] 戒之用休董之用威：此八字原無，據《嘉靖固志》卷二補。
[148] 維：《嘉靖固志》卷二作"爲"。
[149] 功：《嘉靖固志》卷二作"工"。
[150] 三尺：《嘉靖固志》卷二作"三丈"。

清末民國時期海原縣縣情資料

胡玉冰、魏舒婧校注

前　　言

《海城縣地理調查表》《甘肅海原縣風俗調查綱要表》《海原縣文獻調查》《甘肅省海原縣要覽》《甘肅海原固原等縣回民歷次變亂真像》等5種文獻，是研究清末民初海原縣情的重要資料，茲據劉華編校《明清民國海原史料彙編》（寧夏人民出版社2007年版）將上述清末民國時期海原資料匯爲一編，以方便讀者。

一、（宣統）《海城縣地理調查表》前言

〔宣統〕《海城縣地理調查表》，署名知縣姚鈞撰。通過調查表可知，此次調查涉及城内、附城及廟山堡、牛番堡等36堡，調查表内容包括城市村鎮名目、方向位置、離城里數、户數、人口、附記、承辦紳董姓名。如蒙古堡，方向位置"在縣城正東"，離城里數"五十"，户數"四十七"，人口八百五十八，附記"堡内有龍神祠菩薩殿各1宇，泉水兩眼"，承辦紳董姓名"從九秦生彦、軍功田大文"。傳世的海原縣舊志中，楊金庚光緒三十四年（1908）修纂的《海城縣志》是修成時間最晚的一部，本《海城縣地理調查表》所載資料，剛好能接續上《海城縣志》，是研究清代海原的重要資料。

二、《甘肅海原縣風俗調查綱要表》

本《綱要表》完成於民國二十一年（1932）十一月，原件爲手抄件，填表人不詳。

《綱要表》由甲、乙、丙、丁4組表格組成，每組表格又分13至15個不等的欄目，分别從"生活狀況""社會習尚""婚嫁情形""喪葬情形"等4個方面對海原風俗進行全面調查。如乙表爲"社會習尚"，總體情況是"爭强好勝"，其下又析出起居、交際慣例、宗教情況、迷信狀況、盗賊、娼妓、奴婢制度、農佃制度、娱樂、賽會、訟争、械鬥、其他習俗等13個欄目，每一欄目都有非常簡明的調查情況説明。研

究這些說明，可以對民國時期海原當地的風土人情有基本的了解。

當地人起居"早起遲眠"，說明百姓勤於勞作；交際慣例上"客至奉茗，富者留以酒食，貧者亦炊麥飯"，說明當地百姓習慣以茶待客，且好客；宗教情況"漢民多儒教，回民有新老教之分"，一方面說明儒家思想對於漢民族百姓思想影響之深，同時也準確說明了當地回族宗教上有門宦之分的事實；迷信狀況"近年諸多改革，只婚喪間漢民猶有延尋陰陽家以諏吉日；回教仍循舊俗，只請阿訇誦念而已"，說明民間宗教活動還是比較活躍的；盜賊"連年苦旱饑饉，迫於饑寒，多盜賊"，說明當地自然條件惡劣，百姓多迫於生計，不惜鋌而走險；娼妓、械鬥均"無"，說明當地總體來說民風淳樸，較少大規模惡性鬥毆事件發生；奴婢制度"民情樸素，即富者亦不需用奴婢，如井臼無人操理，只錢雇貧婦，言明身份月期，至期滿錢清而去"，農佃制度"貧者佃種人田，全人立約，言明年期，並十中之二分或三分租息，至收穫後，照價歸還"，這兩種制度的存在說明，百姓生活雖然普遍不富裕，但生活心態還是比較健康的，都能夠遵守約定；娛樂"連年匪旱成災，人民困苦，絕少娛樂"，賽會"連年匪旱成災，人民困苦，久停賽會"，這說明百姓精神生活與其物質生活一樣是比較貧乏的；訟爭"近因匪患頻仍，民性錯折亦甚，詞訟亦簡"，說明當地百姓教育文化程度還不高；其他習俗"近年煙禁大開，人民多吸鴉片"，這也從一個方面說明了鴉片對人民的危害程度。①

其他甲、丙、丁等 3 組表中，各欄目內容也較爲簡明，說明了各項風俗的要點，其中婚嫁、喪葬習俗，多已革新，如結婚年齡"男女各在十五上下"、有"童養媳習慣"等，但有些至今仍在當地沿襲。如訂婚辦法，漢民邀媒送酒，回民邀媒送茶。

三、《海原縣文獻調查》

本調查報告爲手抄本，調查人不詳，調查資料截止於民國三十年(1941)。② 調查人從政治、軍事、教育、財務、經濟、建置、氣象、民俗等 8 個方面對海原縣情展開調查。調查資料比較簡略，主要列舉時間、資料等，有些則概述

---

① 本段引文均引自劉華編校《明清民國海原史料彙編》，寧夏人民出版社 2007 年版，第 180 頁。
② 劉華認爲，此調查寫成於民國三十一年(1942)。筆者閱讀發現，本調查報告中資料時間最晚者止於民國三十年(1941)七月十三日。報告中出現有"本年三月""本年六月"字樣。"教育類"中提到辦理職業教育之經過時記載道："並擬於三十一年度，辦理一職業學校，現正在籌辦期間。"(劉華編校：《明清民國海原史料彙編》，寧夏人民出版社 2007 年版，第 170 頁)很顯然，記載有"擬於三十一年度辦理"，說明這只是在計畫將來要辦理，則調查報告撰寫當年肯定不是三十一年(1942)，否則會用"本年辦理"字樣來記載。故筆者認爲，此調查當寫成於民國三十年(1941)七月至十二月間。

情況。

　　從調查報告看，民國時期的海原縣各方面表現都比較落後，加上不斷有天災人禍發生，致使民不聊生。當地政府對此現狀有清醒的認識，但也束手無策，只能把希望寄託於民國政府的救濟上，"倘上峯能增撥鉅款貸民，則本縣經濟定能充裕。"①同時，報告對地方行政長官也寄予了厚望："歷任縣長關於地方應辦之事業，勵精圖治，不遺餘力。如建築學校、推廣教育、健全保甲、興修水利、發動造林、安撫流亡、辦理交通、提倡合作、整理財務、剷除積弊、懲辦貪污等各項工作逐步實施，地方元氣漸復，人民賴以安居。今後對於教育、合作、造林、水利等問題，若能按步就班，切實去作，則海原定可躋康樂之域。"②

　　報告中"民俗類"資料至今仍有一定的研究價值。如調查海原縣"各地婚喪禮儀及民族一切習俗"，報告寫道："海原幅員廣大，東西南北情形互異，各鄉間禮俗很不一律。但以普通的情形來說，海原的鄉村還不脫宗法社會的形態，因為這在思想上受儒家的影響最深。其次，佛教在組織上是家族本位，在經濟上是個農業社會。所以，本縣婚喪禮俗及民族一切習俗，總不脫宗法社會的典型。如敬祖先、孝父母、敬長上、重戚誼、講信義、愛和平等的風氣，在許多鄉村中仍然存留着。"③對當地"人民信教及宗教分佈情形"概述曰："本縣人民百分之七十是回胞，百分之三十是漢民，故信教多數信回教。而回教分佈最廣，本縣各區都有，其中尤以北區最多。"④這類調查，對研究民國時期海原縣社會組織結構、宗教傳播等情況都有一定的研究意義。

四、《甘肅省海原縣要覽》

1. 版本及編寫時間

　　《海原要覽》原件藏於海原縣檔案館，爲手抄線裝本，共25頁，每半頁10行，行18至20字。書衣題"海原縣要覽"5字，正文卷端題名爲"甘肅省海原縣要覽"8字。本件文獻無序跋、凡例、目錄等，亦未署編寫者姓氏及編寫時間。

　　關於《海原要覽》的編寫時間，高樹榆、佘貴孝、劉華等都認爲是在民國三十六年(1947)。劉華進一步認爲："疑由《民國海原縣志》的底稿縮編而成，劫後餘生，彌足珍貴。"⑤

---

① 劉華編校：《明清民國海原史料彙編》，寧夏人民出版社2007年版，第173頁。
② 同上書，第168頁。
③ 同上書，第176頁。按：標點未盡從編校本。
④ 同上書，第176頁。
⑤ 同上書，《編校說明》第3頁。

勘驗該書,有"詎七七事變,抗戰直至八年,……本年(三十六年),旱災奇重,居民斷炊絶食者十之六七,又將演成十八年之慘像,深望政府垂救,以解倒懸"等語。① 劉華於"本年"2字後括弧注曰"三十六年",即認爲"本年"是指民國三十六年(1947)。這大概也是衆學者認爲本文獻當形成於民國三十六年的理由。學者作出這樣的推斷不知是否還有其他證據,比如,某文獻記載民國三十六年海原發生重大旱災。如果沒有,那麼認爲"本年"即民國三十六年的說法是值得商榷的。抗戰勝利結束於民國三十四年(1945),我們認爲,本件文獻形成時間應該是在1945年。

2. 内容

本文獻共分13章,章題分別是:《沿革》《疆域》《地形》《氣候》《人口》《民族》《交通》《物産》《地畝數額》《水利》《城鎮》《古蹟與名勝》《鄉賢事略》。各章內又有若干小節。《海原要覽》記載的內容非常簡單,多屬綱要性質。

《沿革》的內容主要通過"考諸本縣志記",對海原縣自未設立行政區劃前到民國三年(1914)改縣名爲"海原縣"的沿革歷史進行梳理,並對"海原"之所以稱"海"的原因進行了探究。梳理的線索基本清晰,但部分內容有失誤。如鹽茶廳由固原移駐海城縣是在乾隆十三年(1748),海城縣正式改名爲"海原縣"是在民國三年(1914),但《海原要覽》分別載爲乾隆十一年(1746)、民國六年(1917)。

《疆域》記載海原縣最新的轄境範圍及四至八到的里數。《地形》記載的海原縣山脈、河流、津渡、關隘等內容,比《廳志備遺》和《海城縣志》的還要簡略。如《廳志備遺》記載有19處左右的山脈(山峯),《海城縣志》記載有16處,而本"要覽"只記載了6處。《氣候》突出強調了海原縣"高寒"的特點。《人口》包括分佈情形、民生概況兩個部分,前者記載了最新的人口資料,當地10個鄉鎮住户共8 022户,人口有50 388人。後者記載當地百姓的生活狀況,以"水深火熱,民不聊生"8個字來概括。《民族》記載了民族種類、宗教信仰、分佈區域、教育概況等四方面的內容,也以概述爲主。如"民族種類"只有"本縣除漢、回同處外,並無其他民族,故統計從闕"19字的內容,"分佈區域"甚至連一句概述性的話,只提到"附《宗教分佈圖》"。"教育概況"內容稍詳,記載當地教育落後的現狀,尤其師資缺乏。《交通》部分概述公路、大車道、便道、水運等四方面的基本情況,也都是泛泛而談。《物產》記農產、礦產、手工業、畜牧四方面的內容,可以看出,海原縣基本以農業爲主,其他實業都很落後。《地畝數額》統計了當地承額地畝數及賦稅數目。《水利》記載管道、水車、井泉、灌溉面積、水力發電等5項內容,可以看出,

---

① 劉華編校:《明清民國海原史料彙編》,寧夏人民出版社2007年版,第189頁。

即使是農業生産,當地也非常落後,無水力發電。《城鎮》分城市和鄉鎮兩類統計。《古蹟與名勝》所載内容基本不出《廳志備遺》《海城縣志》所載。《鄉賢事略》共選記 13 人的事蹟,其中"忠義"者 9 人,"節孝"者 4 人。

3. 有關地圖問題

《疆域》《人口》《民族》《交通》等 4 章按原來編寫體例要分別附録《全縣略圖》《人口分佈圖》《宗教分佈圖》和《全縣交通圖》,但原件文獻中卻沒有這 4 幅圖。在文獻扉頁的手書文字中我們找到了原因。

扉頁記載有"請秘座飭主辦各科編繪下列各圖:《全縣疆域簡圖》一份,《全縣人口分佈圖》一份,《宗教分佈圖》一份,《全縣交通圖》一份"的請示内容,這說明,本"要覽"文字的部分已經全部完成,需要的地圖請"秘座"督促有關的專門機構負責繪製。其後有"秘座"殷仲輔批示語:"交任統計主任速繪製,限下週三完成。十二月六日。"①批示下鈐蓋有殷仲輔私人印章。這說明,地圖的繪製任務最後被分配給負責"統計"職責的官員限期去辦理了。1945 年 12 月 6 日爲星期四,要求"下週三"完成,即 12 月 12 日完成,剛好一周時間。② 據此也可以推斷,政府有關機構應該備有《全縣疆域簡圖》等地圖,否則地圖是不太可能在短短一周時間繪製完成的。

這次之所以要請專門的負責機構提供地圖,與政府的要求有關。民國十八年(1929),内政部下發的《修志事例概要》中對於地圖的繪製有明確要求:"舊志輿圖,多不精確。本屆志書輿圖,應由專門人員,以最新科學方法,制繪精印,訂列專册,以裨實用。編制分省分縣市輿圖時,對於國界、省界、縣市界變更沿革,均應特加注意,清晰畫分,並加附說明,以正疆界而資稽考。各省志書,除每縣市應有一行政區域分圖外,並須將山脈、水道、交通、地質、物産分配、雨計分配、雨量變差、氣候變差,以及繁盛街市、港灣形勢、名勝地方,分別制繪專圖,編入匯訂。"③所以,《海原要覽》相關内容要附録的《全縣疆域簡圖》《全縣人口分佈圖》《宗教分佈圖》《全縣交通圖》等,都是按有關要求由專門機構負責來繪製完成。

---

① 劉華編校:《明清民國海原史料彙編》,寧夏人民出版社 2007 年版,第 195 頁。按:標點未盡從編校本。佘貴孝《民國〈海原縣要覽〉簡介》(《寧夏史志研究》1987 年第 2 期)一文也引此段文字,但與劉華編校本一樣,引文和標點都存在一些錯誤。另,殷仲輔,佘貴孝作"殷仲",高樹榆《寧夏方志録》(《寧夏史志研究》1988 年第 2 期)一文也作"殷仲",但在《中國地方志總目提要》(金恩暉、胡述兆編,臺灣漢美圖書有限公司 1996 年版)"民國《海原縣要覽》"提要中又作"段仲"。

② 1947 年 12 月 6 日爲星期六,秘座要求統計主任於"下週三"即 12 月 10 日完成交付四幅地圖的任務。除去星期天,總共只給三天時間完成任務,這與常理不符。這也從一個側面說明,海原縣檔案館所藏《甘肅省海原縣要覽》當抄成於民國三十四年(1945)而非民國三十六年(1947)。

③ 中國地方志指導小組辦公室選編:《中國方志文獻彙編》,方志出版社 1999 年版,第 1445 頁。

4. 文獻價值

有關本件文獻的價值，有學者撰文進行過評介，稱其有重要的史料價值，甚至"史志工作者視其爲拱璧，倍加珍惜。……彌足珍貴"。① 筆者認爲，《海原要覽》作爲民國時期海原縣情的第一手資料，記載了民國時期海原縣的疆域、氣候、人口、民族、交通、物產、城鎮等基本情況，對於研究民國時期的海原的確有一定研究、利用價值。同時，我們也想強調，《海原要覽》的資料價值也主要體現在它所記載的民國時期的海原縣資料上，此外的內容則不值得去深入研究，更要謹慎考辨，慎重利用，因爲這部分資料大都沿襲自《廳志備遺》《海城縣志》等資料，而且有些資料還出現了嚴重的引用、理解錯誤，部分內容的編寫甚至有敷衍塞責的嫌疑。這方面的問題有的前文已經有涉及，再舉其第 13 章《鄉賢事略》內容來看。

本章共選錄 13 人的事蹟，"忠義"者中武生馬如龍獨傳，監生王明忠、王明志、王明侁等 3 人合傳，張宗壽、馬明善二人合傳，武光復、潘萬斗、李飛龍等 3 人合傳。"節孝"者張重福、夏一龍、沐氏、殷氏等 4 人皆獨傳。除武光復等 3 人系第一次在海原縣文獻中出現外，其餘 10 人都是自前朝文獻中摘引其事蹟，且多有疏漏甚至錯誤。

"忠義"者馬如龍等 6 人事蹟均輯錄自《海城縣志》，該志卷九《人物志》載，同治二年(1863)戰死者中，馬建堡人有武生馬如龍、馬向元等 2 人，梨花坪人有監生王明珍、王明志、王明講、王明侁、范存誠等 5 人。《海原要覽》把馬向元、王明講、范存誠等 3 人刪除未載，把"王明珍"誤作"王明忠"。《海原要覽》更爲嚴重的錯誤是，由於資料理解上的問題，誤把回民起義領導者馬明善視同是與張宗壽一樣的、爲清朝政府賣命的"忠義"之士。《海城縣志》卷九《人物志·忠節》載："張宗壽，套腦堡人，明大義，爲衆望所歸。同治元年馬兆元反，馬明善復繼而起。宗壽練鄉兵萬余，……宗壽率衆攻於張家山，突入賊營，手殺多賊，力盡身死；同時死難者數千人。"《海原要覽》卻載作："張宗壽，縣民，套腦堡人；馬明善，本城人。清同治元年，因賊匪擾亂，二人即募練鄉兵萬餘人，攻賊於張家紅山，一時失利，被賊圍困，各手刃數賊，力盡身亡。"② 兩相比較就可以看出，《海原要覽》輯錄資料時斷章取義，且理解上有重大失誤。

"節孝"者張重福、夏一龍、沐氏、殷氏等 4 人事蹟首先見載於《廳志備遺》，《海城縣志》照錄，《海原要覽》又節略其事蹟。從所載事蹟來看，《廳志備遺》最

---

① 劉華編校：《明清民國海原史料彙編》，寧夏人民出版社 2007 年版，《編校說明》第 3 頁。
② 同上書，第 194 頁。按：標點未盡從編校本。

詳,《海城縣志》其次,《海原要覽》最略。三書在人名記載上出現了異名問題,《廳志備遺》張伏璽,《海城縣志》作"張福璽",《海原要覽》作"張重福"。《廳志備遺》《海城縣志》載殷氏夫名"袁自貞",《海原要覽》誤作"袁自珍"。

由上述例子可以看出,《海原要覽》從以往志書中輯錄資料時,主要以删抄爲主,對原始資料沒有進行過考辨,致使最後所輯錄的資料出現了多處錯誤。故利用這種文獻時一定要對其資料來源進行辨明,否則極有可能以訛傳訛。

五、《甘肅海原固原等縣回民歷次變亂真相》

本件文獻爲手抄本,寫成於民國三十三年(1944)後。①

文獻由西北回民之派系、沙溝教之歷史、沙溝教之現狀、歷次事變原因經過暨其影響、現行政治上之設施等 5 部分内容組成,主要針對民國時期海固一帶回民暴動問題進行分析。文獻撰者對於民國時期回族暴動問題持仇視、污蔑的態度,讀者對此要明辨。但這份文獻也爲我們研究民國時期沙溝哲赫忍耶教派的發展壯大歷史及民國二十七至三十一年(1938 至 1942)間回民暴動問題提供了可以研究的資料。"現行政治上之設施"記載了民國三十一年(1942)西吉縣政府成立之事,並對其後西吉縣城的修建過程、所轄面積、人口、糧賦、教育經費及政府機構組成等問題進行了簡要介紹,對研究西吉歷史有一定的資料價值。

---

① 劉華編校本"三十三"誤作"三十二"。

〔宣統〕海城縣地理調查表[①]
知縣　姚鈞

序號	城市村鎮名目	方向位置	離城里數	戶數	人口	附記	承辦紳董姓名
1	城內	坐北向南	周圍4里3分	310	2 312	城內有文武衙署5所，高等小學堂1所，初等小學堂2所，庵觀寺廟共6宇，水窖240口	廩生　殷志祿前署華亭縣訓導　馬崇德
2	附城	南關向東南；西關向西	南關周圍約有里餘，西關周轉里5分，並無東北二關	150	1 493	南關外有龍神祠、靈官廟各1宇，水窖12口，澇池1座，西關外有娘娘廟、觀音堂各1宇，水窖30口澇池1座	廩生　何懋德監生　田增文
3	廟山堡	在縣城正東	20	121	528	堡內有澇池1座	王文道
4	牛番堡	在縣城正東	40	118	682	堡內有水窖60口	田百福
5	蒙古堡	在縣城正東	50	47	858	堡內有龍神祠菩薩殿各1宇，泉水兩眼	從九　秦生彥軍功　田大文
6	老鴉堡	在縣城正東	70	136	779	堡內有泉水1眼，水窖45口	軍功　李守江
7	王浩堡	在縣城正東	140	164	928	堡內有寺院1宇，泉水1眼	軍人　李　有
8	鴉兒堡	在縣城正南	50	185	721	堡內有泉水2眼	軍功　田百舉農畯　吳世有

① 見載《明清民國海原史料匯編》：劉華編校，寧夏人民出版社2007年版，第159頁至第162頁。

〔宣統〕海城縣地理調查表 235

續 表

序號	城市村鎮名目	方向位置	離城里數	戶數	人口	附 記	承辦紳董姓名
9	大李堡	在縣城正南	111	60	245	堡內有方神廟1宇,泉水1眼	武生 李發勤
10	南川堡	在縣城正南	120	197	918	堡內有東岳廟1宇,方神廟1宇,井5口	貢生 張世清 民人 李成林
11	新營堡	在縣城正南	130	107	443	堡內有關帝廟1宇,經制衙署1所,井30口	武生 劉效琦 民人 左應適
12	武源堡	在縣城正南	140	386	1 848	堡內有關帝廟1宇,方神廟1宇,泉水1宇	武生 劉海漁
13	馬建堡	在縣城正南	160	49	337	堡內有泉水1眼	馬昌升
14	駝昌堡	在縣城正南	170	124	769	堡內有關帝廟1宇,方神廟1宇,方神廟1宇,泉水1眼	李士榮
15	楊郎堡	在縣城正東	160	266	1744	堡內有關帝廟1宇,隍廟1宇,井20口,初等小學堂1所	增生 萬成章 農畯 保安民
16	楊郎外	在縣城正東	150	28	150	堡內有井2口	馬生才
17	韓府灣	在縣城正東	140	131	551	堡內有方神1宇,水窖65口	農畯 楊 安 民人 代占斌
18	鎮戎所	在縣城正東	130	63	987	堡內有關帝廟1宇	農畯 拓文舉
19	李旺外堡	在縣城正東	120	311	1 655	堡內有經制衙署1所,巡警局1所,水窖210口	軍功 馬鎮連 農畯 李如才
20	李旺內堡	在縣城正東	100	263	1 364	堡內有水窖151口	農畯 羅士朝
21	黑溝堡	在縣城正東	90	125	621	堡內有泉水1眼	李春花
22	鄭旗堡	在縣城正東	80	199	1 203	堡內有泉水1眼,馹站1所	武生 李廷楨 農畯 李 位

續 表

序號	城市村鎮名目	方向位置	離城里數	戶數	人口	附 記	承辦紳董姓名
23	蔡祥堡	在縣城東南	90	27	330	堡內有寺院1宇，泉水5眼	監生　楊保瑞 民人　高占德
24	脫烈堡	在縣城東南	50	102	493	堡內有方神廟1宇，泉水5眼	農畯　王成義
25	興隆堡	在縣城正北	120	39	339	堡內有井4口	李守愛
26	閭芳外堡	在縣城正北	120	48	282	堡內有井3口	李守孝
27	紅柳堡	在縣城正北	80	36	341	堡內有水窖34口	軍功　田百滿 民人　田成寬
28	駝廠堡	在縣城東北	70	98	1207	堡內有寺院1宇	田伏貴
29	關橋堡	在縣城正北	60	117	547	堡內有寺院1宇，泉水1眼	監生　馮百林 從九　張風璽
30	閭芳堡	在縣城正北	50	248	1 296	堡內有玉皇閣、方神、馬王廟、土地祠各1宇，泉水2眼	軍功　李百鵬 農畯　張登珍
31	西季堡	在縣城正北	50	41	525	堡內有關帝廟、方神廟各1宇，初等小學堂1所，泉水1眼	武生　張國清 農畯　羅文運
32	老觀堡	在縣城正北	40	128	529	堡內有方神廟1宇，泉水1眼	附生　蕭聯芳
33	西安所	在縣城正西	40	296	2 380	堡內有千總額外二署各1宇，關帝、馬王廟、子孫宮各1宇，井35口	武生　郭翰青 從九　劉玉珍
34	紅崖堡	在縣城正西	30	34	228	堡內有泉水5眼	軍功　李世忠
35	舊營堡	在縣城正南	240	110	728	堡內有關帝廟1宇，井5口	武舉　王貫三 附生　代宗禮
36	青馬堡	在縣城正南	200	59	215	堡內有泉水2眼	何應秀

續　表

序號	城市村鎮名目	方向位置	離城里數	戶數	人口	附　記	承辦紳董姓名
37	撥餘堡	在縣城正南	180	48	253	堡內有方神廟1宇,泉水1眼	苟學壽
38	南岔堡	在縣城正南	180	42	296	堡內有關帝廟1宇,初等小學堂1所,泉水1眼	貢生　康建衛

〔民國〕甘肅海原縣風俗調查綱要表[1]

		生 活 狀 況
甲	1	職業概況	海原向以農牧爲業,並無大商巨賈,市場雖有營業,均係小本經營
	2	主要物價	洋布每匹八元、府布每匹三元、絲布每匹九元、永機布四元;小麥市斗每斗三元三角、黄米二元兩角、蕎麥一元、蓧麥一元;銀洋每元易銅元大板五串,牛每只二三十元、羊每只四元、馬每匹四五十元、驢每頭二三十元,鹽每斤一角左右
	3	服飾習尚	春秋季多用青藍兩色棉衣;夏月單衣,白色藍色;冬月多著沒面老羊皮裘禦寒
	4	飲食嗜好	凡遇婚葬各事,漢民用酒肉,回民用牛羊肉。平常吃飯,皆用辣子菜鹽醋而已
	5	居室情形	海原人煙稀少,各居一宅,人家男子大半務農,婦人做針線飲食等事
	6	交通狀況	海原僻處邊陲,交通不便,大道只可行車,汽道雖有少行
	7	家族制度	同族供奉一譜,名曰家譜,每逢年關婚喪,畢集其處,祭奠行禮,平時稱以倫次。回教即父子之間,亦有分釁
	8	錢幣及度量衡現狀	現用銀銅兩幣,度量通用十寸之公尺,二十四桶之市斗及十六兩之行秤
	9	氣候及雨量情形	氣候高寒,雨量不足
	10	農產品	夏禾麥豆,秋禾蓧蕎糜穀等類
	11	製造品	僅有雇匠製造羊裘及毛氈
	12	救恤制度	前有社倉,現在廢弛
	13	保衛情形	請兵駐防
	14	其他習慣	有務農兼小貿

---

[1] 民國二十一年(1932)十一月手抄本,原件藏於甘肅省檔案館。見載《明清民國海原史料匯編》:劉華編校,寧夏人民出版社2007年版,第179頁至第182頁。

续　表

		社會習尚	好強爭勝
乙	1	起居	早起遲眠
	2	交際慣例	客至奉茗,富者留以酒食,貧者亦炊麥飯
	3	宗教情況	漢民多儒教,回民有新老教之分
	4	迷信狀況	近來諸多改革,只婚喪間漢民猶有延尋陰陽家以諏吉日;回教仍循舊俗,只請阿訇誦念而已
	5	盜賊	連年苦旱饑饉,迫於飢寒,多盜賊
	6	娼妓	無
	7	奴婢制度	民情樸素,即富者亦不需用奴婢,如井臼無人操理,只錢雇貧婦,言明身價月期,至期滿錢清而去
	8	農佃制度	貧者佃種人田,仝人立約,言明年期,並十中之二分或三分租息,至收穫後,照價歸還
	9	娛樂	連年匪旱成災,人民困苦,絕少娛樂
	10	賽會	連年匪旱成災,人民困苦,久停賽會
	11	訟爭	近因匪患頻仍,民性錯折亦甚,詞訟亦簡
	12	械鬥	無
	13	其他習俗	近年煙禁大開,人民多吸鴉片
丙		婚嫁情形	多早婚,女亦童養者
	1	訂婚辦法	漢民邀媒送酒,回民邀媒送茶
	2	婚約形式	初婚兒女,並無婚約,只再醮孀婦,書立類似券據
	3	聘禮種類	聘行標銀兩禮,富者標禮以細帛,貧者標禮以布匹,數目不等
	4	選期手續	漢民延尋陰陽家,選定吉期,用朱色紙疊折,上書避用之相各三及禳解等詞,名曰小單,又曰婚書。回教不然
	5	近娶儀式	男家懸旗掛旗,張燈奏樂,貧者只貼喜聯而已
	6	結婚儀式	富者燒燭焚香,樂伶響樂,新郎新婦,各飾華服,足踏紅毡交拜;貧家只明燭焚香交拜而已
	7	成婚後之各種禮節	成婚後九日,有親屬者奉迓新婦到家宴飲,稱曰回九;再或兩月或四月,新夫婦奉禮雙至岳家,稱曰認門,三日必轉
	8	結婚年齡	男女各在十五上下
	9	續娶習慣	延媒,僅儀銀禮,成就後,娶婦至門,與夫各焚冥紙訖,入院交拜成婚
	10	改嫁習慣	有長輩者,受禮主婚;如無,自由改嫁

續　表

丙	11	贅婿習慣	由執柯人往來話妥，贅夫進門，有帶禮者不帶禮者
	12	多夫或多妻習慣	並無多夫之妻，有妻不生育而爲挑計納妾者，亦由媒妁議定，納禮娶取
	13	童養媳習慣	先行征儀，童養入門，迨至及笄之年，只一冠戴
	14	其他特殊習慣	回民於續絃孀婦，往往兩方搶劫，亦由崛悍故耳
丁		喪葬情形	大多三日即葬
	1	始喪情形	始喪將瞑目時，家人哭泣，衣以新服，方將易簀，即焚冥鏹，俗曰倒頭紙。即鄰人咸來昇屍於地，以紙爲□，明燭焚香，而鄰人共同家人行禮
	2	遺囑形式	亡者自覺將終之時，喚令吃心之人前來，囑以重要事端，無甚形式
	3	繼承關係	繼承服以嫡服，首謝奠客，別無關係，承挑不論親疏，早於在生之日話就，臨終無甚關係
	4	入殯手續	亡後入殯，或三日或臨空之時，先用朱色之□鋪棺，鄰入殯後，親屬復自檢點端正，上復以朱色之單掩蓋
	5	成服禮節	喪後三日成服者，咸用白布麻線縫成冠衣，俗曰孝帽孝衫，並裹所著之鞋
	6	喪服差等	如長子孝冠，長垂三尺餘，孝衣長齊足腕，稍疏者次之，遠疏者孝冠長垂尺餘，孝衣僅至腰間
	7	訃告形式	或用黃色、或用藍色之單紙，縱長七寸餘，橫寬四寸餘，上書某月日時某某壽終正寢，或內寢並謙遜等詞，鄉農率多不用
	8	祭奠禮節	富者邀請儒士二名或四名，唱喝奉饌，捧杯讀文，行三鞠躬禮；貧者自行獻饌，奠酒叩拜而已
	9	發引儀式	富者延匠做以紙人紙馬及轎車儀等類，先行柩前，長子、長婦，各率其次，執以白布之紼，鞠躬前拽，貧者只拽布紼而已
	10	安葬儀式	如富者做有紙貨，先至墓所，按次住定，柩棺繞墓三周，順穴安放；再若請有儒士行禮告墓
	11	服喪期間	儒者多遵九族服圖之期，鄉農如祖叔等，亦居三年
	12	居喪制度	親屬等用草鋪於亡者足下，晝夜居卧不能外離，名曰坐草。如致謝吊客，必倚喪杖，鞠躬以行
	13	祭祀禮節	若逢祭祀之期，先書神，牌明燭焚香供奉。再如鋪張者，仍請儒士奉饌、捧杯，讀文行禮
	14	女子地位	男左女右
	15	其他特殊情況	回民遇有喪葬之事，死者瞑目後，脫盡衣裳，先用清水一洗，再用白布包裹，由禮拜寺之公棺送殯。老教成服，新教並不成服，始終只請阿訇一念

〔民國〕海原縣文獻調查[①]

一、政治類

縣各級黨務機關改組經過

先有整理委員辦事處，後改爲縣黨務整理委員會。

民〔國〕二十六年，改爲海原縣黨務指導委員。二十八年，改爲海原縣黨部書記長。

第一區黨部，二十七年四月九日成立。二十九年六月二十二日改選。第一、二、三各區分部，二十七年十二月二十三日成立，二十八年九月二十五日改選。第四區分部，二十九年八月十二日成立，未改選，直屬。

第一區分部，二十七年五月十八日成立，三十年二月二十八改選，直屬。

第二區分部，二十八年十一月九日成立，三十年二月二十八日改選，直屬。

第三區分部，二十九年四月十四日成立，未改選，直屬。

第四區分部，二十九年十二月九日成立，未改選，直屬。

第五區分部，三十年四月四日成立，未改選，直屬。

第六、七、八三區分部，均於〔民國〕三十年四月五日成立，皆未改選，直屬。

第九區分部，三十年七月十三日成立。

黨務歷年進行狀況

徵收新黨員，成立區分黨部，列編小組，訓練各黨員，嚴密基層組織，鞏固本黨基礎。

訓練、組織各民衆團體，樹立健全本黨組織。

於每一集會紀念周，切實宣傳本黨主義，使一般群衆深刻認識，徹底明瞭，確實信仰。

本部各項工作情形，均有工作報告詳盡敘述。於每月終呈報上級，資爲考

[①] 見載《明清民國海原史料匯編》：劉華編校，寧夏人民出版社2007年版，第165頁至第176頁。

績。且可加強工作效能,努力進展工作,竭盡職責,報效黨國。

黨務之刊物或工作報告

民〔國〕二十八年,本縣創辦刊物,名爲《海原日報》。後因經費之限,物價之昂,於三日出刊一次,故改爲《海原三日刊》。時經年滿,因種種困難,隨告停刊。

民〔國〕二十九年七月,奉令將收音室歸本部直轄,上峯迭令催辦刊物,廣事宣傳。故於本年五月一日起,重辦小報。於每週出刊一次,名爲《海原週報》。除本縣各機關、學校等散發外,並於各縣黨部及新聞機關按期寄送。現仍繼續辦理。

縣府改組名稱及經過

按:海原即前海城,歷朝屬固原州。

清初遂〔雖〕設鹽茶同知,仍與固原三邊總督同住固原州。乾隆十四年,始移鹽茶同知於海喇都(即海城),與固原分治。及同治十三年,又以廳改縣。民〔國〕十六年,復改海城縣爲海原縣。

各縣改定等級經過

本縣原定爲三等縣,至民國二十五年,改爲二等縣。本年又改爲三等縣。

各縣警務及保安隊狀況

縣政府有員警隊,內設警佐一人,巡官一人,警長二人,警兵三十二人。

縣城駐有保安團第三團第二大隊,轄第四、第五、第六三〔個〕中隊。全大隊官佐兵夫,共計二百七十人。

自治機關改組經過

本縣於民〔國〕十三年設有自治講習所,專門訓練自治人材,一期六個月,第一期畢業學員二十名。後因地方變亂,相繼旋即停止。

保甲編組及戶口調查經過及現狀

本縣保甲自〔民國〕二十四年開始編查,迄今已逾七載。過去,因地方遼濶,村莊寥落,加以人事關係,雖經民〔國〕二十六、二十七、二十八年三年幾次總復查後,但總未有詳確之統計。本年六月,總復查後,數字較爲真實。按全縣編爲十三鄉鎮,七四保,六九七甲,一零一一四戶。男口三三二一七,女口三零五九六。

壯丁六五三四。

歷年户口統計

本縣人口總數爲六萬餘,但未有真確統計。截止〔民國〕二十四年(1935),開始辦理保甲,計調查全縣户口總數爲一一零八九户,二十五年爲一零九四七户,二十六年爲一零八七五户,二十七年爲一零八五五户,二十八年爲九五二三户,二十九年爲一零七七三户,三十年爲一零一一四户。

縣司法機關設立及經過

查本處自民國二十五年七月一日改組爲司法處,係依各縣司法處處務規程組織之。設置審判官一員,檢察官一員,由縣長兼任;書記官一員,錄事三員,檢驗員一員,執達員二員。内部有書記室,承審判官之命,辦理記錄、會計、文書等事項。自三十年度,經費改由國庫負擔。

禁政完成經過

本縣原登記煙民七零二名,在縣城設立戒煙所,調驗各鄉鎮煙民。計自〔民國〕二十七年七月份起,至二十九年六月止,全縣煙民均如限戒除。在辦理禁政過程中,並遵照政府頒發禁吸、禁運、禁返、禁賣四項辦法,切實宣傳。同時奉令組織禁煙檢查隊,令其在各鄉村明密檢查,務期根本剷除煙毒。

歷年辦理賑濟情形

本縣自民〔國〕九〔年〕地震,民〔國〕十八年大旱後,匪旱頻仍,民不聊生。尤以第一、二、四等區,連年亢旱,秋夏無收,民生疾苦。農村整個破産。政府有見及此,始於二十五年,令飭成立賑務分會,設法救濟。又於二十八年三月,改爲賑濟分會,以期健全機構,辦理全縣救濟事宜。計前後發給賑款及地方災捐,連同民〔國〕二十八年、三十年兩次沙溝事變,賑濟款額約有八萬七千餘元。

推行度量衡狀況

本縣自民〔國〕二十八年七月十二日,奉令成立度量衡檢定分所,按全縣商業地域,分爲四期。第一期爲復興鎮,第二期爲楊郎鎮;第三期爲新營鎮,第四期爲高崖鎮。每期三個月,則照〔計〕劃一〔一〕進行以來,頗稱順利。現本縣完全使用檢定合法新器。

自二十八年七月起,至二十九年七月止。全縣一律改用新度量衡器。並檢定分所工作人員隨時在各鄉鎮考查，以杜流弊發生。

歷年施行縣政計畫

海原地處偏野，交通阻塞，文化落後，民智不開。經民〔國〕九〔年〕地震，民〔國〕十八年大旱，兩次浩劫，瘡痍滿目，地方窮困。兼以民〔國〕十九〔年〕至二十三年中，兵燹匪患，及民〔國〕二十五年，赤匪擾境，廬舍爲墟，農村破產，民生痛苦，不堪言狀。守斯土者處此環境，咸有感於難治之慨。故對地方建設，施政方針，從未詳密計畫，亦未見成績之表現。迨及民〔國〕二十六年後，匪患肅清，地方安堵。歷任縣長關於地方應辦之事業，勵精圖治，不遺餘力。如建築學校、推廣教育、健全保甲、興修水利、發動造林、安撫流亡、辦理交通、提倡合作、整理財務、剷除積弊、懲辦貪污等各項工作逐步實施，地方元氣漸復，人民賴以安居。今後對於教育、合作、造林、水利等問題，若能按步就班，切實去作，則海原定可躋康樂之域。

二、軍事類

兵役制度推行經過

本縣文化落後，人民多不識字。故對愛國觀念，向稱薄弱，推行兵役制度更感困難。經本縣派員分赴各鄉宣傳後，僅實行抽籤制度。如免緩役及適齡壯丁調查，正在繼續辦理中。

防空設備

本縣因無較大城市及人煙稠密之村鎮，故防空設備較爲簡單。但敵機由晉襲蘭，每多經此。雖城內設有全省防司令部之第十三監視隊，分轄六個哨所，散設於西安、高崖、李旺、正氣、馬營、九百戶等鄉鎮，並於各該處設有防護分團、警報鐘及防護隊，惟無防空器材及武器之設備。

抗戰後援工作經過

民〔國〕二十六年，奉令組織"民衆守土抗戰後援會"，後改爲"抗敵後援會"。二十七年，成立"動員委員會"。二十八年，又奉令設立"優待出征軍人家屬委員會""徵兵協會""兵役監督委員會"。

各縣現有壯丁數目

本縣自施行徵兵以來，經調查統計全縣有適齡壯丁五千七百一十二名。除歷次征交二千六百名外,現有壯丁三千一百一十二名。

三、教育類

縣教育機關改組名稱及經過

查本縣地處邊陲,文化落後。自同治十三年設訓導一人,爲推行地方教育總機關。至民國六年,改訓導爲勸學所。民〔國〕十七年,奉令改組爲教育局。民〔國〕二十五〔年〕,又奉省令改局並科。斯時,教育事業全由縣政府第三科負責辦理。民〔國〕二十七年,又恢復原狀爲教育局。二十九年,又奉省令復裁局並科,即現在縣府教育科是也。

辦理中小學校及社教國民教育戰時教育之經過

查本縣自民〔國〕九〔年〕地震以來,天災人禍,爲時甚久。尤以本縣民智不開,地方教育實難推進。故此時本縣初級小學只有三十餘處,高等學堂一處。除此而外,並無其他教育之設施。嗣後,因地方平靜,又加回胞文風漸開,致本縣教育始有蒸蒸日上之勢。至民〔國〕二十五年,在縣城及附近各要鎮增設短期義務小學五處,並將原設之高等學堂,改爲一完全小學。同時,又增添初級小學五十餘處。民〔國〕二十七年,在縣城成立女子及城東兩完小。本年秋季,又李旺、新營兩鎮成立完小兩處。

二十九年,利用教〔育〕局舊址,成立一民圖書館。本年秋季,因呈准省府,將一民圖書館改爲教育館。同年,由縣府社會、教育兩科共同籌辦抗戰劇團、婦女班、民衆訓練及識字班。

三十年,奉省令將原有之完小一律改爲中心學校,初級義務小學均改爲國民學校。且本縣擬於下年度籌辦職業中學一處,簡易師範一處。

辦理職業教育之經過

查本縣爲產毛區域,大量皮毛多被外商吸收,當地不能利用。以致地方經濟陷於窮困,職業教育不能實施。年來,政府有鑒及此,先在城內設立一毛織工廠,謀以當地物力,興辦地方事業。並擬於三十一年度,辦理一職業學校,現正在籌辦期間。

各縣現有中小學數目及教職員與學款數目

查本縣中學現正在籌辦中。小學有中心小學五處,國民學校九十一處;教職員共一百一十四名；學款爲三萬六千七百餘元。

各縣中小學歷次畢業學生數目及學齡兒童數目

本縣小學自成立迄今，畢業學生有六百餘人；學齡兒童爲六千七百餘人。

現有文化團〔體〕組織概況

查本縣地處邊陲，交通梗塞，文化落後，加以歷年天災相逼，匪患頻仍，以致地方文化團體組織甚爲簡單。設主任幹事一人，常務幹事二人，幹事四人，會員若干人。

四、財務類

歷年田賦及稅捐經征狀況

查本縣過去迭遭天災，各村人民逃亡，田地荒蕪。以致田賦、稅捐徵收不齊，拖欠甚巨。

自民〔國〕二十六年起，每年田賦、稅捐拖欠尚少。惟以地方遭災過重，至今未能恢復原額。

歷年地方收支狀況

本縣在〔民國〕二十四年以前，所有縣地方各款收支極爲紊亂，並無預算。惟自二十四年起，縣地方各款收支預算始具雛型。至二十六年，確立預算基礎，收支平衡。攤款一項，因地方瘠貧，人民困苦，催收不齊。以致經臨開支，常有拖欠之感。

歷年實收實支數目分類統計

本縣自〔民國〕二十四年起，每年省款方面：

地丁實收五五五三元。糧石六成實〔收〕一二零二石；四成實收四二零七元〔石〕。牙稅、磨稅、契稅實收二四四九元。駝捐實收四四六二元。均經如數解省。

其餘地方稅捐：

二十四年地方攤款，羊捐各項稅捐實收四六九八四元，實支四六九八四元。

二十五年，實收四七六二八元；實支四七六二八元。

二十六年，實收一零零九五九元；實支一零零九五九元。

二十七年,實收一三二四二零元;實支一三二四二零元。
二十八年,〔實收〕九八四六三元;實支九八四六三元。
二十九年,實收一二三零零六元;實支一二三零零六元。

歷年縣預算、決算

〔民國〕二十四年縣預算四六九八四元;決算四六九八四元。
二十五年預算四七六二八元;決算四七六二八元。
二十六年預算一零零九五九元;決算一零零九五九元。
二十七年預算一三二四二零元;決算一三二四二零元。
二十八年預算九八四六三元;決算九八四六三元。
二十九年預算一二三零零六元;決算一二三零零六元。
三十年預算一六四二五三元;決算尚未編造。

歷年辦理公債數目及經過

本縣〔民國〕二十七年,奉令核定救國公債兩萬元,均經如數募齊,解交省公債委員會收訖。三十年,奉令辦理儲蓄券二十萬元,復奉令核減爲十萬元。現已徵募二萬餘元,均經向郵局及合作金庫購券交款訖。

各縣倉儲情形

本縣過去迭遭天災人禍,民不聊生。故對建倉積穀,曾經呈准緩辦。惟現有縣倉九間,每間能容小麥一百五十市石,專供征獲地公糧石存儲之用。〔民國〕二十九年征獲倉糧,業經奉撥保安團隊,倉用無餘。

各縣人民負擔差徭之實際情形

本縣人民除負擔田賦及省稅捐外,每年尚負擔臨時捐募等款。按全縣人口計算,每人每年平均負擔差徭九分七厘,並供給駐軍採購倉糧及修路、運輸等,差徭故較他縣繁重,民力誠有不逮。

縣財務機關改組名稱及經過

民國二十三年,奉令成立財政局,所有全縣地方財政收入,均由該局經管。旋於二十四年以流弊甚大,復奉令改組爲縣公款公產保管委員會。設常務委員一人,委員七人,經管縣地方財政收入。後以組織不佳,奉令撤銷。二十五年,又奉令成立縣地方財政監理委員會。設主席一人,委員七人,監督縣政府每月地方款收支是否合法。

各縣學田及歷年收支教育經費數目

本縣學田只有三百七十餘畝,每年共收租金三〔十〕四元。
〔民國〕二十六年,教育經費實收九六四五元;實支一四六四八元。
二十七年,實收一四零六六元;實支三五八二元。
二十八年,實收一二八七九元;實支一三七三三元。
二十九年,實收一三五七九元;實支二二五零九元。

五、經濟類

縣經濟狀況

本縣在民〔國〕二十一〔年〕、〔二十〕二〔年〕、〔二十〕三〔年〕、〔二十〕四年,匪旱交乘,農村破產,全縣經濟頓陷枯竭。惟自二十五年紅軍亂後,經政府組辦合作社,貸款於民,而全縣稍現活躍。倘上峯能增撥鉅款貸民,則本縣經濟定能充裕。

歷年出入重要貨物約數

每年輸出羊毛七九五九一斤,羊皮約十萬餘張。

物價指數

羊毛每市斤價二元,羊皮每張二十元。

各地農產統計

本縣每年可產小麥約十萬餘市石,糜子約一萬餘石,蕎麥約九千餘石,莜麥約十萬餘石。

各縣牲畜約數及畜牧業調查

羊約十萬餘〔隻〕,駱駝四百餘〔峯〕,豬二千餘〔頭〕。

各縣工商業調查

本縣因交通閉塞,工商業不甚發達。

辦理合作事業之經過

查〔民國〕二十七年，指組及改組之信用合作社，共八〔十〕八所。除二十九年解散一社外，又指組信用合作社二十所，本年指組一社。二十九年中，農行輔導設立海原縣合作金庫一所，股金十萬元，增撥貸款二十餘萬元，連前共計三十五萬元。因負責人辦理不善，多數貸款為富商土劣所把持。本年因各銀行分區貸款關係，合作金庫無形撤散，貸款僅收不放。現尚未收回之貸款共計一八九一五零元。

截止現在，全縣共有信用合作一零八社，社員四八五零人，股金二二二八六元。公益金五六七一元，公積金九九五二元。儲金一二零九四元，貸款三八五一九零元。

另外，有消費合作社一所，社員三〔十〕六人，股金六八五元。

辦理農貸之經過

查本〔縣〕自〔民國〕二十六年六月，甘肅省合作委員會派農貸指導員二人來縣指導，組織互助社三〔十〕四社，社員一零零四人。由中國農民銀行撥來貸款三萬元，全數貸出。二十七年七月，又撥來貸款七萬元，組織信用合作社五〔十〕七社，社員二一七五人，股金四八八一元，貸款六一零九零元。二十六年所組之互助社，一律於二十七年底改組為信用合作社。

本年三月間，省府設立隴東八縣農貸代辦處，撥來春耕貸款二十萬元，全數貸放各信用合作社。

六、建置類

縣公署及公用房廨建築經過

本縣縣署公用房屋係民國十年建築。

公路建築及撥發款項民夫經過

本縣有蘭寧、寧平、海固、海靖等公路，多係本縣民夫修築。每年補修係由沿公路各保之民夫修之。

各縣主要關梁建築經過

本縣牌路〔樓〕山通固原有土橋一座，係民國十二年建築。並高崖鎮有紅土橋一座,通寧平路,係民國十一年建築。

縣有工廠建築經過或設計及圖表

本縣於民〔國〕二十八年設有小規模工廠一處,專制羊毛褥毡,銷售頗廣。該廠為求營業發展起見,特於本年六月重新改組,並積極招股,擴大資本。除制褥毡外,又設置紡織,以資供給地方需用。

縣有公園建築情形

本縣公園係〔民國〕二十八年買民間空地,經兩年之開墾,改公園,地址城隍廟巷子。

七、氣象類

各縣雨量、風向及水文記載

本縣地域遼濶,人口稀少。氣候乾燥,雨量甚少。據歷年各方之記載：夏季雨量最小,秋季雨量最多。而風向因氣候關係,四季多變化不同。春季多東南風,夏季多東西風,秋季為東北風,冬季為西北風。水文並無記載。

各縣主要農作物種收時期

本縣主要農作物大別為麥、糜、蕎、穀四種。麥在二、三月播種,六、七月收穫。糜、蕎、穀多在三、四月播種,八、九月收穫。

天旱、地震及災異狀況

本縣因地勢、氣候、雨量之關係。天災人禍,實所難免。歷年以來,地方窮困,人民艱苦,為社會一般人士早已洞悉。尤以〔民國〕十八年大旱,致本縣經濟愈形破產,人民生活幾在飢寒線之下。又加以民〔國〕九〔年〕地震,元氣未復。今復以此大旱相逼而來,陷人民於水火之中,真是叫天不應,喊地無人。近年又軍荒匪亂,天久不雨,以故秋夏收穫,全告絕望。

八、民俗類

各地婚喪禮儀及民族一切習俗

海原幅員廣大,東西南北情形互異。各鄉間禮俗很不一律。但以普通的情形來說：海原的鄉村還不脫宗法社會的形態，因爲這在思想上受儒家的影響最深；其次，佛教在組織上是家族本位，在經濟上是個農業社會。所以，本縣婚喪禮儀及民族一切習俗，總不脫宗法社會的典型。如：敬祖先、孝父母、敬長上、重戚誼、講信義、愛和平等的風氣，在許多鄉村中仍然存留著。

各地生活狀況

本縣近來因軍荒匪亂，天久未雨，又加抗戰期間百物昂貴，生活程度增高數倍之。故人民生活愈艱苦，無法維持。

人民信教及宗教分佈情形

本縣人民百分之七十是回胞，百分之三十是漢民，故信教多數信回教。而回教分佈最廣，本縣各區都有，其中尤以北區最多。

〔民國〕甘肅省海原縣要覽①

第一章 沿　　革

　　考諸本縣志記，海原在未設治前，係爲番夷群牧之所。淹至宋元符年間，西安州始駐有遊擊一職，以拒夷虜，地名爲南牟會，即今西安鎮舊城。名海原爲東牟會，即今縣城西南柳州城故址。明初，景泰元年，築固原州城，設守禦千户並海原各地而兼管之。成化四年，土達滿俊叛據石城，即本縣舊屬石山堡。旋經都督劉玉、項忠等討平，並在西安州設指揮承奉司一職，主兵政，司出納，冬操夏牧，約束護衛，以防虜寇。至清雍正年間，海原屬地殖民開墾，更南牟會爲海喇都，但仍未設有官治，茲以駐在固原鹽茶同知司其租稅。乾隆十一年，因地方迭生變故，士民一再吁請，將駐固原之鹽茶同知移駐海原，就近治理民事。同治十三年，改鹽茶同知爲海城。即由海喇都舊址移築縣治，並修理衙署，添設典史、訓導、都司各官。是年，經知縣聶堃清丈地畝，設立賦稅。民國六年，復改海城縣爲海原縣。且考海城、海原所以得名以海者，因縣東有石硤口。古時硤口未開，河流聚匯，境內一片汪洋。後石硤開口，河水通流，築設城池，因均以海名之。

第二章 疆域　附全縣略圖

　　海原按最近劃定界線：東至正氣鎮與固原黑城鎮接界，計七十五華里；南至月亮山與西吉縣接界，計有七十華里；西至方家河與靖遠甘鹽池接界，計有九十華里；北至興隆鎮與同心縣接界，計有一百二十華里；東南至古城堡與西吉縣連界，計有一百華里；西南至高臺堡與會寧縣連界，計有一百一十華里；西北至老君臺與中寧縣連界，計有一百五十華里；東北至李旺鎮以清水河爲界，河東即爲寧夏省地界，計有一百一十華里；東南至固原縣城二百三十華里，至平涼專署四百一十華里。由固原至蘭州省城九百九十華里；西至靖遠縣城二百四十華里，再至

---

① 見載《明清民國海原史料匯編》：劉華編校，寧夏人民出版社 2007 年版，第 185 頁至第 195 頁。

蘭州省城四百二十華里；東北至預旺縣城二百一十華里。爲海邑現有之疆域。

第三章　地　　形

查海原地居高原，東接平固，西通甘涼，南連秦鞏，北抵中寧。崆峒阻其前，黄河繞其後，實省會之屏障，甘邊之門户也！且近有石硤口嚴扼於左，天都山雄峙於右。以險據要，洵爲隴東之重地。

一、山脈

華山，一名蓮花山。在城南十五里，東西橫約三十餘里，南北長約四十餘里，高約五千餘尺。南與隆德縣屬之西山脈絡相連，峯巒秀拔，泉水四出。附近牛羊多就此山而牧之。

天都山，一名西山。在縣城西四十里，距西安州故城十五里，高約五千餘尺，南與月亮山及隆德屬之平峯嶺山脈相連，北向奇峯插天，冬夏積雪不消，登其嶺可望黄河。

七里寶山，在縣城南八十里，東西長約五百餘里，南北橫約四十里，高約五百餘尺。南通六盤，北走屈木，即靖遠縣屬之屈木山。東接石城，山之西即郭城駟，乃陝北、隴東諸山之祖。將軍山、炮架山、雲臺山、石城山皆此山之西南支脈也。

印字山，在縣城東北一百里，即石硤口山也。高約九百餘尺，山頂有印蹟，如篆刻狀，故名之。

掃帚山，俗呼爲掃帚嶺，亦名西武當山。與七里寶山相接，奇峯險峻，高插雲表，上有真武廟，被匪焚毁，石洞猶存。

牌樓山，在城東十里，亦稱龍崗。兩峯高聳，中有土橋，長約十餘丈，爲通固原大道。西連五橋山，北至雙墩兒。長約三十餘里，起伏不平，乃縣城東南之保障也。

二、河流

本縣城西南有五橋溝，内有水泉五六眼，城内居民飲料仰給於此，但源流甚細。雨潦之年，除居民飲料而外，尚能灌田數十畝。一遇乾旱，城内居民時鬧水荒。

民[國]十一年，華洋賑務會以工代賑，修築隧渠一道。自山門口至城外李家莊子約十里，以通流水，而免沙泥壅塞。然泉源未開，水量仍舊，迄今猶感缺乏。東鄉蒙古堡、羊芳堡，西鄉西安堡，西北鄉老觀堡，北鄉閆芳堡，南鄉脱烈堡各有河流一支。夏則灌溉田園,冬則轉運油磨。各水均由石硤口匯流出境。究因來源甚高,水流甚急,河岸窄狹,故人民獲益甚少。

三、津渡

本縣河流甚小,並無津渡。

四、關隘

縣城東北有石硤口,南北雙峯插天,中有道路可通大車。若使一夫當關,而千兵莫入,乃爲東北之要扼也。

第四章 氣候

隴東氣候高寒,海原爲最。每年時屆仲春,堅冰尚結;春末草木始萌,初秋先已凋零;九夏身不釋棉,三冬重著皮裘。

農民布種麥豆,要在及時。早種則不生,遲培又不實。每年四、五月間,常苦乾旱,雨多冰雹,農民多種糜、穀、蓧、蕎各糧,以其性耐寒也。

自民〔國〕九〔年〕地震後,氣候和暖或係地勢轉移,致氣候有所變遷耶。

第五章 人口 附人口分佈圖

一、分佈情形

查海原共有十個鄉鎮。計:

復興鎮共有住户一千零八十六户,男女户口五千九百九十六口。
西安鎮計有住户一千二百二十六户,男女户口七千六百七十二口。
古城鎮計有住户八百一十三户,男女户口四千七百八十口。
李俊鄉計有住户五百三十四户,男女户口三千七百零七口。
新民鄉計有住户七百六十二户,男女户口五千九百六十七口。
正氣鎮計有住户三百八十四户,男女户口二千八百六十四口。
閻芳堡計有住户六百二十八户,男女户口三千七百四十九口。
興仁鄉計有住户六百零四户,男女住户口四千一百三十六口。
高崖鎮計有住户一千三百零三户,男女户口七千三百零九口。
李旺鎮計有住户六百八十一户,男女户口四千二百零八口。
以上十鄉鎮共有住户八千零二十二户户,五萬零三〔百〕八十八口。

二、民生概況

查海原居民，多以務農爲業。間有一二經商者，均爲小本生意，聊資生活。尚有少數畜牧之家，亦不過農事之副業，並無專賴畜牧生活者。

民〔國〕九〔年〕以前，地方較爲安靖，人民生活尚稱舒適。自民九地震，居民損傷大半，繼以十六、七年之匪患，焚殺擄掠，村舍丘墟。又因十八年之年荒，人民轉徙流離，死亡載道，斷丁絶户，所在皆是。遭此天災人禍，地方元氣大傷。迨後匪氛稍靖，人民喘息微定，詎七·七事變，抗戰直至八年，人民供輸支應已經精疲力竭，近又赤禍蔓延。此地居軍事要扼，故軍差浩繁，人民負擔綦重。水深火熱，民不聊生。

本年，三十六年，旱災奇重，居民斷炊絶食者十之六七，又將演成十八年之慘像，深望政府垂救，以解倒懸。

第六章　民　　族

一、民族種類

本縣除漢、回同處外，並無其他民族，故統計從闕。

二、宗教信仰

本縣居民除漢民外，餘盡信奉回教，占縣民十之七八，再無信仰其他宗教者。

三、分佈區域　附宗教分佈圖

四、教育概況

查本縣現共設有縣立中學一處，中心學校九處，保國民學校六十處。因居民多係教胞，對於兒童讀書向不重視。近年來，政府實施强迫教育及地方熱心教育人士極力提倡，民智稍開，教育前途極有發展之希望。惟師資方面向感缺乏。今後，當積極選取優良教師，俾增進課學之效能。

第七章　交通　附全縣交通圖

一、公路

海原地處山陬，不通大道，只有本縣劃修之四條路線。由縣城至東爲海固路,至西爲海靖路,至南爲海西路,至北爲海同路。見附圖。

二、大車道

本縣山嶺叢雜,大車道無法另行修築。縣城之東、西、南、北,雖各劃有大車道路線,但仍與公路並道而行。

三、便道

縣境内各鄉鎮,便道小路均可通行。每至農假之時,即令飭各鄉鎮征工修築,以防山水冲陷,致礙行徑。

四、水運

本縣位居高原,並無巨流大水,故無水運。

第八章 物　產

一、農產

本縣地氣高寒,田禾成熟較遲。夏禾多種小麥,秋禾種類較多。計有糜子、穀子、蕎麥三種,爲人民重要食糧。尚有燕麥、青稞、豌豆、玉蜀黍、馬鈴薯各種農產物。但亦不過少數附品,作飼料之用耳。

全縣耕地面積共有八九五二九七畝六分。

二、礦產

本縣並無其他礦產,只縣屬興仁鄉第二保有煤礦一處。但產煤不多,僅足本地燒用。

三、手工業

本縣因出產羊毛,居民多以毛線編織毛衣、毛褲及鞋襪、手套等物品。尚有少數學習紡棉織布者,但因本地不產棉花,故不甚普遍,亦未設立公私手工業工廠。

四、畜牧

本縣畜羊之家尚多,但不過係農業之輔助耳。要以全賴畜牧牛羊爲生活者,甚屬寥寥。且本縣雖屬高原,無如有山皆禿,無地不鹵。兼以近年來雨水甚少,草木枯萎,以故羊數每年比較減少甚巨。以現在數字統計:全縣共有羊二十萬三千餘隻,牛、驢一萬四千餘頭。

第九章　地畝糧額

本縣計有承糧地畝計八十九萬五千二百九十七畝六分,賦額計六千一百三十二石四斗二升三合。

第十章　水　利

一、管道

本縣地處高原,河流湖泊甚少,並無管道之設施。

二、水車

本縣均係小水細流,凡遇灌溉田園,多係聚水成壩,挖渠引水以灌之,向無設置水車之必要。

三、井泉

本縣井水甚少,凡距河道較遠之居民,多就地掏窖。縣城西南五橋溝,有水泉數眼,接流而出城關,居民賴以生活;又間芳第二保及一保謝家溝並新民鄉之龍洞溝,各有水泉一眼,瀉流成河,兩岸水田賴以灌溉,並資附近居民之飲料。

四、灌溉面積

按民國三十一年,土地編查陳報後,實有水地三千一百餘畝,大都在河流附近。

五、水力發電

本縣並無水力發電。

第十一章　城　鎮

一、城市

本縣縣城位居縣境之中央,週圍有三里之譜,東、南、西三城門,惟東城門封閉未開，只留西、南兩門通行，以備有事，易於防守。

城內有東、西街及南街。居户零落，市面蕭條。

城內東北隅，尚有空地甚多，居民用以種田。

二、鄉鎮

本縣共設有四鄉六鎮。計有閆芳鄉、興仁鄉、新民鄉、李俊鄉、復興鎮、正氣〔鄭旗〕鎮、古城鎮、西安鎮、高崖鎮、李旺鎮十個鄉鎮。

第十二章 古蹟與名勝

一、古蹟

石城山，在縣南，三面削壁，一面有路可通，中有石城一座。明時被流賊滿四所據，聚衆數千，稱爲招賢王。嗣被明兵剿滅，毀其石城。今石城雖無，而天險猶存。

天都山，有石洞一處，爲宋時夏王元昊避暑之地。今其洞下爲西山寺，每逢節會，香火尚盛。

西安州，在縣城之西，有舊城一座，證諸縣志所載，爲本縣最早之城池，唐時即有，宋時爲夏人佔據。城之週圍約有十里，現雖頹敗倒塌，其城牆故址尚存。城內遺有石碑甚多，且大半爲廟碑。考其碑文之所記及故蹟之遺存，其城在宋時亦爲一時之勝地耳。

柳州城，在縣城之西南五里，爲宋時楊文廣屯兵之處，縣以頹毀無存。惟城牆故址尚在，城內一片瓦礫。

馬掌臺，在西安鎮南十五里，爲宋時張叔夜拒抗夏人之處。

二、名勝

華山疊翠。華山在縣城西南十五里，綿亙數十里。每年春夏二季，草木豐盛之際則層巒疊翠，青蔚宜人。

龍阪夕照。即城東五里之牌樓山。每至夕陽西下，則紅光一抹，燦若雲霞，洵爲一時之妙景也。

天山積雪。即天都山頂，東夏積雪不消，雖溽暑之天，則山頂之雪色猶望之銀然。

靈寺散花。縣之西四十里有靈光寺，相傳古有天女散花其中。

五泉競冽。縣之西南十五里有五橋溝，內有五泉連□，出山即合流爲一水，清冽味甘，一城內外恃爲飲料。

雙澗分甘。即縣城外之西南二灘，一望皆田疇。前人有詠"南郊煙靄春無景，西嶺膏腴歲有收"之句，可爲斯地之寫眞。清池皓月縣城東門內及西門外，各有水潦池一個。每當月白風情之夜，臨而望之，月光水色，淸澈人懷，一時萬慮皆除。以故前人曾有"鑒臨潭影禪心淨"之贊詠也。

第十三章　鄉賢事略

一、忠義

馬如龍，武生，本縣舊屬馬建堡人。

王明忠、王明志、王明侊，監生，均屬梨花坪人。淸同治二年，同時拒賊陣亡。

張宗壽，縣民，套腦堡人；馬明善，本城人。淸同治元年，因賊匪擾亂，二人即募練鄉兵萬餘人，攻賊於張家紅山，一時失利，被賊圍困，各手刃數賊，力盡身亡。

武光復，字漢風，縣屬高臺堡人。沉默寡言，具有膽識。自縣立高小卒業後，時値土匪蜂起，地方多故。武君即慨時局之不靖，覺文弱之無濟，遂棄文就武，以故刀槍射擊，無不精練。民國十六、七年，曾招募鄉勇練團以衛地方，凡零星小匪，幾被剿滅淨盡。民〔國〕十八年春，吳匪發榮率衆萬餘竄擾南鄉。武君時服保安隊長之職，奉命率隊前往征剿。行抵二府營，與賊接仗，相持一晝夜，終以賊衆我寡，被其包圍。武君身受數傷，猶自支持拒敵。未幾，彈盡力竭，以手槍自擊而死。痛哉！是役也，又有第一排排長潘萬斗，字星恒，西安鎭潘家灣人；第三排排長李飛龍，紅井堡人，同時陣亡。

二、節孝

張重福，縣民，性至孝，適父病，黃腫甚危。聞古人有割股療疾之事，即潛割臂肉以進，父病得以痊癒。地方官題請旌表，以爲世勸。

夏一龍，縣屬南鄉人。父得危疾，醫治無效，曾截一指焚之，父疾頓瘳。

沐氏，縣民張保成之妻，十八歲守寡，苦節五十餘年，貞操未改。淸同治年間，有司請立貞坊，以旌其節。

殷氏，縣民袁自珍之妻。夫死未嫁，撫子守節六十餘年，教子成名。壽至八十餘歲，無疾而終。司土者請額其門，以資褒揚。

甘肅海原、固原等縣
回民歷次變亂真像[1]

甲　西北回民之派系

我國散居於陝甘寧青之回民，在生活習慣上、語言文字上，實與內地人民毫無差異，僅以崇奉回教，在宗教上之信仰不同而已。謹按回民崇奉回教，其經典均係阿拉伯文字，除少數阿訇尚可然瞭一二外，其餘普通教徒，多屬茫然。惟對於宗教上相傳之數項戒條，謹守不逾，如：不食豬肉及吸煙、飲酒，不與外人通婚。但因彼等居住地帶，交通不便，文化滯塞，其所染我國舊禮教之深，亦殊非內地人士所可憶及。尤其對於婦女之待遇，仍如內地數千年前之情形，蓄髮纏足，深居簡出。即田家婦女，亦少見其拋頭露面於阡陌之間。大多風俗敦厚，工作勤勉。惟好勇鬥很，很是其所短。回教徒所崇奉者爲《可蘭經》，本無所謂派系。惟我國回教徒，因文字上之隔閡，對於經典真義既少明瞭，而因政治上之需求，派系因以產生。就調查所得，知西北回民約分四派。

一、老教

以寧夏馬主席鴻逵爲中心，其教徒多在寧夏。

二、新教

以馬軍長步青爲中心，其教徒多在甘肅之河西一帶。

三、新新教

以青海馬主席步芳爲中心，其徒眾多在青海及隴西一帶。

四、沙溝教

以馬振武爲教主，其徒眾分佈于甘肅之海原、固原、隆德、化平白面河、靜寧

[1] 見載《明清民國海原史料匯編》：劉華編校，寧夏人民出版社2007年版，第199頁至第204頁。

單家集、華亭十二堡、清水張家川、秦安龍山鎮、徽縣南鄉、寧夏省之金積等縣,雲南、貴州、新疆、平、津均有,但爲數不多。

以上所謂我國回教四大派,其異點何在?經一再調查,絕無具體答案。或謂僅爲形式之細微之區別。如:回民蓄髮之形式或死人安葬之形式,各有不同已耳。

謹按老教、新教、新新教三系之中心人物,現均在政治上佔有相當地位,其教派之形式,僅屬政治上一種作用,教義上實難言其差異。至於沙溝一派,歷史既久,在政治上疊爲叛亂,而其所爲教主者,起自布衣,子孫相傳。現海固一帶,爲該教復興之地,亦即清代左宗棠流放回民之所。其中因果關係,可以想象而知。

西北回民既各有所謂派系,相互間頗難相安。尤以沙溝教之嫉視其他三派爲甚。最近數次海固事變,非沙溝教之回教徒,被殺者甚多,而非回教徒則反安謐如恒。此種情形,實非局外人所可想及。故以海固回民而代表整個西北回民,固屬大錯。若謂海固事變足以牽動整個回民問題,亦非確論。謹按西北回民約八千萬人,沙溝教民不過十餘萬人,而與其他教派不相容之情形又如次。故其歷次叛亂之原因極堪意。

乙　沙溝教之歷史

遠在遜清乾隆四十二年,甘肅省蘭州附近有回民馬明心者,曾遠遊土耳其,歸國後以回教教儀傳教,自成宗派。陝甘一帶回民信奉者極眾,雖遠如青海土人,亦奉若神明。按回教教儀,崇奉獨一真神,除在禮拜堂可以跪拜外,其餘任何人絕不跪拜。但教徒見馬明心行跪拜禮,且須絕對服從教主,死生以之。普通回教寺院之阿訇,均由教民公請,而馬明心派之阿訇均由教主委派。種種設施,無非在加強教主之權威,嚴密教民之統制,時有教民數十萬人。清吏見在情形,恐滋變亂,遂將馬明心逮捕。而其教民即相聚圍困蘭州省城,聲勢洶洶,要求釋放教主。清吏無已,遂將馬明心釋放,而使人暗殺之,其勢乃戢。但數傳至咸豐中,①馬化龍即利用其教,正式叛亂。既經戡平,乃流徙其徒眾於河南、雲南等省及甘肅之海原、固原一帶。該教派雖因以式微,而亦正因此而流傳於滇豫等省。

及至清末,有馬化龍之裔孫馬善人者,僞裝藥商,自雲南間道返歸甘肅海原之沙溝,而傳教於距沙溝四十餘里之西吉灘,其教義仍本馬明心一系。一般人即以其地爲名,稱之爲沙溝教派。即海原一帶多數回民所崇奉之回教。

---

① 據史實,應該是在清朝同治年間。

馬善人在西吉灘傳教，奉之者既眾。於是，先修馬明心墳墓於蘭州，又將流徙河南之該教次要首領歸葬蘭州，舉行大規模之儀式，以復興馬明心之教義。惟一般教徒追思往昔，其情感可想而知。民〔國〕九〔年〕陝甘大地震，馬善人與其第三子同死於西吉灘之窰洞內，教中遵其遺囑，以第四子馬震武掌教，即今日之馬教主是。

丙　沙溝教之現狀

沙溝教主馬震武，現居寧夏省之金積縣。據傳言，現以駱駝隊經營商業。其故居沙溝有住宅，其兄馬忠武居之，西吉灘有大禮拜堂，現無人居，僅馬震武留有管家一人，照料田產。而馬震武自北平返甘後，即久住寧夏，致教主與教徒略呈脫輻狀態，現教中公然有反對馬震武者。於是，留居於沙溝、西吉之兄弟、姪輩，既假借宗教力量，以求取政治上之地位，歷次事變均由此起。此將馬氏譜系表列如左。

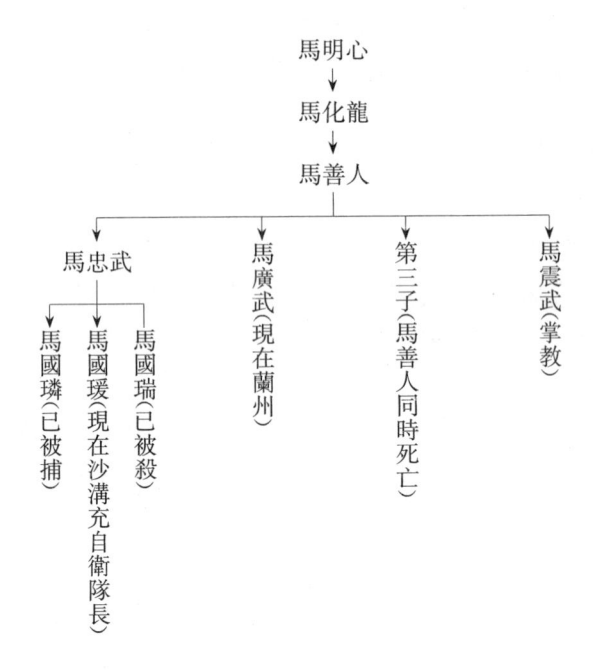

```
                   馬明心
                    ↓
                   馬化龍
                    ↓
                   馬善人
        ┌───────┬──────┬──────┬──────┐
       馬忠武  馬廣武  第三子  馬震武
               (現在  (馬善人  (掌教)
                蘭州)  同時死亡)
      ┌───┬───┐
    馬國  馬國  馬國
    璘    瑗    瑞
    (已   (現在  (已
    被捕) 沙溝充  被殺)
          自衛隊
          長)
```

丁　歷次事變原因經過暨其影響

一、事變原因

基於上列敘述，謂歷次海、固事變之有歷史性似非過言。按海、固一帶山嶺重疊，土地磽薄。自清代流徙回民於其地後，既未就其生計設法解決，而百余年來人口孳生，生活困難。加以人民知識淺薄，每自艾怨窮困，遂不惜鋌而走險，多爲不法，并以野心家假宗教名義，操縱其間，易如反掌。況第一次事變前，教主馬震武留在北平，態度未明。遂啟其侄馬國瑞繼承教統之野心，俾由宗教地位再搏得政治地位，如馬鴻逵、馬步芳、馬步青之見重當世。故事變原因有四端：(1)少數野心家想升官發財；(2)馬國瑞想繼承教統；(3)趕火光陰；即復仇之意。(4)奸黨敵偽之煽惑。

二、第一次事變

〔民國〕二十七年十二月，海、固一帶有少數阿訇爲馬國瑞宣傳，謂彼爲真命天子，當統一天下教民，應一致擁戴，將來共享富貴云云。地方政府得悉，將馬國瑞逮捕，押往蘭州，拘禁於東路交通司令馬錫武馬國瑞之堂叔。處，其事乃寢。

三、第二次事變

自馬國瑞被捕後，其弟馬國璘以營救乃兄爲號召，〔民國〕二十八年一月，聚眾八千余人，槍千余枝。由臨夏縣人馬英貴爲總司令，國璘副之。馬廣武於事變促成後，佯爲不知，前往固原，而叛眾即攻固原。不果，即轉向隆德、化平，時有眾萬余人。中途遭國軍九十七師迎擊，馬國璘受傷，因復回竄西山一帶，西蘭公路一度被截斷。於是，第八戰區派參謀處科長拜偉、山東回教徒。省府參議郭福金沙溝教徒。來海、固撫輯。馬英貴見拜偉，言此次事變係官逼民反，希望政府收編。當即將馬英貴扣留正法，由馬鴻賓部來海、固辦理善後。事變終結，而主犯馬國璘不與焉！

四、[1]第三次事變

〔民國〕二十八年五月九日，馬國瑞自蘭州逃回固原，事先已佈置就緒，當即乘風雨之夜起事。馬鴻賓部駐軍一排被解決，聚眾萬余人，擬作大舉。但遭馬鴻賓部與九十七師合力反攻，乃回竄至化平縣境，馬國瑞死之，叛眾瓦解，但死傷已達一千余人。

五、第四次事變

〔民國〕二十八年，馬震武自平返固後，於二十九年十一月八日做"生機"，[2]徒眾到者三萬余人。對於歷次事變，教主並未加以訓誡。會後，即移居寧夏。但此時教內已呈騷亂現象。至三十一年六月，馬國璘又聚眾數千人，分爲十八營。

西吉灘馬震武管家馬國玭實主其事,並有由奸黨派來之洪其武參謀其事,當即殺死未附逆者八千餘人。彼輩僅協迫回教徒加入,故此次被殺者均係教民,以非沙溝教民爲多。在西吉灘集合後,向清水縣進攻。經預七師堵截未被攻入。復經三面圍剿,叛民瓦解。馬國璘被捕,押於蘭州第八戰區司令部,由海原、固原、隆德三縣縣長辦理善後,但參議郭福金左右其事,結果不佳。

六、事變影響

海、固一帶,原係貧瘠之區,疊次變亂結果,牛馬牲畜損失殆盡,民多流亡,故土地荒廢甚多。經詢諸當地人民,均以無力購買牛及種子爲言。西吉灘方面因變亂,而由政府給予名義者,計有馬國琮、馬廣武、馬國玭等三人,[3]均係八戰區附員參議等名義。而郭福金疊次辦理善後,頗以此自重。對於疊次事變之主犯,亦未能徹究。致叛民一部分竄往匪區,受其編整。每思回竄,〔民國〕三十年冬迄今,僞騎兵團團長馬思義部,曾累次竄擾海、固一帶,即其明例。倘海、固回民問題不予解決,若與奸黨合流,則燎原星火,隱憂堪虞!

七、現行政治上之設施

〔民國〕三十一年十月十日,西吉縣政府成立於穆家營。西吉設縣,正當造次叛亂之后,城防重要,初任縣長孫宗濂到任后,即行籌劃建築。於三十二年二月二十日興工,至同年六月底竣工。需時三月,勞工二萬六千一百五十,平均每日到工二百五十五人。城周一千公尺,高十二公尺,厚五公尺,南北各開一門。三十三年,建修城門樓兩座,計六間,城門兩,合計共需工料價款二十一萬九千一百四十五元,均由地方捐募開支。城內地基全部公用,地價系依建築公物征用民地辦法辦理。

現有面積二五零零,人口六九九四七,糧賦七六三二九七,教育經費三六五三五零,交通一六五公里。爲四等縣。縣政府設民〔政〕、財〔政〕、建〔設〕、教〔育〕、軍〔事〕五科,秘書、會計二室。另有警佐室及保安警察隊,由警佐兼隊長。

【校勘記】

[1] 四:原作"三",據實際順序改字。
[2] 生機:現通作"聖紀"。
[3] 馬國玭:原作"馬國必",據人名用字改。

參考文獻

一、古代文獻

(一) 陝甘寧舊志

《甘肅通志》：（清）許容等修撰，中國國家圖書館藏乾隆元年（1736）刻本。簡稱《乾隆甘志》。

《固原州志》：（明）楊經編，明嘉靖十一年（1532）刻本；寧夏人民出版社 1985 年版牛春生、牛達生整理本。簡稱《嘉靖固志》。

《固原州志》：（明）劉敏寬纂次，中國國家圖書館藏萬曆間刻本；寧夏人民出版社 1986 年版牛達生、牛春生校勘本。簡稱《萬曆固志》。

《宣統新修固原直隸州志》：（清）王學伊等纂修，《中國地方志集成·寧夏府縣志輯》影印官報書局宣統元年（1909）排印本，鳳凰出版社、上海書店、巴蜀書社 2008 年版；陝西人民出版社 1992 年版陳明猷標點本。簡稱《宣統固志》。

《鹽茶廳志備遺》：（清）朱亨衍修撰，《寧夏歷代方志萃編》據甘肅省圖書館藏民國三十三年（1944）抄本影印，天津古籍出版社 1988 年版；《中國西北文獻叢書》影印張維藏琴城趙氏抄本，蘭州古籍書店 1990 年版；寧夏人民出版社 2007 年版劉華點校本。簡稱《廳志備遺》。

《海城縣志》：（清）楊金庚等纂，甘肅省圖書館藏光緒三十四年（1908）抄本；《中國方志叢書》影印本，（臺北）成文出版社 1970 年版；《中國地方志集成·寧夏府縣志輯》影印本，鳳凰出版社、上海書店、巴蜀書社 2008 年版。

《打拉池縣丞志》：（清）廖丙文修撰，《中國地方志集成·甘肅府縣志輯》本影印光緒三十四年（1908）抄本，鳳凰出版社、上海書店、巴蜀書社 2009 年版；《中國西北文獻叢書》影印張維校輯本，蘭州古籍書店 1990 年版；寧夏人民出版社 2007 年版劉華點校本。簡稱《打拉池志》。

《鞏昌府志》：（清）楊恩纂輯，中國國家圖書館藏清康熙二十七年（1688）刻本。

《三原縣志》：（清）劉紹攽纂，中國國家圖書館藏清乾隆四十八年（1783）

刻本。

《重纂靖遠衛志》：（清）李一鵬纂輯，《中國地方志集成·甘肅府縣志輯》本，鳳凰出版社、上海書店、巴蜀書社 2009 年版。簡稱《靖遠衛志》。

《續增靖遠縣志》：（清）那禮善纂輯，《中國地方志集成·甘肅府縣志輯》本，鳳凰出版社、上海書店、巴蜀書社 2009 年版。

《靖遠縣志》：（清）陳之驥纂輯，《中國地方志集成·甘肅府縣志輯》本，鳳凰出版社、上海書店、巴蜀書社 2009 年版。

《西吉縣志》：（民國）馬國璵纂，寧夏圖書館藏民國三十六年（1947）抄本。

《甘肅省海原縣要覽》：海原縣檔案館藏。

（二）經部

《毛詩正義》：（漢）鄭玄箋，（唐）孔穎達等正義，北京大學出版社 2000 年版。

《春秋左傳正義》：（晉）杜預注，（唐）孔穎達等正義，北京大學出版社 2000 年版。

（三）史部

《漢書》：（漢）班固撰，中華書局 1962 年版。

《晉書》：（唐）房玄齡等撰，中華書局 1974 年版。

《宋史》：（元）脫脫等撰，中華書局 1977 年版。

《元史》：（明）宋濂等撰，中華書局 1976 年版。

《明史》：（清）張廷玉等撰，中華書局 1974 年版。

《清史稿》：（近代）趙爾巽等撰，中華書局 1977 年版。

《續資治通鑑長編》：（宋）李燾撰，中華書局 2004 年版。簡稱《長編》。

《通鑑續編》：（明）陳桱編，影印文淵閣《四庫全書》本，（臺北）商務印書館 1986 年版。

《御批歷代通鑑輯覽》：影印文淵閣《四庫全書》本，（臺北）商務印書館 1986 年版。簡稱《通鑑輯覽》。

《明史紀事本末》：（清）谷應泰撰，中華書局 1997 年版。

《明實錄》：臺北"中央研究院"歷史語言研究所校印，1962 年版。

《清實錄》：中華書局 1985 年版。

《西征石城記》：（明）馬文升撰，《續修四庫全書》影印上海圖書館藏明嘉靖間袁氏嘉趣堂刻《金聲玉振集》本，上海古籍出版社 2002 年版。

《關中奏議》：（明）馬文升撰，影印文淵閣《四庫全書》本，（臺北）商務印書館1986年版。

《名臣碑傳琬琰集》：（宋）杜大珪撰，趙鐵寒主編《宋史資料萃編》第二輯，（臺北）文海出版社1969年版。

《大明一統志》：（明）李賢等撰，影印明天順監刻本，三秦出版社1990年版。

《大清一統志》：影印文淵閣《四庫全書》本，（臺北）商務印書館1986年版。

《嘉慶重修一統志》：（清）穆彰阿、潘錫恩等纂修，《續修四庫全書》影印《四部叢刊續編》本，上海古籍出版社2002年版。

《水經注校證》：（北魏）酈道元注，陳橋驛校證，中華書局2007年版。

《湖廣通志》：（清）邁柱等監修，影印文淵閣《四庫全書》本，（臺北）商務印書館1986年版。

《四川通志》：（清）黃廷桂、憲德纂，中國國家圖書館藏清乾隆元年（1736）刻本。

《山西通志》：（清）覺羅石麟等監修，影印文淵閣《四庫全書》本，（臺北）商務印書館1986年版。

《平湖縣志》：（清）彭潤章纂輯，中國國家圖書館藏光緒十二年（1886）刻本。

《清朝續文獻通考》：（近代）劉錦藻撰，浙江古籍出版社1988年版。

(四) 子部

《本草綱目》：（明）李時珍撰，影印文淵閣《四庫全書》本，（臺北）商務印書館1986年版。

《夢溪筆談》：（宋）沈括撰，金良年整理，上海書店出版社2003年版。

《武編》：（明）唐順之編，影印文淵閣《四庫全書》本，（臺北）商務印書館1986年版。

(五) 集部

《臨川文集》：（宋）王安石撰，影印文淵閣《四庫全書》本，（臺北）商務印書館1986年版。

《范忠宣集》：（宋）范純仁撰，影印文淵閣《四庫全書》本，（臺北）商務印書館1986年版。

《初寮集》：（宋）王安中撰，影印文淵閣《四庫全書》本，（臺北）商務印書館

1986 年版。

二、現當代文獻

（一）著作

《隴右方志錄》：張維編，《中國西北文獻叢書》據北平大北印刷局 1934 年版影印，蘭州古籍書店 1990 年版。

《寧夏方志述略》：高樹榆等編著，吉林省圖書館學會 1985 年內部發行。

《中國地方志聯合目錄》：中國科學院北京天文臺編，中華書局 1985 年版。

《稀見地方志提要》：陳光貽編，齊魯書社 1987 年版。

《寧夏地方文獻聯合目錄》：寧夏圖書館協作委員會編，寧夏人民出版社 1992 年版。

《中國地方志總目提要》：金恩暉、胡述兆編，（臺北）漢美圖書有限公司 1996 年版。

《甘肅省圖書館藏地方志目錄》：甘肅省圖書館編，蘭州大學出版社 1996 年版。

《明清進士題名碑錄索引》：朱保炯、謝沛霖編，上海古籍出版社 1980 年版。

《〈清實錄〉寧夏資料輯錄》：吳忠禮、楊新才主編，寧夏人民出版社 1986 年版。

《〈明實錄〉寧夏資料輯錄》：楊新才、吳忠禮主編，寧夏人民出版社 1988 年版。

《寧夏歷史地理考》：魯人勇等編著，寧夏人民出版社 1993 年版。

《寧夏歷史人物研究文集》：胡迅雷著，寧夏人民出版社 1993 年版。

《明清民國海原史料彙編》：劉華編，寧夏人民出版社 2007 年版。

《寧夏地方志研究》：胡玉冰著，中國社會科學出版社 2012 年版。

（二）論文

《海原縣志書簡介》：筱心撰，載高樹榆等編《寧夏方志述略》，吉林圖書館學會 1985 年內部發行。

《評寧夏舊志有關回族記述的史料價值》：余振貴撰，《寧夏史志研究》1985 年第 2 期。

《民國〈海原縣要覽〉簡介》：佘貴孝撰，《寧夏史志研究》1987 年第 2 期。

《鹽茶廳概說》：米壽祺撰，《固原師專學報》1992 年第 3 期。

《朱亨衍與海原》：胡迅雷撰，載《寧夏歷史人物研究文集》，寧夏人民出版社 1993 年版。

《清乾隆〈鹽茶廳志備遺〉評介》：劉華撰，《寧夏史志》2002 年第 1 期。

《讀〈光緒海城縣志〉劄記》：劉華撰，《寧夏史志》2002 年第 4、5 期。

《海原縣地方志書介紹》：楊孝峯撰，《寧夏史志》2003 年第 6 期。

《清朝宮廷內印製的銅版圖》：王海霞撰，《文史雜志》2006 年第 6 期。

《固原地區舊志考述》：劉佩撰，2010 屆寧夏大學漢語言文字學專業古文獻學研究方向碩士研究生畢業論文（胡玉冰教授指導）。

後　　記

胡玉冰

　　作爲《寧夏珍稀方志叢刊》主編，筆者非常感謝對本叢書出版給予支持的各位領導、學界同仁、研究生、責任編輯及家人們。感謝原自治區副主席姚愛興先生特批本叢書爲自治區成立 60 周年獻禮項目，解決了叢書出版費用的問題，感謝寧夏地方志辦公室給予的項目平臺，感謝崔曉華、劉天明、負有强等先生的大力支持。2011 年爲寧夏大學"學科建設年"，2016 年又逢"雙一流"建設期，感謝金能明、何建國、許興、謝應忠等校領導，感謝王正英、李學斌、李建設、陳曉芳、趙軍等職能部門領導，在你們的關心與支持下，以筆者爲學術帶頭人的學術團隊才能不斷推出新成果。合力出版本叢書，當是本團隊對學校的最好回報。邵敏、柳玉宏、蔡淑梅等寧夏大學人文學院青年教師作爲本叢書首批成果的作者，盡心盡力，不厭其煩，堅持不懈，保證了書稿的學術質量，爲完成好本項目帶了個好頭。田富軍、安正發等青年教師在本叢書計劃框架內會陸續出版高質量的學術成果。人文學院研究生韓超等同學在本叢書出版過程中也貢獻良多。孫佳、韓超、孫瑜、曹陽等是本叢書首批成果的作者，張煜坤、何玫玫、馬玲玲、魏舒婧、穆旋、徐遠超、孫小倩、李甜、李榮、張倩、曲絨、張娜娜、劉紅、蒲婧、王敏、韓中慧、付明易、何娟亮、姚玉婷等同學在舊志整理、書稿校對過程中也付出了辛勤的勞動。同學中有的已畢業離校，有的還將繼續求學。筆者想，無論他們將來身處何方，從事何種工作，大家共同追求學術的這段經歷應該是難忘的。研究生同學的青春朝氣讓筆者更加堅信：薪火相傳，學術常新。中國社會科學出版社張林等本叢書第一批成果的責任編輯、上海古籍出版社王珺等本叢書第二批成果的責任編輯，精心審讀、編輯，也讓本叢書學術質量得到了提升，謹致謝忱。本叢書的順利出版，也要感謝筆者及各位作者家人的理解與支持。你們默默無聞的奉獻精神，已幻化成萬千文字，在作者的成果中熠熠生輝。

　　學術成績從來就不是無源之水，無本之木。有了巨人的肩膀，我們才會看得更高、更遠。在寧夏，有一批從事地方文獻整理與研究的學者，他們的探索和努力爲我們今天的成績奠定了堅實的基礎，陳明猷、高樹榆、吴忠禮等老一輩學者更爲我們樹立了治學的榜樣。因篇幅所限,對學界各位同仁,恕不一一列舉大名。

　　此次全面整理寧夏地方舊志,主要由筆者策劃并組織實施。舊志整理的每一個環節,由筆者提出具體建議,各舊志底本的選擇、《總序》《前言》《整理說明》《後記》的撰寫等也皆由筆者完成。具體整理過程中,各團隊成員所取得的注釋或校勘等學術成果大家互享,這也體現了我們團隊合作的特色。宋朝沈括在《夢溪筆談》卷二五《雜志二》記載:"宋宣獻博學,喜藏異書,皆手自校讎,常謂:'校書如掃塵,一面掃,一面生。故有一書每三四校猶有脫謬。'"宋綬(諡曰"宣獻")家藏萬卷,博校經史,猶有"校書如掃塵"的感慨,我輩於整理寧夏地方舊志而言,只能說:"盡心而已!"更如《詩經·小雅·小旻》所詠:"戰戰兢兢,如臨深淵,如履薄冰。"我們從主觀上力求圓滿,但因學識水平所限,成果中訛誤之處肯定在所難免,敬請學界同仁批評指正。

二〇一五年七月二十三日於寧夏銀川
二〇一七年八月三日修改於寧夏銀川